马克思恩格斯的生态观

生态观

基于空间向度的考察与思考

A STUDY ON THE ECOLOGICAL VIEW
OF MARX AND ENGELS

FROM A SPATIAL PERSPECTIVE

刘燕 著

社会科学文献出版社

SOCIAL SCIENCES ACADEMIC PRESS (CHINA)

本书系国家社科基金一般项目
"空间视阈下马克思恩格斯的生态观研究"（项目编号：18BKS104）结项成果

目　录

前　言

　　全球化时代是并置的时代，人口、资金、信息、技术、资源等要素加速流动，各种思想观念、知识技术、现实利益、权力制度、阶级关系、话语体系、历史记忆等相互交织、相互叠加、相互作用，使得人与人、人与自然以及自然与社会之间的分化、冲突和整合呈现新的样态。资源约束趋紧、环境污染严重、生态系统退化等问题依然严峻，进一步增加了世界的不稳定性和不确定性。究其症结，除了有人口、发展模式、消费理念、科学技术等方面长期积累的问题之外，还有城乡发展不平衡、区域发展不平衡、发达国家和发展中国家发展不平衡等空间原因。进一步来看，不仅空间秩序的调整和重构成为正确处理人与自然关系的重要基础，而且空间的结构性和功能性、革命性和动态性等战略意义日益凸显，并在不同空间尺度层面都有所呈现。具体而言，身体是建构人与人、人与自然以及自然与社会之间空间秩序的起点，土地是人与自然之间物质变换活动的主要载体，城市是生态系统物质能量循环的主要变量，世界地理发展不平衡是影响全球生态安全的关键因素。透过纷繁复杂的空间表象，精准识别空间秩序与生态文明建设的内在关联，不断优化国土空间开发保护新格局，绘就人与自然和谐共生的美丽图景，是全面建设社会主义现代化国家的重要任务，是摆在人类面前的重大理论和实践问题。

　　在马克思恩格斯生活的历史时代，人与人、人与自然以及自然与社会之间的并置性关联并未充分展现，时空压缩、时空分延等现象远未如此复杂，但是城乡分离、城市内部分化、地理发展不平衡等空间性问题已经初见端倪。彼时马克思恩格斯敏锐地捕捉到资本空间扩张的生态后果，不仅坚持从历史生成性角度把握人类社会发展的基本规律，而且注重从共时性逻辑角度阐释经济社会生活的运行机制。经文本考察，土地、住房短缺、居住区隔、城乡对立、地理发现、世界历史等话语都是马克思主义空间话语体系的重要内容。不能囿于时代话语体系的差异，而忽视马克思恩格斯那些富有前瞻性和洞察力的空间理论。尽管马克思恩格斯不能完全预料到现代社会这些具体风险和细节问题，但他们确实提出了一个关于资本主义结构矛盾和动荡不安变化的科学批判范式。马克思恩格斯的经典著作中，始终蕴含着从空间维度把握人与人、人与自然以及自然与社会之间关系的基本立场、基本观点和基本方法，极富科学性、前瞻性、预见性，为有效应对现代生态难题，促进人类社会从必然王国向自由王国飞跃提供理论指引。新的时空格局变迁在一定程度上激活了马克思恩格斯的空间批判资源，推动马克思主义取得新的发展，让当代中国马克思主义、21世纪马克思主义展现出更为强大、更有说服力的真理力量。

从目前国际国内的研究状况看，学术界除了紧扣空间生产、空间辩证法、自然空间、社会空间、空间正义、历史空间等基础理论问题之外，还不同程度地论述了生态环境恶化的空间原因、地理发展不平衡的生态后果、生态帝国主义的跨疆域掠夺等现实问题；除了关于经济发展模式和经济行为的探索之外，还围绕身份、仪式、话语、符号等展开了文化传播层面的分析。显然，学术界已经不再单方面倚重历史学的研究方法，而是逐步突出空间维度的权重，这反映了概念和方法的集成式进步，对于全景式展现人与人、人与自然以及自然与社会的互动关系具有深远影响。本书在借鉴已有研究范式的基础上，坚持以辩证唯物主义和历史唯物主义作为根本研究方法，主张统筹考虑空间的复杂性、多样性、不确定性、不对称性，综合考量影响"社会-经济-自然复合生态系统"变迁的空间结构、空间权力、空间生产等各种变量，尽可能地透过纷繁复杂的历史现象、空间现象阐明世界秩序演变的因果逻辑，揭示隐藏在不同时空尺度之下更深层次的本质和规律。本书将以空间为重要视角，阐述马克思恩格斯生态观的主要内容、本质特征和方法论原则，以期更全面、更准确地把握人与自然的关系，探索解决生态难题的根本路径。

第一章
国外马克思主义空间理论与生态
思想的问题域

　　20世纪下半叶，社会批判理论出现空间转向，呈现为叙事逻辑和叙事方式的明显变化，当然归根结底属于社会关系深层变革、社会矛盾运动的必然结果。在新一轮科技革命的推动之下，国际关系格局正经历着深度重塑，人、物、商品的空间运动速度明显加快了，同时空间在社会秩序重构过程中的地位更加突出了。"复杂性强调时空的流动性以及生成性；不管是在社会世界还是在自然世界，它们都绝不是简单的容器抑或'客体'的维度。"①信息化、工业化、城镇化、市场化、全球化相互推动，给传统空间边界带来巨大的冲击和挑战，并以前所未有的规模推动人与人、人与自然以及自然与社会之间关系的快速变迁。全球气候变暖、土壤资源衰减、海洋环境污染、生物多样性锐减等生态问题彼此纠葛，且趋向复杂化、尖锐化、普遍化，给人类生产生活带来诸多困扰。尽管马克思恩格斯不可能面面俱到阐述清楚未来社会的具体风险和具体问题，但是马克思主义的基本原理中包含着正确处理人与人、人与自然以及自然与社会之间关系的基本观点和基本方法。在马克思主义真理力量的感召下，越来越多心系人类前途命运的学者，想借助马克思主义的思想智慧和理论力量探索人与人、人与自然以及自然与社会的和谐共生之道。历史地理唯物主义以空间生产理论为核心考察个体行为、社会秩序的演化机制，深刻批判了资本增殖逻辑带来的生存困境，为厘清现代生态危机的空间症结提供了重要借鉴。生态马克思主义聚焦消费异化、技术异

---

① 〔英〕约翰·厄里：《全球复杂性》，李冠福译，北京：北京师范大学出版社，2009，第55页。

化、新陈代谢断裂等理论和实践问题，在不同程度上触及了生态环境问题的空间表象，为从空间维度捍卫生态正义提供启发性思路。毋庸置疑，基于历史条件和时代语境的深刻变化，当今时代学者所面对的时代命题与马克思恩格斯有诸多差异，对马克思主义的理解和诠释有时甚至已经超出马克思恩格斯的论域边界。很多学派和学者对资本主义制度的反生态属性进行犀利批判，对马克思主义的一些观点或理论做出积极阐发和回应，为解决生态危机做出有益探索。系统阐释国外马克思主义空间理论和生态思想的问题域，对于剖析现代生态危机的症结具有重要的理论价值和现实意义。

第一节　国外马克思主义空间理论中的生态诘问

以列斐伏尔、哈维等人为代表的西方马克思主义者致力于以空间、位置、场所、环境等为核心范畴，推动历史唯物主义的反思和重构，进一步拓宽了对马克思主义的研究视野。他们敏锐地捕捉到当代资本主义发展的新动向、新特征，从不同角度阐释了空间关系和空间问题，尝试构建新的解释框架，深刻揭示资本主义社会的内在矛盾冲突，同时表达了对生态问题的高度关切。

一　列斐伏尔社会空间理论中的生态诘问

1974年，列斐伏尔在《空间的生产》一书中正式提出了"空间生产"的概念，引领社会批判理论的空间转向。一时间，"空间"的地位和作用备受瞩目。列斐伏尔借鉴历史唯物主义的基本原理，运用辩证法的基本原则，阐释了空间的辩证性、丰富性，形成了对空间理论的整体性观照。综合对日常生活、城市化以及全球化进程等问题的批判性分析，列斐伏尔深刻洞察空间生产的内在冲突和反生态倾向，表达了对生态正义的关切。理解列斐伏尔的生态观，要先从空间的社会属性说起。

1.世界观维度：空间生产蕴含着人与自然关系的重要维度

列斐伏尔运用空间辩证法考察世界的构成和本质，同时表达了对人与自然关系的基本看法。他以世界的物质性存在为论述基础，以社会空间为核心论域，以较大篇幅阐释了人类社会对自然空间的改造能力和塑造结果。"空间里弥漫着社会关系；它不仅被社会关系支持，也生产社会关系和被社会关系所生产。"① 从空间中的事物生产转向空间本身的生产，空间承载了丰富的关系内容；从城市化到全球化的空间布局，空间汇聚了现代化进程中的诸多矛盾与冲突。列斐伏尔认为，"每一种这样的物质基础都有形式、功能、结构——这样一些规定它的、必要的而非充分的属性。事实上，每一种基础都构建了它自己的独特的空间，离开了这个空间便无任何意义和目标而言。"② 空间不是简单的戏剧舞台或背景装置，而是引领行为和斗争发展方向的关键性媒介和环境，从而使所有元素相互聚集、融合并相互作用。自然空间是社会空间的初始基础，是社会空间形成的前提条件。资本主义工业化催生了无序化的城市，同时破坏了自身存在的基础，进而使创造新的秩序成为可能。"从理论上讲，自然正在萎缩，但自然和自然的符号正在成倍增加，以取代真正的'自然'。这些符号是可以大规模生产和销售的。一棵树、一朵花、一根树枝、一种气味或一个词都可以成为不在场的符号：一种虚幻和虚构的存在。"③ 换句话说，工业化和城市化很大程度上改变了自然界，很多时候生产的却是自然界的拙劣替代品，使自然界面临多重风险。总体而言，列斐伏尔的空间生产理论具有鲜明的实践性特质，强调实践既是物质世界分化为自然空间与社会空间的历史前提，又是使自然空间与社会空间相统一的现实基础。

考察列斐伏尔的论证思路不难发现，其社会空间理论融合了关于人与自然关系维度的思考，吸收了马克思的人化自然观。马克思将自然界划分为自在自然和人化自然，其中自在自然具有先在性，是人类尚未认识或未经人类实践干预的那部分自然，构成人类世界生存和发展的前提；人化自然则是指人类实践活动触及的、打上人类活动印记的自然。其中，自在自

---

① 包亚明主编《现代性与空间的生产》，上海：上海教育出版社，2003，第48页。
② 〔法〕亨利·列斐伏尔：《空间的生产》，刘怀玉等译，北京：商务印书馆，2022，第593页。
③ Henri Lefebvre, *The Urban Revolution*, Minneapolis：The University of Minnesota Press，2003，p. 27.

然是自发的、无意识的，而人化自然是人类实践活动的结果，确证着人类的本质力量，构成人类生存和发展的现实世界。列斐伏尔认为："自然环境也是被创造、形塑、改造出来的，也就是说，在很大的程度上，它是人类活动的产物，亦即，地球的面貌（换句话说，地景）是人类的产品。"[①]基于自然空间以及人与自然之间关系的共同命运，对现代生态环境问题的认识要追溯到人类活动对自然的毁坏和干预层面，确切地说是人类活动打破了生态系统的平衡，造成人与自然、城市与乡村的分离和对立。列斐伏尔在马克思自然观的基础上，进一步突出了人类活动的空间影响。

2. 价值观维度：自然空间的魅力在于其多样性和创造力

关于自然空间的价值命题实质是要讨论其存在和发展的意义所在。一方面，列斐伏尔阐述了自然空间的基础地位，表达了对自然空间消退趋势的无奈。"如果没有一个群体的起源（种族、气候、地理框架、农业活动改变的'自然'生产等）所产生的独创性，那就不可能有农业时代社会实践的产生和发展。"[②] 从表面看，通过实践活动的累积和实践能力的承袭，人类能够在较大规模和较高层次上改造自然界，使自然界发生深刻的变化。尤其是资本主导的空间生产释放了巨大的生产能力，致使自然空间被边缘化、碎片化。另一方面，列斐伏尔强调自然界的不可复制性，认为空间生产不能掩盖其所带来的矛盾和事实。"自然和土地的有限性因此有力量向盲目的（意识形态的）崇信——认为那些抽象物、人类思想和技术、政治权力及其所制造和裁定的空间，具有无限的权能——发起挑战。"[③] 自然界的力量具有极大的创造性，很大程度上表现为自然界的丰富性和多样性。生物多样性越丰富，地球的生命力就越强大。多样化的物种之间以及物种和环境之间的相互作用构成了生机勃勃的自然界，为人类的生存和发展提供丰富多样的资源和环境。"'自然'诱导了（induces）差异"，"也生产出了差异"[④]。相对于自然界的

① 包亚明主编《现代性与空间的生产》，上海：上海教育出版社，2003，第65页。
② Henri Lefebvre, *The Urban Revolution*, Minneapolis: The University of Minnesota Press, 2003, p. 33.
③ 〔法〕亨利·列斐伏尔：《空间的生产》，刘怀玉等译，北京：商务印书馆，2022，第487页。
④ 〔法〕亨利·列斐伏尔：《空间的生产》，刘怀玉等译，北京：商务印书馆，2022，第585页。

丰富性而言，人类所能创造的多样性是微不足道的。如果说自然界的作品堪称创造物，那么人类社会的产物在某种意义上只能被称为产品。随着科学技术的巨大飞跃以及工业化进程的快速发展，数量化的增长取得显著优势，并带来大量同质化商品的供应。"曾经丰富的东西，现在变得稀缺，所有的自然物都因为耗尽或毁灭不得不被复制。"① 从本质上看，资本主义生产模式总是试图抹杀多样性，将资本主义体系在不同范围内进行复制，为利润增殖创造条件。列斐伏尔指出："对自然造成破坏的趋势并非只来源于野蛮的技术，把可交换性这一特征和标准强加于地方的经济愿望，也助长了这个趋势。结果是地方的特性遭到褫夺，甚至被彻底消除。在一个更一般的水平上，可以想到劳动产品是在交换的过程中变成商品的。这就意味着它们的物质特性，连同它们对应的需要，都被悬置了。"② 资本对剩余价值的追逐，推动了空间本身以及空间内部事物的同质化生产和同质化布局，与自然空间的多样化、丰富性之间形成矛盾冲突，体现为自然与社会之间物质循环的深层断裂，造成不可轻视的生态后果。

列斐伏尔对自然空间客观性和多样性的论述，沿袭了马克思关于使用价值和交换价值的观点。以私有制为基础的商品经济的过度膨胀，催生了商品拜物教、货币拜物教，造成价值与使用价值的偏离，驱动使用价值从属于价值，具体劳动从属于抽象劳动，进而引发生态异化。列斐伏尔指出："使用价值定义社会财富，而交换价值利用货币取代了使用价值，资本取代了事物多样性，并使中介丰富起来。"③ 不过，列斐伏尔更侧重从空间层面论述自然界的命运和反抗形式。这里提到的空间关系已经不同于传统社会所涉及的离散空间结构，而表现为资本主义生产关系对空间内容和空间形式的大规模占领、精细化渗透。在资本主义城市化、市场化、全球化的挤压下，自然空间

① Henri Lefebvre, *Toward an Architecture of Enjoyment*, Minneapolis: The University of Minnesota Press, 2014, p.130.

② 〔法〕亨利·列斐伏尔:《空间的生产》，刘怀玉等译，北京:商务印书馆，2022，第506~507页。

③ Henri Lefebvre, *Toward an Architecture of Enjoyment*, Minneapolis: The University of Minnesota Press, 2014, p.129.

一味地被同质化为"空间积木",很多生态问题因此呈现为空间层面的问题。

3. 历史观维度：空间规律也是自然规律

在不同的历史时期，空间的地位、作用以及本身的运行逻辑呈现不同样态，承载着人与人、人与自然以及自然与社会关系的历史变迁。列斐伏尔沿袭历史辩证法的思路，建构了空间中事物的生产、空间本身的生产以及空间与空间事物相互融合（空间修复）的历史轴线，考察了自然空间地位与作用的演化趋向以及人类文明的演进轨迹。"自然的发展可以被想象成遵守空间的法则，这一空间法则也是自然的法则。"① 地球生命的演化过程大致经历了从简单到复杂、水生到陆生的发展过程，最初的生命是非细胞形态的，而原始"界膜"的出现是至关重要的阶段。原始"界膜"以及之后的细胞膜将生命物质与外界环境分隔开，形成内部空腔结构，使其成为独立的系统。内外有别，生命体遂拥有特定的身体，"界膜"生命从一开始就构成了内部空间。另外，列斐伏尔以蜘蛛结网为例，论证了生物空间的演进脉络。蜘蛛有上下左右的空间感，可以根据身体的角度确定方向，能够织就具有一定平衡性、组织性和适应性的网。当然，蜘蛛所使用的"思维"与人类的"思想"方式不同，其依赖姿势、踪迹和记号确定空间属性，说明空间很早已经作为潜在的"场"而出现。在列斐伏尔看来，社会空间源于大自然的初级空间，最初的形式是生物形态和人类学形态的，停留在性别、年龄、血缘层次上，具有直接性、具体性的特征，鲜有抽象的关系融合其中，因此建构的空间主要属于绝对空间。"空间受到身体本身的限制；感性的空间往往由对方的身体直接形成。"② 随着社会实践的发展，在劳动分工的驱动下，"社会身体"在分化中发展，空间生产服务于商品交换和资本增殖，绝对空间转化为抽象空间，空间与空间中的事物彼此渐行渐远。"（私有）所有物的明确特点，正像一个城镇、民族或者民族国家的空间位置特征一样，是一道封闭的边境

---

① 〔法〕亨利·列斐伏尔：《空间的生产》，刘怀玉等译，北京：商务印书馆，2022，第253页。

② Henri Lefebvre, *Toward an Architecture of Enjoyment*, Minneapolis：The University of Minnesota Press，2014，p.139.

线。"① 对自然的支配和对自然的取用在被支配与被取用的空间中展开，而自然更是所有使用价值的来源②。因此，要引导空间生产走向新的发展道路，必须重建社会联系，让使用价值优于价值，促进空间与时间以及空间与空间中的事物相互融合，促进人类社会从支配自然向取用自然转变。

显而易见，列斐伏尔所论证的空间演变历程在某种程度上体现了唯物辩证法的深刻性。马克思指出："正像一切自然物必须形成一样，人也有自己的形成过程即历史，但历史对人来说是被认识到的历史，因而它作为形成过程是一种有意识地扬弃自身的形成过程。历史是人的真正的自然史。"③ 人与自然是相互作用的，人和其他生命体一样是自然界的产物且依靠自然界而活。同样，人的实践活动具有强大的塑造能力，不断推动自然界向人类社会生成。列斐伏尔借鉴马克思的阐述思路，以蜘蛛的空间行为做参照，以生物与自身空间的关系为开端，揭示空间的二重性，论述社会空间的历史性生成。总体来看，列斐伏尔更侧重从空间形式和空间结构的角度探索促进人与自然协调发展的路径。他虽然强调自然空间不会完全消失，自然空间的多样性是人类无法复制比拟的，但是又多次表达对自然空间衰退的忧虑。他虽然深刻阐释了工业化与城市化所带来的生态后果，但是关于自然解放的探究只有寥寥数笔。人类学和地理学教授尼尔·史密斯（Neil Smith）指出："列斐伏尔对自然的处理远非其论点的核心，但确实与他对空间的理解形成了一种对比。在 20 世纪 60 年代末的时代背景下，列斐伏尔不仅愿意认真对待环境问题，而且在批评新兴环境运动的同时能够将自然问题理论化，已经远远领先于这个时代。与对待空间的激进开放不同，列斐伏尔对自然的处理没有那么细致入微。……无论如何，尽管列斐伏尔批评了环境运动的浪漫主义思维，但是也表达了对自然界变迁的哀叹。"④

---

① 〔法〕亨利·列斐伏尔：《空间的生产》，刘怀玉等译，北京：商务印书馆，2022，第 259 页。

② 参见包亚明主编《现代性与空间的生产》，上海：上海教育出版社，2003，第 54 页。

③ 《马克思恩格斯文集》第 1 卷，北京：人民出版社，2009，第 211 页。

④ 参见 Henri Lefebvre, *The Urban Revolution*, Minneapolis：The University of Minnesota Press, 2003, Perface（by Neil Smith）。

二 大卫·哈维不平衡地理发展理论中的生态诘问

大卫·哈维（又译戴维·哈维）是当代西方新马克思主义的代表人物之一，在历史地理唯物主义领域取得许多重要理论成果。他依托辩证唯物主义和历史唯物主义的基本原理和方法论，以空间作为元理论，运用后现代话语，综合把握自然与社会的演进秩序，构建了囊括哲学、伦理学、政治经济学等多学科理论的分析框架，对全球资本主义时空秩序展开生态批判，为探索生态正义实现的新路径作出重要贡献。

1. 从哲学角度提出社会-生态生活之网的生态环境观

哲学思维方式是人们把握世界的基本方式，潜在影响着人们的思想观念和行为方式，在极大程度上影响着人类的实践活动及其效果。思维方式和伦理、道德、政治的选择总是结合在一起的，每一种新的思维方式往往蕴含着一种新的解决问题的态度和规则。回顾人类历史，笛卡尔和培根等开启了近代形而上学的研究范式和叙事方式，将世界看作相互独立的物质实体和精神实体，主张使用观察、实验、归纳、分析、演绎等方法，注重对事物细节的认识和把握。从社会影响看，一方面形而上学通过理性分析和逻辑推理来探索世界，促使人类摆脱现象世界的迷惑和蒙蔽，在更深层次上把握世界的本质问题，这体现了人类认识史上的重大进步。另一方面形而上学的主要特点是用孤立的、静止的、片面的观点考察自然界与人类社会的发展过程，将自然界视为外在客体和工具性的存在，将复杂的事物和关系还原为简单的要素和关系，助长了人类对自然界的掠夺和占有。在哈维看来，这些启蒙原理包含了思想、信仰、价值观和思维方法等一系列内容，将人类社会分解为经济、政治、社会、心理或者其他要素成分，形成普遍式的规则体系，至今塑造着现实世界，形成今天的生态局面。他在《正义、自然和差异地理学》一书中以专门的篇章论述了辩证法，系统阐述了辩证法思想的演进过程、辩证法原理的 11 个命题以及辩证法与其他思想体系的关系，并着重强调了过程与系统、部分与整体、特殊与普遍、偶然与必然的有机统一。他吸收和借鉴了莱布尼茨、怀特海、奥尔曼、马克思等学者的思想理论，突出强调"过程""关系"等核心原则，旨在将过程辩证法与历史地理唯物主义结合起来，以形成一种新的更符合客观世界运行状态的解释框架。世界是辩证的，按照辩证法理解世界不是要关注抽象的物质，而是聚焦事物的生成过程和发展关系。"空间和时间既不是绝对的也不外在于过程，而是偶然的并包含在过程之中。存在着多种多样的空间和时间（以及时空），它们包含在物理、生物和社会等不同过程之中。"① 历史证明：万事万物都是相互联系的，生物区域的变化并不是自然发生的。从印第安人从事的游牧、农耕活动到资本主义国家所开启的现代化大规模生产过程，社会与生态的变迁总是双重进行的。人类创造的空间形态处于动态变化之中，如何识别和评估现代时空重塑所涉及的人与人、人与自然的新联系才是最重要的。"辩证法避免了这个问题比较偏向机械论和化约论的版本，并容许这个议题可以用开放且流动的方式，在理论上处理。"② 哈维按照过程性、多样性等辩证思维把握世界图景，认为自然秩序与社会秩序始终交织在一起，主张用社会-生态生活之网指代人与人、人与自然以及自然与社会之间相互影响、相互制约的关系，并以此为理论工具探索生态问题的解决路径，具有重要启示意义。

哈维以空间、关系等为重要范畴形成总体性批判范式，对资本主义生态体制进行立体性解读和系统性分析。他将空间划分为绝对空间、相对空间和关系空间，同时又强调三者处于相互作用之中。他将内部关系作为辩证法的主题内容，主张从关系出发理解政治行为、能源问题、气候变化、蝴蝶效应。他强调如果不按照这种方式，就不能真正理解马克思的政治经济学，不能科学把握纷繁复杂的空间问题、空间现象。自然万物共同镶嵌于社会-生态生活之网，只有把握关系性，才能理解空间的丰富性、动态性、非线性。关系和过程不仅包括现实，而且蕴含着未来。只有把握关系性，才能理解财产关系、阶级关系；只有把握关系性，才能看到城市是世界历史中发生的全

---

① 〔美〕戴维·哈维：《正义、自然和差异地理学》，胡大平译，上海：上海人民出版社，2015，第62页。

② 〔美〕大卫·哈维：《新自由主义化的空间：迈向不均地理发展理论》，王志弘译，台北：群学出版有限公司，2008，第71页。

部环境变迁的最大方面之一，而不是将城市地理学排除在全部环境历史地理学的核心之外①；只有把握关系性，才能理解环境问题的地方性和全球性，找到环境问题的有效解决之路；只有把握关系性，才能弄清楚不同区域的思想和行为如何发生联系，弄清楚这种联系对生态环境产生何种影响。在这里，哈维不仅坚持将自然与生态融汇于社会-生态生活之网的思考范式，而且厘定出其中所包含的根本的、重要的联系，即商品和货币流通以及城市化，指出整个世界的生态体制都因此发生地理性的转换、全局性的改变，因此未来关于社会-生态生活之网的重构也要依靠生产方式、技术组织形式、制度和行政框架等领域的协调转变来实现。

　　同时，他也声明其关于关系的思想主要来源于莱布尼茨的设想，并不是严格意义上站在马克思主义的立场上。马克思辩证法的本质是实践的辩证法，其所追求的终极目标不是解释世界，而是改变世界。以往的很多思想家已经很深刻地阐释了客观世界和主观世界的辩证性存在形式，而马克思的卓越之处在于看到了实践是客观辩证法和主观辩证法相统一的基础。在对资本主义基本矛盾的剖析中，马克思围绕价值和使用价值、具体劳动和抽象劳动、私人劳动和社会劳动、必要劳动和剩余劳动等矛盾范畴揭示了资本主义的本质。在有关共产主义的设想中，马克思围绕存在和本质、对象化和自我确证、自由和必然、个体和类等矛盾的真正解决②勾勒了未来社会的美好图景。从资本主义批判到共产主义运动，关键是要靠人民群众的实践。遗憾的是，尽管哈维提到了对辩证法的理解应该追随实践的观点，但是他并没有一以贯之地坚持从实践中探索生态环境问题的解决之路，而是选择了后现代地理主义所倡导的文化救赎。

　　2. 从伦理学角度论证自然价值的比喻特性

　　一直以来，学术界就自然界是否有内在价值展开诸多论争，牵扯了很多伦理根据、伦理规则和道德实践问题。哈维旗帜鲜明地表达了否定性的态

---

① 参见〔美〕戴维·哈维《正义、自然和差异地理学》，胡大平译，上海：上海人民出版社，2015，第211页。

② 参见《马克思恩格斯文集》第1卷，北京：人民出版社，2009，第185页。

度，不承认自然界具有内在价值，认为关于自然具有内在价值的判断缺乏科学证据，最后只能诉诸神秘主义。价值是客观事物对人的积极作用和意义，关于自然界是否有价值、具有什么样的价值以及价值大小的确证和判断，都依赖人作为主体的意识、反思和实践。人类能够制定价值尺度，而且只有人类才具备观察自然、探究自然的特殊能力。无论是狂风骤雨、沉重苍凉、残酷无情、荒芜瘠薄，还是细雨绵绵、和谐美丽、仁慈悲悯、丰饶肥美，都只能是一种比喻性的价值。"自然在想象上所固有的价值是比喻的特性，是人类想象力内在化并影响社会过程其他环节的多种结果的特性，是最显著的物质社会实践的属性。"① 在衡量价值尺度的选择上，哈维更倾向于将货币作为评价自然的手段，主要是因为货币具备能够提供最为人所普遍接受的衡量准绳的内在品质，指出货币并不完全是恶的。不过，他也指出，货币的线性评价方式很难全面反映生态系统复杂性、非线性、异质性的时空结构。自然是表现和确证人的本质力量的对象性存在，既然关于自然价值的选择和认定皆来自人类社会的语言、制度和社会关系等中介力量，那么关于自然的比喻价值的实现理应是人的本质的自我实现，人与自然的矛盾冲突的解决程度则主要取决于人的本质力量的实现程度。而且，哈维多次借用马克思关于蜜蜂与建筑师的例子来衬托人的空间建造能力，强调人类特有的知识体系和计划性是其他动物无法比拟的。在生态环境的前景方面，哈维秉持着典型的人类中心主义观点和乐观主义态度。他并不赞同福斯特等生态马克思主义者关于地球生态系统陷入生态危机的程度认定，尤其是反对关于经济危机从属于生态危机的情境判断，强调所有的自然的极限和稀缺性都是人类创造出来的，是劳动产品和劳动成果不公平分配的结果。人类有足够的能力来创造复杂性、多样性的时空结构，能够最大限度地避免对生态系统物质能量循环过程的破坏，能够开辟新的空间。

总体来看，在生态环境问题方面，哈维是有保留、有选择地借鉴马克思的观点。例如，在对货币媒介的评判方面，马克思对货币拜物教的批判是一

---

① 〔美〕戴维·哈维：《正义、自然和差异地理学》，胡大平译，上海：上海人民出版社，2015，第186页。

以贯之、严肃彻底的。他在《论犹太人问题》中写道："在私有财产和金钱的统治下形成的自然观，是对自然界的真正的蔑视和实际的贬低。"① 相对而言，哈维对货币的态度是暧昧的，甚至是寄予厚望的。他从比喻价值出发，将生态问题的最终解决寄托于伦理道德方案，即强调人类自身的责任。尽管人类是以自我为中心的建筑师，这并不妨碍人类建构涵盖多种生物群落、多种利益关系的生存框架，人类和自然的共同责任将以一种更加动态的、共同进化的方式彼此连接②。从根本上看，哈维所倡导的人类责任是基于人和动物对比而提出的抽象的类特性，是基于类本质主体的责任判定，是基于人的主体身份的抽象考量。事实上，马克思最突出的贡献并不是论述了人的类本质规定性，而是发现了人类社会发展的一般规律，找到了使人和自然双重解放的物质力量——广大的劳动群众。无产阶级之所以是生态革命和社会发展的主体力量，是因为他们与现代大工业生产紧密联系。尽管伦理精神和道德文化是解决生态环境问题的重要思想基础，但是伦理道德的发展水平受制于物质生产的发展状况。真理与价值是辩证统一的，要促进生态环境问题的根本解决，不仅要着重提出生态正义问题、加强伦理道德建设，使人类明晰"应当"的责任，而且要不断丰富对自然生态规律的认识，用以武装劳动群众，形成推进全球生态环境保护的强大物质力量。

3. 从政治经济学角度批判不平衡地理发展的生态后果

哈维从地理空间的角度阐发马克思的资本积累理论，以掠夺性积累和剥夺性积累、领土逻辑与资本逻辑的辩证关系为基础，揭示了全球化时代帝国主义统治形式的新变化。他认为："就时间、空间和物质（或过程）是我们据以理解世界的根本存有论范畴而论，地理学跟其他学科一样，内化了相同的问题意识。"③ 他敏锐地揭示了资本主义空间修复策略的深层动因，深刻批

---

① 《马克思恩格斯文集》第 1 卷，北京：人民出版社，2009，第 52 页。

② 参见〔美〕大卫·哈维《希望的空间》，胡大平译，南京：南京大学出版社，2006，第 227 页。

③ 〔美〕大卫·哈维：《资本的空间：批判地理学刍论》，王志弘、王玥民译，台北：群学出版有限公司，2010，第 326 页。

判了资本主义不平衡地理发展问题，提出了维护空间正义的重要性。按照哈维的理论逻辑，空间不再只是单调的容器装置，而是考察自然与社会变迁的关键性向量，指向节点、网络、表面、流动等各个层面的特殊性、多样性联系。空间是复杂的、动态的、多层次的，兼具物理、生物、文化等多重意义，能够比较直观地展现制度、权力和社会关系，而空间性的历史地理唯物主义有利于澄清关于马克思主义是先验目的论的误解，能够更好地说明人类文明发展道路的多样性、偶然性。在漫长的演进历程中，人类不断拓展生存边界，并与地方化的语言、政治机构、宗教信仰等社会形式共同进化，"创造了特别的社会生态环境和生活方式的地理拼嵌图"①。环境问题与时空秩序密切相关，自然的极限、生态匮乏、劳动力相对过剩等问题都源自资本主义逻辑所建构的幻象。在全球化时代，资本主义在更广阔的时间尺度和地域规模上掠夺资源、输出垃圾、垄断食物链，货币循环和剩余价值的榨取已经成为资本主义生态体系主要的生态变量②，给生态系统的承载力和社会治理体制的容纳能力带来严峻挑战。而且，资本主义催生了加速逻辑，形成了瞬时性场域，导致对资源环境的加速消耗。"对于稍纵即逝的意象的商品化，从资本积累的角度看不啻是天赐之物。"③ 总体来看，资本主义不平衡地理发展战略建构的是一种单向度的、非对称式的物质能量变换模式，难免引起生态系统的疏离反应。

哈维对资本主义生态体制的批判是犀利深刻的，但是在如何破解现代生态难题的路径选择上却又走上空间乌托邦。一方面，他将话语斗争提升到极端重要的位置，致力于建构一种能够反映政治目标、发挥政治作用的批判性话语。另一方面，他又主张承接资本主义生态体制的地理拼嵌图，将对资本主义逻辑的控诉转向资本的自我救赎。他在《资本社会的 17 个矛盾》一书中写道，"资本有自我清理和解决（或至少适当平衡）它内部

---

① 〔美〕大卫·哈维：《希望的空间》，胡大平译，南京：南京大学出版社，2006，第 74 页。

② 参见〔美〕戴维·哈维《正义、自然和差异地理学》，胡大平译，上海：上海人民出版社，2015，第 222 页。

③ 〔美〕大卫·哈维：《世界的逻辑：如何让我们生活的世界更理性、更可控》，周大昕译，北京：中信出版集团，2017，第 131 页。

矛盾的潜力"①，通过健全的环境管理和持续赢利的原则，有可能"建立比较良性的资本主义逻辑"②。显然，在某种意义上，哈维所建构的历史地理唯物主义存在不彻底之处。他虽然一再强调马克思是正确的，却又反复强调马克思所构想的共产主义社会是美学范式的，自觉或不自觉地淡化了马克思主义的斗争精神。事实上，马克思所追求的共产主义社会并不是简单地"接收"资本主义的旧式生产关系，而是强调在资本主义的废墟之上建立一种全新的发展范式。

第二节　生态马克思主义理论的空间之维

生态马克思主义，顾名思义，意图通过挖掘马克思主义的生态思想，系统批判资本主义生产模式的反生态属性，着力探索生态问题破解的有效路径。生态马克思主义者或者致力于重新解读自然概念，或者要求承认自然的内在价值，或者主张重新建构物质变换断裂理论，总之，为全面考察人与自然的关系提供新视角。尽管生态马克思主义者的理论框架更多地采用了历史逻辑，但是他们对自然地理环境、空间场所等自然条件的认识，对生态问题空间集聚的初步分析，具有重要的理论价值和现实意义。

一　奥康纳关于不平衡发展和联合发展的空间向度分析

詹姆斯·奥康纳是美国生态马克思主义的领军人物，主张通过重构历史唯物主义，寻求生态危机的解决之道。在《自然的理由：生态学马克思主义研究》一书中，他多次使用带有"空间"语义的概念，论证资本主义双重矛盾与生态危机的关系，初步触及生态批判的空间内容。

1. 关于资本主义第二重矛盾的空间向度分析

奥康纳认为传统马克思主义存在理论空场，如忽略或者弱化了文化和自

---

① 〔美〕大卫·哈维：《资本社会的 17 个矛盾》，许瑞宋译，北京：中信出版集团，2016，第287~288 页。

② 〔美〕大卫·哈维：《资本社会的 17 个矛盾》，许瑞宋译，北京：中信出版集团，2016，第 286 页。

然的范畴，没有更全面地理解生产力和生产关系的内涵和相互关系，因此不能更好地阐释生态危机的根源与走向。要重构历史唯物主义，必须重新把握自然、社会劳动、文化的概念和作用形式，重新解读生产力和生产关系的构成和矛盾关系。自然系统内含于生产方式之中，可以为"任何一个既定的社会形态或阶级结构的发展，提供更为多样的可能性"①。丰富的矿产资源、肥沃的土地、便利的水域环境是生产发展的重要条件，因此很多城市是在河流的交汇处和天然港口地区发展起来的。奥康纳认为，自然界自主地参与生产过程，其运行和发展有自己相对独立的周期和节奏，"不能忽视空间场所及基础设施除了直接地被政治和市场所建构之外，还独立地完成对资本的地理维度上的配置"②。要将生态问题放在资本与自然的矛盾冲突中来考察，全面权衡资本主义经济领域、政治领域以及意识形态领域的共同作用形式。"'生态学马克思主义'的出发点是资本主义的生产力和生产关系与生产条件之间的矛盾。不管是人类的劳动力、外在自然界还是基础设施（包括这一范畴在空间和时间双重维度上的内容），都不是为了资本主义而被生产出来的，尽管在资本眼里，这些生产条件只不过是商品或商品化的资本。"③ 换句话说，无论是空间层面还是时间层面的生产条件都不是为资本主义而生，对自然的利用和改造必须尊重自然界的自主性，努力适应自然界的运行节奏和周期。奥康纳认为，资本将自然界视为资源的"水龙头"和废弃物的"污水池"，肆意索取、随意污染，引发资源枯竭和环境危害。资本在损害自然环境的过程中，本身就是在破坏自身的生产条件，必然走向自我否定。

虽然在马克思恩格斯所生活的时代中，生态问题远没有今天这样严重，但是经典马克思主义包含了丰富而深刻的生态观，至今熠熠生辉。奥康纳多次提到经典马克思主义在自然生态方面存在理论空场，是不符合实际情况

① 〔美〕詹姆斯·奥康纳：《自然的理由——生态学马克思主义研究》，唐正东、臧佩洪译，南京：南京大学出版社，2003，第74页。
② 〔美〕詹姆斯·奥康纳：《自然的理由——生态学马克思主义研究》，唐正东、臧佩洪译，南京：南京大学出版社，2003，第234~235页。
③ 〔美〕詹姆斯·奥康纳：《自然的理由——生态学马克思主义研究》，唐正东、臧佩洪译，南京：南京大学出版社，2003，第264页。

的。不过奥康纳并未全盘否定马克思主义的经典理论，他继承了马克思主义的基本原理中关于价值和使用价值之间关系的思想，并致力于丰富马克思主义、深化马克思主义。事实上，关于自然界的有限性和多样性的论述汗牛充栋，而奥康纳的独特之处在于企图通过重构历史唯物主义的基本理论，来突出生态危机的危害性影响，展现出一定理论勇气。其所得出的结论是：生态问题不只是人与自然的关系问题，更是政治和文化层面的问题，生态危机和经济危机是相互影响、相互作用的。而且，奥康纳认为空间是自然条件的重要构成或重要维度，可以说其是从空间维度给予生态问题较多关注的生态马克思主义学者。然而，从行为逻辑可以看出，奥康纳还是将自然空间假定为背景、装置，局限于对空间中资源的论述，尚未论及空间结构本身的革命性和能动性，对自然条件的认识也并未超越经典马克思主义的理论框架体系。

2. 关于不平衡发展和联合发展的生态批判

奥康纳系统阐述了不平衡发展和联合发展的内涵及其对自然和人类社会所产生的影响，犀利地批判了全球生态问题的地理差异，阐释了世界生态危机的成因和表现。所谓不平衡发展主要是指工业资本、劳动关系和政治结构等在空间分布上的不平衡状况。近代以来，资本在空间上向欧洲、北美、日本等地区和国家集聚，并在这些地区积累起显著的经济和政治优势，衍生了强大的控制力。随着资本主义体系在全球化的拓展，南方的很多国家和地区形成了从属性、输出性的发展模式，沦为发达国家和中心地区的原料供应地和剩余资本输出地。所谓联合发展是指将发达国家和中心地区与不发达国家和边缘地区在经济、社会、政治形态方面结合起来的一种发展模式，是建立在不平等国际分工基础上的合作模式。一方面大量资源、劳动力由南方国家向北方国家输出，另一方面产业资本由发达国家向发展中国家梯度转移。不平衡发展和联合发展都是社会经济层面的概念，指向发展模式、发展结构的变迁。奥康纳主要从以下几个方面介绍了不平衡发展和联合发展的生态后果。其一，不平衡发展和联合发展造成了城市环境污染的泛化。很长时间以来，资本在空间上的集中是资产阶级获得利润的重要条件，但是资本在空间上的不平衡分配对自然和社会的负面影响是非常惊人的。不平衡发展意味着差距的累积，体现为南北差距、城乡分离的状况日趋严重，而且工业化生产过程的集中以及人口在城市中的集聚，导致大量生产和生活废弃物产生。"资本不平衡发展的程度越高，工业、日常生活及城市污染在空间上的集中程度就将越高，一定量的不同种类的废弃物也将更有可能转变为危险的污染物。"① 污染风险系数高的产业主要聚集在劳工社区，"最糟糕的人类和生态灾难通常发生在南部国家以及北部的那些'内陆殖民地'"②。从联合发展的推行效果看，其不仅没有给发展中国家创造真正的平等机会，而且进一步强化了不平等的格局，使资本在更广泛的范围内干预生态系统的运行状况。那些在北方受抵制的污染性产业和物品会以各种形式逐步转移到广大发展中国家和落后地区，使得这些国家和地区的生态环境日益恶化。其二，不平衡发展和联合发展造成了土壤资源衰竭。在资本主义体系的操纵之下，为适应输出式的发展模式，大多数南方国家形成了高度专门化、单一化的农业作业体系。由于单一化的农作物物种容易遭受病虫害袭击，因此南方国家不得不依靠使用大量农药、化肥来提高产量，这导致农业污染问题日益突出。发达国家和发展中国家在农业领域的联合发展，试图以一种简化的农业生产模式取代传统复杂的农业生产模式，意味着要使用更多的水、化肥、农药和更脆弱的种子。一旦遭遇经济困境，南方国家不得不"通过扩大生产规模来维持他们的收入水平，而这会把自然条件推向更接近于其生态极限的状态"③。长期采用持续性、单一化的耕作模式，会造成土壤肥力耗竭，导致土壤酸化、板结等很多问题。受制于技术、资金、特定生物过程等现实条件，土壤的修复非常复杂，不仅难度大、成本高，而且周期长，给后续的生产生活带来非常不利的影响。其三，不平衡发展和联合发展加剧森林滥砍滥伐。森林与湿地、海洋并称为三大重要生态系统，在净化空气、调节气候、防风

---

① 〔美〕詹姆斯·奥康纳：《自然的理由——生态学马克思主义研究》，唐正东、臧佩洪译，南京：南京大学出版社，2003，第308页。

② 〔美〕詹姆斯·奥康纳：《自然的理由——生态学马克思主义研究》，唐正东、臧佩洪译，南京：南京大学出版社，2003，第306页。

③ 〔美〕詹姆斯·奥康纳：《自然的理由：生态学马克思主义研究》，唐正东、臧佩洪译，南京：南京大学出版社，2003，第314页。

固沙、保持水土、涵养水源、保护生物多样性等方面都具有举足轻重的作用，占据特殊的生态位置。同时，森林又具有丰富的经济价值，如可以为人类提供木材和林产品。很多国家就是通过发展森林工业获得资本、原材料以及生产场所。"由于不平衡发展和不充分发展取代了农业—林业间的有机联系"①，大量森林被砍伐，或者用于木材输出，或者是为农牧业生产腾出空间。森林尤其是雨林的大规模毁坏对周围以及整个地球生态系统的影响是致命的，水土流失、气候失调、洪涝灾害频发、生物多样性锐减等一系列问题随之而来。其四，不平衡发展和联合发展导致矿物燃料被加速开采。在帝国主义的主宰之下，人们对矿物资源的开采速度远远超过了自然界的自我更新能力。据统计，"虽然煤的开采的历史已经有大约 800 年的时间，但 1940 年至 1980 年间所开采的煤的数量远远超过了煤的总储藏量的 50%"②。在帝国主义和殖民统治的联合作用下，很多地区被迫无节制地开采矿物燃料，这不仅造成资源枯竭，而且开采利用过程中所产生的环境污染问题也不容小觑。

詹姆斯·奥康纳以马克思恩格斯的物质变换理论为基础，系统阐述了不平衡发展和联合发展的生态后果。事实上，马克思恩格斯已经深刻认识到不平衡发展和联合发展等问题，如马克思在《资本论》中明确写道，"资本主义生产方式同时为一种新的更高级的综合，即农业和工业在它们对立发展的形态的基础上的联合，创造了物质前提"③。这种联合发展产生了巨大的生产力，极大改变了世界，但是这种联合发展是一种不平衡的发展，暗藏无尽危机。资本开拓了世界市场，并按照自己的面貌创造了一个世界，在城乡、国家、阶级之间建构了从属性的关系结构。科学研究证明，地球经过数十亿年的演进形成相对平衡稳定的运行结构，形成丰富多彩、充满生命力的世界样态。然而，资本主宰的城乡结构、世界体系与自然界的运行机制存在根本矛

① 〔美〕詹姆斯·奥康纳：《自然的理由：生态学马克思主义研究》，唐正东、臧佩洪译，南京：南京大学出版社，2003，第 311 页。

② 〔美〕詹姆斯·奥康纳：《自然的理由——生态学马克思主义研究》，唐正东、臧佩洪译，南京：南京大学出版社，2003，第 312 页。

③ 《马克思恩格斯文集》第 5 卷，北京：人民出版社，2009，第 579 页。

盾，造成人与自然之间的物质变换断裂。农业人口的减少与城市人口的拥挤形成鲜明对比，人口与资源环境的矛盾冲突日益紧张，"于是就造成了地力的浪费，并且这种浪费通过商业而远及国外"①。在马克思恩格斯看来，资本主义所造成的物质变换断裂，已经从城乡层面扩展到世界层面。显然，奥康纳对资本主义不平衡发展和联合发展的批判，在很大程度上借鉴了马克思恩格斯的物质变换理论。另外，奥康纳也吸收了哈维的不平衡地理发展思想，并在书中有所引证。"正像戴维·哈维（David Harvey）所指出的，工业化地区所建构起来的这些外部环境，最终导致了资本的流动性。"② 20 世纪末，资本主义所造成的环境问题更加明显而严重，因此奥康纳能够更加集中、更加具体地展开对资本主义的生态批判，当然他的生态批判理论所包含的比较丰富的空间内容与其个人的学术视野是分不开的。不过，严格来说，奥康纳的生态批判是一种笼统性的批判，是关于地理空间不平等的现象批判。他比较全面地揭露了南方国家、北方国家之间彼此关联而又相互区别的境遇，但并没有充分论证自然界运行机制与空间分工不平等的内在矛盾冲突，更没有论及空间资本化对生态条件（自然条件）的破坏性影响等深层次问题。

二　福斯特关于新陈代谢断裂的空间向度分析

约翰·贝拉米·福斯特作为美国生态马克思主义的主要代表，比较全面地考察了马克思的生态思想产生和发展的学术背景，深入挖掘了唯物主义自然观的文本依据和生态特征，在推动生态马克思主义成为显学的过程中发挥了重要作用。他认为"新陈代谢断裂"概念在马克思的生态思想中处于非常重要的地位，致力于重构马克思的新陈代谢断裂思想，以科学厘清资本主义生产方式的生态弊端和破解路径，进而形成一种具有重大意义的革命性生态观。新陈代谢断裂思想贯穿于福斯特生态思想的各个方面，其论述主题涵盖了城乡新陈代谢断裂以及发达国家和发展中国家之间的新

---

① 《马克思恩格斯文集》第 7 卷，北京：人民出版社，2009，第 919 页。
② 〔美〕詹姆斯·奥康纳：《自然的理由——生态学马克思主义研究》，唐正东、臧佩洪译，南京：南京大学出版社，2003，第 303 页。

陈代谢断裂。可以说，福斯特已经意识到生产、分配、交换、消费等环节的空间分离是引发新陈代谢断裂的重要原因，这对于我们从空间维度全面理解马克思的生态思想具有重要启发意义。比较可以发现，奥康纳主要关注环境问题中蕴含的空间不平等，福斯特则重点阐释了空间分化所产生的生态后果。

1. 唯物主义自然观隐含着空间向度分析

相较于大多数生态马克思主义者而言，福斯特生态思想的主要亮点不单单在于挖掘和阐释了唯物主义自然观、历史观所蕴含的生态学思想，更在于他力求完整准确地理解马克思的生态思想，并且其解读的思路基本贯彻了马克思主义的世界观和方法论原则，为解决现代生态问题提供了创新性的思路和方法。为更好地追溯唯物主义自然观的发展轨迹，福斯特全面考察马克思和达尔文、伊壁鸠鲁、黑格尔、康德、费尔巴哈、马尔萨斯等思想家的学术关联，以澄清将马克思片面地理解为生态学方面普罗米修斯主义者的观点。通过阐述生态学思维与唯物主义的关系，福斯特论证了马克思的生态思想的科学性。福斯特从马克思的博士论文入手，敏锐地捕捉到伊壁鸠鲁的哲学所包含的生态智慧及其对马克思的生态思想的重要影响。伊壁鸠鲁主张，"原子并非是按完全固定的方式运动的，一些原子会突然转向，从而产生偶然性和不确定性的因素"[1]。也就是说，伊壁鸠鲁的自然哲学反对目的论，认识到偶然性、意外性和自由的可能性，把"守恒原则"作为其出发点，指向人类文化的进化，具有生态世界观的倾向。[2] 福斯特由此推断，马克思早期已经具有唯物主义思维，并开始思考唯物辩证法问题。之后，马克思逐步完成了对费尔巴哈自然主义、黑格尔国家观以及马尔萨斯自然神学的批判，撰写了《1844 年经济学哲学手稿》，系统剖析了自然的异化问题。福斯特认为，梳理马克思对这些观点的批判性分析，有助于把握马克思经典著作的

---

[1] 〔美〕约翰·贝拉米·福斯特：《马克思的生态学——唯物主义与自然》，刘仁胜、肖峰译，北京：高等教育出版社，2006，第 40 页。

[2] 参见〔美〕约翰·贝拉米·福斯特《马克思的生态学——唯物主义与自然》，刘仁胜、肖峰译，北京：高等教育出版社，2006，第 43、61~62 页。

中心内容，挖掘唯物主义生态观的潜在优势，超越当代许多绿色理论中的唯心主义或唯灵论、二元论，探索破解生态环境难题的现实路径。①

总体而言，福斯特的解读基本符合马克思的原意，起到为马克思的生态思想辩护的重要作用。特别值得一提的是，福斯特关于马克思与伊壁鸠鲁思想关系的解读非常具有创见性。伊壁鸠鲁曾明确指出，"如果没有我们说的那个'虚空'、'场所'、'不可触的实体'，形体就无处存在，不能像我们看到的那样运动了"②。原子和虚空都是客观存在的，那么由原子和虚空构成的世界必然是物质样态的。关于原子具有不同形状和大小的论述，可以说明自然界的千差万别。"说宇宙无限，是从两个方面说的，一是它所包含的形体无限多，一是它所包括的虚空无限广。"③ 因为有限的物体无法在无限的虚空中停留或者处在适当的地方，也不能找到将它们撞回去的支撑物或平衡物。以空间的无限性为推演基础，关于原子偏斜运动的认识有力地解释了自然界的变化多端性。显而易见，原子偏斜说是从空间层面论述时间的偶然性，展现时间与空间的辩证关系。当然，伊壁鸠鲁关于空间的认识代表一种自然主义世界观，而对马克思所产生的影响却延伸到认识论层面。马克思在《1857—1858年经济学手稿》中提出的"用时间消灭空间"的思想，进一步发展了关于时间和空间相互关系的认识。"这种唯物主义从来没有忽视过这些物质条件与自然历史之间的必然联系，也就是与唯物主义自然观的必然联系。"④ 按照福斯特的解读路径和分析方法可以发现，伊壁鸠鲁的空间哲学对马克思产生潜在影响，其关于空间客观性、无限性的探索包含对人与自然之间关系的深刻认识，为之后马克思深入论述人与自然的关系问题奠定基础，为考察现代生态问题的形成和破解提供了一定方法

① 参见〔美〕约翰·贝拉米·福斯特《马克思的生态学——唯物主义与自然》，刘仁胜、肖峰译，北京：高等教育出版社，2006，第23页。
② 北京大学哲学系外国哲学史教研室编译《西方哲学原著选读》上，北京：商务印书馆，1981，第161页。
③ 北京大学哲学系外国哲学史教研室编译《西方哲学原著选读》上，北京：商务印书馆，1981，第161页。
④ 〔美〕约翰·贝拉米·福斯特：《马克思的生态学——唯物主义与自然》，刘仁胜、肖峰译，北京：高等教育出版社，2006，第22页。

论参照。

2.唯物主义历史观隐含着空间向度分析

唯物主义历史观与唯物主义自然观是一脉相承的，唯物主义本身也是生态的。福斯特深刻阐述了马克思恩格斯创立唯物史观的思想线索以及其中蕴含的生态思想，重点阐述了近代自然科学的发展对唯物史观的影响。其一，马克思恩格斯在批判马尔萨斯关于人口和土地关系理论的过程中表达了对无产阶级状况的关切。在《政治经济学批判大纲》中，恩格斯曾经提到马尔萨斯的人口论的本质是宗教自然观。"资本主义社会则逐渐使人口脱离土地，从而为加强对生产的自然和人这两个方面的高度剥削准备了条件。"[1] 资本主义制度是剥削人的制度，也是剥削自然的制度。在《1844年经济学哲学手稿》中，马克思阐述了工人阶级的艰难境遇。"根据马克思的观点，标志着大工业城市的'普遍污染'就是工人阶级的居住环境。"[2] 其二，马克思恩格斯吸收了历史地质学和历史地理学的重要成果。马克思抓住了维尔纳的理论所代表的时间和进化观念的革命性，提出自然生成论；利用了李特尔的历史见解，考虑人类改造自然的破坏性后果。"马克思似乎正在寻找一种与地质演替相联系的进化性变化理论，而且这种理论强调土壤的影响。"[3] 而且，马克思恩格斯在《德意志意识形态》中指出，"人们所处的各种自然条件——地质条件、山岳水文地理条件、气候条件以及其他条件"[4] 是生产条件的一部分。其三，马克思恩格斯深刻批判了资本主义制度所造成的人地关系断裂。土地是历史更迭的舞台，人类的生存和发展需要与土地进行持续不断的物质能量交换。对马克思而言，资本主义所造成的人与土地关系的异化主要表现为人与土地的分离以及城市中的废弃物不能有效返还于土地。恩格

---

[1] 〔美〕约翰·贝拉米·福斯特：《马克思的生态学——唯物主义与自然》，刘仁胜、肖峰译，北京：高等教育出版社，2006，第118页。
[2] 〔美〕约翰·贝拉米·福斯特：《马克思的生态学——唯物主义与自然》，刘仁胜、肖峰译，北京：高等教育出版社，2006，第123页。
[3] 〔美〕约翰·贝拉米·福斯特：《马克思的生态学——唯物主义与自然》，刘仁胜、肖峰译，北京：高等教育出版社，2006，第222~223页。
[4] 《马克思恩格斯文集》第1卷，北京：人民出版社，2009，第519页。

斯在《论住宅问题》中也提到了城市化过程中所产生的污染问题，并论证了消除城乡对立的必要性。福斯特认为："马克思（包括恩格斯）的生态学思想可以理解为两个主题的提出：与李比希相关联的可持续发展的观念，以及源于达尔文的共同进化论分析。"①

福斯特在整个论述过程中并未明确使用"空间"话语，但是以地质构造理论为基础阐述人与自然界的共同进化过程，蕴含了关于"空间载体"的认识。"土地"本身是一个综合性概念，集空间场所、空间资源于一体，关于人与土地关系异化的论述内含空间向度的思考。尽管福斯特没有明确阐述空间资本化的问题，但是他已经看到资本主义制度所造成的空间分离问题。城乡分离源于人与土地的空间分离以及空间场所与空间资源的分离，并因此引发一系列生态环境问题。

3. 生态帝国主义批判中的空间向度分析

当今世界，环境问题不仅日趋普遍化，而且很多环境问题在不同国家和地区呈现出共同的趋向和特征。福斯特深刻剖析了环境问题的复杂性、普遍性，系统阐述了帝国主义战略对生态领域的掠夺和渗透。他指出，资本主义经济把追求利润增长作为首要目的，因此产生的破坏性影响不仅包括对无产阶级的剥削、对殖民地的剥夺，而且包括对地球生态系统的奴役和破坏。人是自然界长期发展的产物，集聚了自然界数十亿年的精华和灵气。人与自然界的关系不仅是多层次、多方面的，而且是双向、互动的。"资本主义将人类与自然的关系降格为纯粹的个体占有关系，并不代表（尽管有许多科技进步）人类需求和适应自然能力的充分发展，只不过是为了发展一种与世界单方面的、利己主义的关系而将自然从社会中异化出去的行为。"② 从资源枯竭到全球气候变暖，环境问题已经成为影响地球生态系统运行的普遍性问题，生态危机逐步转化为全球危机。归根结底，生态帝国主义是帝国主义扩张战

---

① 〔美〕约翰·贝拉米·福斯特：《马克思的生态学——唯物主义与自然》，刘仁胜、肖峰译，北京：高等教育出版社，2006，第265页。

② 〔美〕约翰·贝拉米·福斯特：《生态危机与资本主义》，耿建新、宋兴无译，上海：上海译文出版社，2006，第24页。

略的延续，是生态问题演化为全球危机的元凶。科学研究证明，在生态系统内部存在着同一层级以及不同层级的物质、能量和信息流动，以维持生命有机体的生命活动。"物质-生态"流在各级消费者之间转移，从一个营养级到另一个营养级。"经济价值的转移以诸多复杂的方式伴随着现实中的'物质-生态'流，这种'物质-生态'流改变着城乡之间和全球性大都市与外围国家之间的诸多关系"①。福斯特以"硝石诅咒""石油诅咒"为例，批判了生态帝国主义对"物质-生态"流的破坏性影响。大工业与农业联合促进农业生产力大幅度提高，也加速了土壤养分的流失，导致土壤危机甚至是农业危机。硝石工业的兴起促进了海鸟粪的开发，帝国主义加紧抢夺这些资源，以维持农业生产率，进而获取高额利润。"这些资本家剥夺这些生态资源以用于他们所创造的有限但却抽走了大部分的经济财富。"② 石油、煤等化石燃料都在经历着类似的命运，资源枯竭、全球气候变暖演绎着资本主义世界永恒的故事情节。

福斯特以新陈代谢断裂为主要观照对象，着眼于全球层面的"物质-生态"流，对生态帝国主义展开全面批判。资本具有逐利的本性，掠夺自然是资本增殖的必要条件。为了确保资本机器的飞速运转，帝国主义在世界层面掠夺资源；为确保生产、生活废弃物有充足的排放空间，帝国主义在全球范围内输出资本和垃圾，资源枯竭、全球气候变暖皆可归因为空间资源有限性与资本扩张无限性之间的矛盾冲突。"经济学家未能正确理解人类社会经济存在于更大的生物圈内以及破坏生活环境就意味着破坏生产环境"③。福斯特直击资本主义的局限和弊端，不仅借鉴了马克思对资本主义农业的生态批判，而且融合了哈维的"空间修复"理论。他指出："资本在 20 世纪末期和21 世纪正撞上在生物圈层面上所无法克服——正如先前的例子一样，通过地

---

① 〔美〕约·贝·福斯特：《生态革命——与地球和平相处》，刘仁胜、李晶、董慧译，北京：人民出版社，2015，第212页。

② 〔美〕约·贝·福斯特：《生态革命——与地球和平相处》，刘仁胜、李晶、董慧译，北京：人民出版社，2015，第218页。

③ 〔美〕约翰·贝拉米·福斯特：《生态危机与资本主义》，耿建新、宋兴无译，上海：上海译文出版社，2006，第33页。

理的扩张和剥削的'空间修复'的生态障碍。"① 总之，新陈代谢断裂之所以形成，既源于历史的累积，又源于空间的错位分离。福斯特以新陈代谢断裂为关键范畴批判资本主义体系的生态弊端，内含空间向度的思考，不过这种空间向度的审视并未上升到更深远的层次上，对空间之于"社会-经济-自然复合生态系统"的独特地位并未给予充分重视。

三　杰森·摩尔关于资本主义世界-生态体系的空间向度分析

杰森·摩尔（又译詹森·摩尔）是美国环境史学领域的新秀，主张以世界-生态为研究范式，按照资本逻辑—资本主义历史—资本主义边疆的研究思路，剖析环境危机和新陈代谢断裂等问题，为全面剖析全球环境危机提供新视角。他以"空间修复"理论为前提，指出"所有的空间修复及其必然结果都是不可简化的社会-生态"②。这一论断包含了对生态系统的整体性和动态性的正确认识，有助于阐明生态环境问题的复杂性。

1. "世界-生态"的思维范式

摩尔认为，笛卡尔关于意识与身体分离的论断，引申为自然与社会的分离。受笛卡尔哲学影响，人们习惯以自然或者社会为基本单位孤立地分析问题，很难全面把握权力、财富以及自然配置的复杂性关系和广泛影响。笛卡尔的自然观与资本主义物质变换紧密相关，作为环境史的资本主义涉及一种看世界的新方法。摩尔在综合众多学者理论创见的基础上，尝试用奥伊寇斯的概念③阐释"生态"所牵涉的各种关系，提出世界-生态的概念和理论框架，以超越笛卡尔的思维模式。他主张按照世界-历史视角分析资本主义体系所建构的自然-社会时空关系，并论及作为世界-生态的资本主义对全球空间的塑造能力。从思想溯源上看，摩尔综合了马克思的新陈代谢断裂概念、沃勒斯

① 〔美〕约·贝·福斯特：《生态革命——与地球和平相处》，刘仁胜、李晶、董慧译，北京：人民出版社，2015，第 226 页。
② 〔美〕杰森·摩尔：《地球的转型：在现代世界形成和解体中自然的作用》，赵秀荣译，北京：商务印书馆，2015，第 14 页。
③ 古希腊哲学家、植物学家泰奥弗拉斯托斯曾使用"奥伊寇斯"形容植物物种与环境的辩证关系。

坦关于向资本主义过渡的分析、布罗代尔的生物体制和历史地理研究理论、阿瑞基的"结构多变的"资本主义和组织革命与耗竭理论、哈维的"空间修复"理论等，试图更全面地把握世界-历史演变过程。从本体论上看，摩尔主张以"关系"为本位来理解和把握世界的存在和运行方式，强调人类与动植物、气候、地质等共处于一个生命网络，不赞同将自然与社会当作纯化的本质。他认为，"封建主义、资本主义与其他历史体系的兴起与发展都是通过奥伊寇斯"①，"资本主义的生态现在影响到了全球生态的每一个枝叶上"②，"让我们记住（并重新看待）人类和生命网络中其他非人类自然的生命和劳动"③。在《地球的转型：在现代世界形成和解体中自然的作用》一书中，摩尔一再强调"资本主义不是有一种生态体制，资本主义就是一种生态体制"④。资本主义生态与资本主义经济同属于资本主义世界体系的一部分，只是基于不同的考察视角，不能简单地将生态问题归结为经济问题。森林滥砍滥伐、土壤耗竭与证券交易、贫民窟、工厂生产、购物中心等一样，都属于广义的生态范围。只有从世界历史的视角分析资本主义形成发展过程中的环境危机和新陈代谢断裂，才能找到解决资本主义生态危机的新策略和新方法。

摩尔力图以世界-生态的思路，反驳和替代笛卡尔自然与社会二分法的世界观，为重建自然-生态关系提供有益借鉴。事实上，马克思恩格斯早已经深刻阐述了自然史与人类史的统一，强调人是作为自然界的组成部分与自然界进行持续的物质变换，将世界历史看成"自然界对人来说的生成过程"，将"人类与自然的和解以及人类本身的和解"作为共产主义实现的重要内容。⑤摩尔对作为世界-生态的资本主义的批判，比较形象具体地展现了资

① 〔美〕杰森·摩尔：《地球的转型：在现代世界形成和解体中自然的作用》，赵秀荣译，北京：商务印书馆，2015，第 18 页。

② 〔美〕拉杰·帕特尔、〔美〕詹森·W.摩尔：《廉价的代价：资本主义、自然与星球的未来》，吴文忠等译，北京：中信出版集团，2018，第 27 页。

③ 〔美〕拉杰·帕特尔、〔美〕詹森·W.摩尔：《从廉价的代价引发的思考》，吴文忠等译，《国际融资》2018 年第 4 期。

④ 〔美〕杰森·摩尔：《地球的转型：在现代世界形成和解体中自然的作用》，赵秀荣译，北京：商务印书馆，2015，第 3 页。

⑤ 《马克思恩格斯文集》第 1 卷，北京：人民出版社，2009，第 196、63 页。

本主义世界体系下自然界的命运，但其并未超越马克思恩格斯的论证逻辑。

2. 关于资本主义世界-生态体系的空间向度分析

摩尔采用跨学科的研究方法，从世界-生态的维度揭示了资本主义空间扩张对生态环境的破坏性影响。他认为，封建主义的社会-生态矛盾主要源于农业生产体系与土地的冲突关系，具体表现在人口增加与土地改善有限的矛盾冲突，但是在这期间产生的环境问题主要是地方性、区域性问题。相反，资本主义社会-生态体制所产生的新陈代谢断裂是全球范围的断裂，"资本主义的出现标志着生态恶化的规模、范围、速度突飞猛进的跳跃"[①]，可以说，"资本主义并不作用于时间与空间，而是积极地产生了时间与空间"[②]。他着重介绍了水稻和小麦的不同生长特点，并以此推导出中国和欧洲农业-生态实践发展的不同趋向和空间逻辑。水稻种植的特点是占用土地少、消耗劳动力多，主要是依靠水利工程设施保障生产效率，维持着较高的可持续性。小麦种植的特点是占用土地多、消耗劳动力少，展现的是由内到外的空间逻辑。从政治地理、农业经济到地理扩张和白银与蔗糖的"发现"，说明环境因素在欧洲扩张中的重要作用。按照摩尔的研究思路，批判资本主义对森林、土地等生态环境的掠夺和摧残并不是主要目的，问题的关键是从哪个角度把握。"人们不应该在社会的或环境的领域寻找资本的局限，而应该在生命之网中寻找帝国和资本、阶级和国家、商品生产和社会-生态再生产的共同产生的局限。"[③] 回顾人地关系的历史演变，有助于厘清资本主义历史和资本主义逻辑中的自然-社会关系，进而辨识全球危机的性质，找到真正重建的道路。

摩尔以资本主义生产方式对地球景观的大规模商品化改造为主线，从世

---

① 〔美〕杰森·摩尔：《地球的转型：在现代世界形成和解体中自然的作用》，赵秀荣译，北京：商务印书馆，2015，第152页。

② 〔美〕杰森·摩尔：《地球的转型：在现代世界形成和解体中自然的作用》，赵秀荣译，北京：商务印书馆，2015，第12页。

③ 〔美〕杰森·摩尔：《地球的转型：在现代世界形成和解体中自然的作用》，赵秀荣译，北京：商务印书馆，2015，第379页。

界-生态角度考察发达国家与发展中国家、资本与劳动者、城市与乡村的矛盾关系，深刻批判了资本主义生产方式的反生态属性。劳动创造价值，而资本运作的前提就是要控制劳动、支配劳动。资本主义生产方式产生的前提是使劳动者与生产资料相分离，使劳动者转化为劳动贫民。资本原始积累的历史过程是以泯灭人性为代价，充满了血腥与残酷。在《资本论》中，马克思重点批判了资本主义制度对劳动力的压榨和盘剥，同时也在一定程度上论及资本主义生产方式对生态环境的破坏性影响。摩尔则主要从环境史的角度批判资本主义生产方式对森林、土地、水源等环境要素的摧残，较好地突出了生态问题的历史地位，比较详尽地展示了资本主义制度的内在局限，形成理解生态问题的新思路。不过，尽管摩尔多次强调自然与社会、社会历史与生物物理的相互作用，但是他没有利用好生产力和生产关系、具体劳动与抽象劳动等理论工具，尤其是没有从人的自由全面发展的立场展开研究，难以掩盖地理环境决定主义的倾向。既然不能切准生态环境破坏的深层次动因，那就很难找到真正的破解之路。因此，其更多是提供了一种新的解释方法，展示了对生态环境问题的重视态度，而不是给出根本的行动策略。

3. 关于商品边疆运动与廉价战略的空间向度分析

在摩尔看来，边疆和廉价都是战略，是增加资本积累的措施和途径。资本主义的边疆战略也就是商品边疆运动，即将商品化的关系扩大到其他国家和地区，而这一战略是地球景观包括地貌发生快速、大规模变化的经济动因。更重要的是，边疆的管理关系到国家的领土主权，边疆的拓展也就意味着实际控制权的扩大，帝国主义可以通过暴力强制、知识文化渗透等方式支配自然，而且是以更低的成本开发自然。① 资本主义通过边疆开发来控制生命网络，依靠劳动力支配自然生产，以大量吞并自然资源。所谓廉价战略，总是尝试以更少的成本动员更多的自然力量和社会力量，进而达到降低生产成本、提高利润率的目的。利润率是剩余价值与全部预付资本的比率，影响利润率的因素主要有剩余价值率、资本有机构成、资本周转速度等。随着技

---

① 参见〔美〕拉杰·帕特尔、〔美〕詹森·W.摩尔《廉价的代价：资本主义、自然与星球的未来》，吴文忠等译，北京：中信出版集团，2018，第18页。

术的发展和资本有机构成的提高，平均利润率有下降的趋势。"如果空间扩张（吞并）代表一种解决利润率下降的方法，那么通过时间（资本化）的革新代表了第二种解决方案。第一种解决方案更广、更深地扩大了能源消费网络，降低了流通资本（投入）的成本；第二个解决方案是更少的工人在更少的时间生产更多的商品，降低了流动资本的成本（劳动力）。"① 从 14 ~ 15 世纪资本主义萌芽产生到 20 世纪七八十年代新自由主义的兴起，资本主义经过多次转型，不断将边疆地区卷进资本积累的全球旋涡。资本积累的逻辑就是将非商品化的自然和无偿劳动引入资本积累的环境，以降低固定资本和流动资本的价值构成。问题的关键是，资本的无限扩张遭遇了生命网络瓶颈，毫无意外资本扩张和生态问题始终纠缠在一起，并且已经越来越接近突破生态系统平衡的临界点。

摩尔将价值积累的地理轴点作为出发点，从降低流动成本演绎出廉价自然战略，进而得出资本主义社会-生态的边疆战略面临瓶颈的结论，拓展了批判资本主义空间扩张的新视野。所有的商品边疆运动都有区域性的盛衰周期，当今社会已经很难找到更广阔的疆土、更多的自然资源来缓解资本主义的危机。不过，摩尔所理解的商品边疆运动主要是地理边疆运动，具体包括两个方面：一方面是垂直的边疆运动，到地下开采资源；另一方面是水平的边疆运动，穿越地球去生产小麦。② 总体来看，摩尔对空间问题的理解是简单化的，没有真正论及当代资本主义新发展中的空间扩张策略。美国学者福斯特认为："摩尔的大部分分析是建立在其'单一新陈代谢'理论的基础之上，并因此背离了马克思对'自然界的普遍新陈代谢'的复杂的、辩证的理解。"③ 日本学者斋藤幸平认为摩尔曲解了马克思的本意，马克思并不认为生产费用的上升会给资本占统治地位的体制带来致命的危机，"同

---

① 〔美〕杰森·摩尔：《地球的转型：在现代世界形成和解体中自然的作用》，赵秀荣译，北京：商务印书馆，2015，第 137 页。

② 参见〔美〕杰森·摩尔《地球的转型：在现代世界形成和解体中自然的作用》，赵秀荣译，北京：商务印书馆，2015，第 315 页。

③ John Bellamy Foster，"Marxism in the Anthropocene: Dialectical Rifts on the Left", *International Critical Thought*，Vol. 6，No. 3，2016，p. 403.

时这种费用的增加还会加剧价值增殖的逻辑和自然条件的物质逻辑之间的紧张关系"①。

第三节　空间视阈下马克思主义生态观的挑战与出场

纵观历史，生态环境问题自古有之，乱砍滥伐、过度开垦、水土流失等问题皆有著述可查。不过，无论从性质还是规模上看，农耕社会的环境问题并不具有普遍性，尚未伤及地球生态系统，不能和现在的环境问题相提并论。彼时，无论是有益于自然界的实践活动，还是损害自然界的行为、违背自然规律的事例，往往都是在自发状态下进行的。而我们这里提到的环境问题主要指工业社会以来出现的问题，是伴随着新航路的开辟、殖民地的扩张以及资本主义市场体系的形成和发展而出现的。人类作为一种地质力量，正以前所未有的规模塑造地球空间结构，使地球空间和自然资源的有限性都更加外显。空间作为世界秩序发展的关键变量，其结构、功能和价值的作用力愈发重要。"事实上，后现代的新空间性既是模糊或瓦解空间障碍的全球化进程的产物，也是推动这些进程继续深入的引擎。"② 资本主义的新变化、全球化时代的新发展，迫切需要我们深入回答一系列重大理论和实践问题。尽管关于马克思主义在空间问题方面的阐释力学术界是存在争议的，但无论是赞成还是反对，人们都绕不开马克思主义。有学者认为马克思主义理论存在空间缺失的问题，试图重新建构马克思主义的理论形态。也有学者主张汲取马克思主义的科学智慧和理论力量，致力于用马克思主义理论诠释生态环境问题的新变化。笔者认为，从空间格局的视角剖析现代环境问题，必须厘清以下关键问题：国外马克思主义的空间理论与生态思想是否属于马克思主义谱系？马克思主义是否存在空间理论的缺场？马克思主义理论对于资本空间逻辑所造成的生态弊病是否具有解释力？

---

① 〔日〕斋藤幸平：《马克思生态社会主义——资本主义、自然与未完成的政治经济学批判》，谭晓军、包秀琴、张杨译，北京：中央编译出版社，2024，第260~261页。

② 〔美〕罗伯特·塔利：《空间性》，方英译，北京：北京大学出版社，2021，第52页。

一 马克思恩格斯空间思想的澄明

自 20 世纪 70 年代西方社会批判理论出现空间转向以来，关于马克思主义存在空间缺失的批判性话语就没有间断。福柯曾使用明亮和晦暗两种话语基调对比时间与空间在西方思想史上的不同境遇，进而批判了传统社会理论中弱化空间的现象，在重构空间、知识和权力之间关系的过程中开创了政治哲学研究的新范式。[①] 列斐伏尔指出，"从赫拉克里特到黑格尔到马克思，辩证法的思想始终是与时间密切相关的"[②]。哈维认为，马克思偏重从时间-历史维度批判资本主义，"在考虑时间、历史与空间、地理的问题时，总是优先考虑前者，而认为后者是无关紧要的，往往视空间和地理为不变的语境或历史行为发生的地点"[③]。爱德华·W. 苏贾的言辞更加激烈，声称马克思"用时间消灭空间"。他们对待马克思和马克思主义的态度或者是暧昧的，或者是矛盾的，或者是针锋相对的，却又自发或自觉地想从马克思恩格斯的思想中汲取力量。马克思恩格斯确实没有明确提出或使用过"社会空间"的概念，更没有对这个问题进行过系统化的论述。但是，不能盲目地用现在的空间话语来断言马克思恩格斯空间观有无问题，忽视马克思恩格斯关于空间问题的真知灼见，更不能因此否认历史唯物主义的空间向度。我们必须回到马克思恩格斯所生活的时代，结合当时的历史现实和学术语境来分析和考察其理论内容和理论视阈，进而科学把握马克思恩格斯的空间概念、空间原理和空间方法。

在马克思主义诞生之际，欧美主要资本主义国家正处于工业革命进行阶段或基本完成阶段。自 14 世纪至 19 世纪，欧美资本主义开启了世界历史的新篇章，大致经历了原始积累、自由资本主义的发展历程。马克思恩格斯的主要使命是揭露资本家剥削工人的秘密，敲响资本主义制度的丧钟，而唯物

---

① 参见〔法〕米歇尔·福柯《权力的眼睛：福柯访谈录》，严锋译，上海：上海人民出版社，2021，第 175 页。

② 〔法〕亨利·列斐伏尔：《空间的生产》，刘怀玉等译，北京：商务印书馆，2022，第 430 页。

③ 〔美〕爱德华·W. 苏贾：《后现代地理学——重申批判社会理论中的空间》，王文斌译，北京：商务印书馆，2004，第 100 页。

史观和剩余价值论的发现圆满完成了这一历史任务。马克思恩格斯通过对商品进行深度解剖，厘定出资本主义商品经济的基本矛盾是私人劳动和社会劳动的矛盾，指出资本主义再生产的核心问题是社会总产品的实现问题，揭示了人类社会发展的基本规律。不管资产阶级如何粉饰、修复，资本主义的局限性是先天的，空间扩张伴随资本主义产生发展的全过程，空间的资本化酝酿在资本的胚胎之中。客观世界是错综复杂、发展变化的，虽然马克思恩格斯不能预料到现代社会这些具体风险和问题，但他们确实提出了一个关于资本主义结构矛盾和动荡不安变化的批判范式，按照这个批判范式可以理解并有效应对资本主义生产方式所带来的普遍性风险问题。① 马克思恩格斯所创立的基本理论、基本观点和基本方法，构成马克思主义科学体系的内核和精髓，包含着批判资本主义的最有力武器，具有跨时代的穿透力。空间扩张和空间资本化是资本逻辑运行的必然结果，对资本主义的空间批判必须以对资本主义基本矛盾的深刻认识为基点。马克思恩格斯对资本主义的批判是彻底的，马克思主义的思想内核是一以贯之的。在马克思恩格斯生活的时代，尽管帝国主义的各种矛盾特征尚未充分显现，但是城乡分离、城市内部分化、不平衡地理发展等空间性问题已经初见端倪。马克思恩格斯已经敏锐地捕捉到资本地理扩张的生态后果，并在《1844 年经济学哲学手稿》《英国工人阶级状况》《共产党宣言》《资本论》《论住宅问题》等经典著作中对此进行了深刻批判。经文本考察，地理环境、土地、住宅、城市、世界历史等话语都是马克思主义空间话语体系的重要内容。不能囿于时代话语体系的差异，而忽视马克思恩格斯那些富有前瞻性和洞察力的空间理论。这些富有洞察力的思想切准资本主义制度的基本运行模式，不会因为时间的流逝而褪色。例如，马克思在《1857—1858 年经济学手稿》中写道："资本按其本性来说，力求超越一切空间界限。因此，创造交换的物质条件——交通运输工具——对资本来说是极其必要的：用时间去消灭空间。"② 这些思想至今光芒四射，构成历史地理唯物主义的理论基础，并被哈维等学者进一步阐发。信息化、市场化、城市化、

---

① 参见 Howard L. Parsons, *Marx and Engels on Ecology*, Westport: Greenwood Press, 1977, p. 76。
② 《马克思恩格斯全集》第 30 卷，北京：人民出版社，1995，第 521 页。

全球化并存，推动资本主义发生新变化，体现了 20～21 世纪的新形势新问题。

从本质上讲，资产阶级政治经济学是为资产阶级服务的，其存在的主要意义是论证资本主义制度的合理性和永恒性。马克思主义是时代精神的精华，马克思主义的发展不是孤立进行的，其是在近代科学技术成果的基础上产生的，是在与资产阶级和小资产阶级思潮、流派的交锋和斗争中形成和发展的，因此对资本主义批判的历史线路是非常清晰的。马克思主义理论本身具有整体性，其对资本主义的批判是全面的批判，在历史批判中必然渗透着空间向度的分析。全面考察马克思恩格斯的时空哲学，有利于形成对资本主义制度以及人类社会演进机制的科学性认识。辩证唯物主义认为，时间、空间是绝对和相对、无限和有限的统一，是物质运动的基本存在形式。同样，历史唯物主义认为，在社会历史领域，时间和空间的辩证关系依然是铁律。尽管历史地理唯物主义的研究使马克思主义的空间思想更加引人瞩目，但其关于马克思主义理论存在空间空场的论断还是比较武断的。要准确地理解和把握马克思恩格斯的空间思想，必须坚持文本研究和现实研究相结合，坚持全面、系统、历史地考察马克思主义的经典文本，同时要适应时代要求和社会语境，注重话语体系的转换，不断提高马克思主义对时代问题、焦点问题的解释力和影响力；必须完整准确地理解和把握马克思主义的精髓和本质，坚持推动马克思主义的理论创新和实践创新，积极运用马克思主义的立场、观点和方法来考察当代资本主义的空间现象、空间问题。

二　国外马克思主义的生态思想及其空间维度的理论价值

在"国外马克思主义"这一词语中，"国外"是修饰性词语，强调地域的意思，顾名思义，中国之外；"马克思主义"是中心语，是整个词语的核心。如果仅从语义角度分析，国外马克思主义应是马克思主义的流派之一，马克思主义与之是包含与被包含的关系。王雨辰教授将国外马克思主义定义为"国外出于各种目的研究马克思主义而形成的各种思想流派的总称"①。不过，也有很多学者将国外马克思主义排除在马克思主义之外，对国外马克思主义的理论定位是非正统的马克思主义。如徐崇温在《西方马克思主义》一书中明确将西方马克思主义认定为小资产阶级的激进派的世界观。② 一般来说，国外马克思主义比西方马克思主义的外延要广，但是很多学者对二者的总体评价立场是一致的。如张亮指出，"所谓国外，既是中国之外，也是中国认同的马克思主义正统之外"③。在这里追溯国外马克思主义的性质以及国外马克思主义与马克思主义的关系，直接关系到后续对生态马克思主义、历史地理唯物主义理论成果的理解和把握。如果笼统地将国外马克思主义归结为非正统马克思主义，实质上低估了国外马克思主义的理论贡献，不仅不符合马克思主义的发展历史和研究现状，而且违背马克思主义的世界观和方法论。习近平总书记在主持十八届中共中央政治局第四十三次集体学习时指出："对国外马克思主义研究新成果，我们要密切关注和研究，有分析、有鉴别，既不能采取一概排斥的态度，也不能搞全盘照搬。"④ 事实上，国外马克思主义在总结社会主义运动和研究解决国际问题、现实问题、时代问题中积累了宝贵的理论资源，为重新挖掘马克思恩格斯的深邃智慧，促进马克思主义的创新发展作出重要的理论贡献。

国外马克思主义关于空间问题和生态问题的研究起步早、表现活跃，呈现很多新视角、新思维，从某种程度上说是国外马克思主义较早将马克思恩格斯的生态观、空间观置于"聚光灯"下。自近代社会以来，欧洲资本主义国家在工业化、城市化、现代化过程中抢占了先机，同时使得资本主义私有制条件下的生态问题、空间困境也更充分地暴露出来。《寂静的春天》《增长的极限》《我们共同的未来》等经典著作的出版反映出人们对环境问题的

---

① 王雨辰：《从经典西方马克思主义研究到国外马克思主义研究：问题与反思》，《学术研究》2010 年第 3 期。
② 参见徐崇温《西方马克思主义》，天津：天津人民出版社，1982，第 51~52 页。
③ 张亮、赵立：《国外马克思主义研究的历史、现状与展望——南京大学哲学系博士生导师张亮教授访谈》，《社会科学家》2019 年第 12 期。
④ 《深刻认识马克思主义时代意义和现实意义 继续推进马克思主义中国化时代化大众化》，《人民日报》2017 年 9 月 30 日。

严正关切，推动了可持续发展理念的提出和发展。阿格尔在《西方马克思主义概论》中提出"生态学马克思主义"的概念，试图找到解决生态危机的方法。列斐伏尔、哈维等学者运用马克思主义的理论武器，深刻批判了资本主义的空间生产和城市化问题，推动了社会批判理论的空间转向。关于国外马克思主义非马克思主义的争论还在持续，但是国外马克思主义的蓬勃发展确实带动了马克思主义生态观、空间观的回归和发展。

客观来说，国外马克思主义呈现多样化的发展态势，涵盖纷繁复杂的思想流派，其中既有可以归属于马克思主义思想谱系的思想流派和理论内容，也有对马克思主义的误读、曲解甚至明确站在马克思主义对立面的错误思潮，而且很多西方马克思主义者对资本主义的批判逐步从阶级意识形态转向文化价值观层面。基于以上种种，我们不能教条化地理解经典马克思主义，不能拘泥于条条框框。同时，对国外马克思主义不能直接"打包处理"，要厘清国外马克思主义与马克思主义谱系的基本关联，弄清楚国外马克思主义理论中哪些内容是非马克思主义的，哪些是需要澄清的认识误区与错误论调，哪些是马克思主义的，哪些理论是补充和发展的、哪些是借用的、哪些是有创造性的、哪些是有启发性的，弄清楚哪些涉及政治立场的根本性问题、哪些属于批判方式、批判领域的差异。"马克思主义问题中的正统仅仅是指方法。"[1] 列斐伏尔曾经用"蜘蛛"的结网活动与人类的身体活动相对比，以突出资本空间生产的复杂性、流动性。不难想到，马克思曾经通过对比蜘蛛与织工的活动来突出劳动活动的目的性和能动性。同时，列斐伏尔、哈维等学者尝试从空间角度重构马克思主义，使历史唯物主义的空间逻辑趋向显性化，为分析和把握资本主义社会的空间战略和空间特征开辟崭新视角。一直以来，有一些生态批评家认为马克思主义具有反生态属性，理由是马克思具有普罗米修斯情结，崇尚物质生产的决定性作用，内含生产无限扩张的理论逻辑。例如罗宾·埃克斯利指出，"虽然马克思和恩格斯的批判挑战了资本主义并揭露了工人阶级的悲惨命运，但他们并没

---

① 〔匈〕卢卡奇：《历史与阶级意识》，杜章智、任立、燕宏远译，北京：商务印书馆，1992，第48页。

有挑战工具理性的霸权"①。也有一些坚定的西方马克思主义者在为马克思主义生态观做合理辩护。例如保罗·伯克特指出："很少有人捕捉到马克思的愿景中所蕴含的可持续发展维度,那些生态批评者之所以持否定态度可能是认为马克思对人的自由发展的设定是建立在对人类技术统治的崇拜以及对自然的滥用基础上,这实际上是假定自然资源的无限性。可以从以下三个层面理解马克思的愿景的生态意蕴:(1)共产主义对自然条件的使用有管理责任;(2)自由时间延长的生态意义;(3)财富的增长和劳动时间是衡量生产成本的标准。"② 而且,他们大多高度关注生态环境日益恶化的严峻形势,展望了实现生态社会主义的美好前景。

我们研究国外马克思主义是为了进一步拓宽马克思主义的理论视野,更好地坚持和发展马克思主义理论,其中的前提和关键是"实现研究方法论的自觉和转换"。③ 为此,要紧扣从空间向度考察马克思恩格斯生态观的主题,力求辩证地吸纳国外马克思主义的合理内容和创新要素,促进马克思主义的创新发展,以有效解决工业化、城镇化、市场化、信息化和国际化过程中的生态问题,坚持走生产发展、生活富裕、生态良好的文明发展道路,努力建设人与自然和谐共生的现代化。

三 空间视阈下马克思恩格斯生态观的研究任务

习近平总书记明确指出:"历史和现实都表明,只有坚持历史唯物主义,我们才能不断把对中国特色社会主义规律的认识提高到新的水平,不断开辟当代中国马克思主义发展新境界。"④ 一直以来,空间作为标识物体位置、大

① 〔英〕特德·本顿主编《生态马克思主义》,曹荣湘、李继龙译,北京:社会科学文献出版社,2013,第255页。
② Paul Burkett, "Marx's Vision of Sustainable Human Development", *Monthly Review*, Vol. 57, No. 5, 2005, p. 45.
③ 王雨辰:《国外马克思主义研究方法论的自觉与方法论转换——从国外马克思主义流派评价到国外马克思主义理论问题研究》,《贵州大学学报》(社会科学版)2021年第1期。
④ 《推动全党学习和掌握历史唯物主义 更好认识规律更加能动地推进工作》,《人民日报》2013年12月5日。

小、场所的基本向量，往往被视为静止的物质载体，扮演背景或容器的角色，似乎是以静态化的方式发挥作用。历史地理唯物主义以空间生产理论为基础，深刻批判了资本主义城市化、区域化与全球化发展过程中的诸多弊病，取得了重要的理论成果；同时敏锐地捕捉到资本主义不平衡发展战略的生态后果，批判了资本主义空间生产对自然空间的破坏。不过，哈维、列斐伏尔等学者虽然已经认识到资本主义生产的动机和实质，承认生产领域变革的根本性影响，但是在探讨生态危机解决路径方面更倾向于从价值、历史维度展开，在制度层面的批判并没有走得更远。21世纪以来，高科技迅猛发展，新媒体迅速崛起，交通方式和交通格局快速变迁，推动空间结构、空间格局和空间秩序发生重大变化，对人与人、人与自然以及自然与社会之间的关系结构产生巨大影响，对辩证唯物主义和历史唯物主义研究提出新任务和新要求。

　　研究空间视阈下马克思恩格斯的生态观是使马克思主义理论保持强大生命力的内在要求。从理论内容看，马克思主义之所以具有强大生命力，是因为马克思主义本身的彻底性。"所谓彻底，就是抓住事物的根本"[1]，强调对事物本质和规律的认识，能够为人们认识世界和改造世界提供科学指南。马克思主义科学地揭示了自然界、人类社会、人类思维发展的普遍规律，深刻地阐释了人民群众在社会历史发展中的地位和作用，是人类思想史上最科学、最先进的思想理论体系。在《资本论》中，马克思曾重点论述两种特殊的商品——劳动力和货币。劳动力的特殊性在于能够创造比自身价值更大的价值，而且劳动力成为商品是货币转化为资本的前提条件。劳动是人与自然之间的物质变换过程，资本对劳动力和自然界的掠夺是同一个过程。货币的特殊性在于能够衡量一切商品的价值，同时也具有同其他一切商品相交换的能力。在货币拜物教的影响下，抽象的货币似乎可以和一切自然资源相交换，人与人、人与自然以及自然与社会之间的关系被简化为金钱关系。劳动力商品化和货币资本化是资本积累不断扩大的密钥，是资本主义再生产的核

---

[1]　《马克思恩格斯文集》第1卷，北京：人民出版社，2009，第11页。

心和关键。马克思在阐释劳动力商品化和货币资本化的基础上，揭示了一般利润率下降的趋向，揭露了资本无限扩张与地球生态系统有限性的根本矛盾冲突。历史证明，只有回到马克思主义理论体系中，才能找到批判资本主义体系的有效理论武器。随着工业化、城市化、信息化和经济全球化的深入发展，空间生产成为资本积累的重要方式，空间的动态性、革命性特质更加突出。空间作为社会再生产活动的载体呈现商品化、资本化的态势，资本主义再生产从空间中事物的生产转变为空间本身的生产，使得人与自然的关系问题更加复杂而尖锐。随着货币关系的普遍化渗透，资本和劳动力在地理上的机动性给空间整合创造充分条件。① 社会批判理论的空间转向为马克思主义与现代思潮的交流互动提供新的题材，为马克思主义理论的研究与创新带来新的契机和动力。坚持马克思主义理论的彻底性，必须切准人与人、人与自然以及自然与社会之间关系演进的"空间"脉搏，科学把握理论内容、话语体系的转换和发展。从空间维度聚焦重大时代命题，探索人类社会的运行机制和发展新趋向，同样是历史唯物主义的重要组成部分。归根结底，在这里着重从空间向度探索生态问题，并不是要取代社会历史层面的分析，而是着眼于从多角度认识和全方位分析生态正义的实现方式和生态问题的破解路径，进而推动马克思主义研究的深化和拓展。基于理论与现实的多重考量，必须深刻把握空间本身的革命性、动态性特质，厘清空间资本化和资本空间化等核心概念和内在逻辑，准确阐释辩证唯物主义和历史唯物主义的基本原理和科学方法。

研究空间视阈下马克思恩格斯的生态观是把握资本主义新变化的现实要求。19 世纪末 20 世纪初，垄断组织迅速发展，并取得支配性地位。列宁深刻剖析帝国主义的本质和发展规律，指出帝国主义是寄生性、腐朽性和垂死性的资本主义。列宁关于资本主义新变化的认识，为无产阶级适应新时代新趋向新任务提供思想指南，为科学制定社会主义改革和建设的战略和策略奠定理论基础，推动无产阶级革命运动的蓬勃发展，开创了人类历史的新纪

---

① 参见〔英〕大卫·哈维《资本的限度》，张寅译，北京：中信出版集团，2017，第 579 页。

元。要把握资本主义的新变化，必须全面考察资本积累的当代空间实践过程，深刻剖析资本主义应对危机的新策略。从金融危机到生态危机、生产不足到生产过剩，现代资本主义危机在深度、广度以及持续时间方面都甚于从前，尤其是结构性矛盾比较突出。不过，离资本主义走向全面崩溃还需要较长的发展历程，因为资本主义制度也在不断地进行自我改革和自我调适，而且城市化、经济全球化为资本过度积累的空间转移创造了很多机会。对于资产阶级而言，占有空间、支配空间以及推动空间格局的重塑都是资本增殖的手段。经济扩张不断挑战生态阈限，经济危机与生态危机纠葛重叠，推动资本主义基本矛盾不断激化。从地理扩张到空间资本化，资本主义生产方式不断挑战传统工业社会的边界，极大改变了地球景观，破坏了其他动物的栖息环境，使生态环境风险积聚扩散。我们主张重新挖掘阐释马克思恩格斯的生态观，不仅要超越历史地理唯物主义的局限，而且要全面认识当代资本主义的运行机制，对资本主义展开系统而深刻的批判。

研究空间视阈下马克思恩格斯的生态观是解决新时代新征程中国现实问题的客观需要。习近平总书记指出："进入新发展阶段、贯彻新发展理念、构建新发展格局，是由我国经济社会发展的理论逻辑、历史逻辑、现实逻辑决定的。"[①] 思想和时代同频共振，理论创新是引领中国特色社会主义事业蓬勃发展的不竭动力。中国生态环境保护结构性、根源性、趋势性压力尚未根本缓解，要继续推进生态文明建设，必须正确处理高质量发展和高水平保护、重点攻坚和协同治理、自然恢复和人工修复、外部约束和内生动力、"双碳"承诺和自主行动等重大关系[②]。深刻认识新时代生态文明建设的重大转变，不断深化对生态文明建设规律的认识，是时代赋予我们的责任和使命。世界百年未有之大变局加速演进，社会主义国家与资本主义国家共处于同一个地球生态系统之中，既要利用资本主义国家创造的文明成果，又要警惕资本逻辑的消极影响，所面对的形势和所遇到的问题都更加严峻复杂。中

---

① 习近平：《论把握新发展阶段、贯彻新发展理念、构建新发展格局》，北京：中央文献出版社，2021，第486~487页。

② 参见《二十大以来重要文献选编》上，北京：中央文献出版社，2024，第507~510页。

国是苏联解体后世界上最大的社会主义国家，正处于新型工业化、信息化、城镇化、农业现代化快速发展的新阶段，所面对的空间场域更加拥挤、空间资源更加稀缺、空间竞争更加激烈。"中国将力争于二〇三〇年前实现二氧化碳排放达到峰值、二〇六〇年前实现碳中和，这意味着中国作为世界上最大的发展中国家，将完成全球最高碳排放强度降幅，用全球历史上最短的时间实现从碳达峰到碳中和"①，所面临的形势和任务超乎想象。地球生态系统已经不堪重负，必须全面把握生产生活的空间边界，促进经济社会发展全面绿色转型，探索人与自然和谐共生的新道路。马克思恩格斯始终认为人与人、人与自然关系的演变是同一过程的两个方面，必须将"人类与自然的和解以及人类本身的和解"联系在一起加以考察，这为人们正确认识自然和改造自然提供了科学的世界观和方法论。无论是理解自然史和人类史的关系，还是把握城市与乡村、发达国家与发展中国家的物质变换过程，都必须尊重人与自然的统一性。要有效解决生态环境问题，必须充分挖掘马克思恩格斯的思想智慧，运用好辩证唯物主义和历史唯物主义方法论，统筹好经济发展与资源环境的关系，深入实施区域协调发展战略、区域重大战略、主体功能区战略、新型城镇化战略，继续谋划和深入推进青藏高原生态屏障区、黄河重点生态区、长江重点生态区等生态保护和修复重大工程，着力形成人与自然和谐共生的现代化格局。

---

① 习近平：《论坚持人与自然和谐共生》，北京：中央文献出版社，2022，第255页。

第二章
空间视阈下马克思恩格斯生态观的
根据和出发点

马克思恩格斯的生态观是指马克思恩格斯关于人与自然关系的总体认识和主要观点，既具有科学性，又具有实践性。不过，本书并不是从一般或总体意义上介绍马克思恩格斯关于生态问题的认识和论断，而是强调以社会批判理论空间转向为背景，以"空间"理论为总体分析框架和主要理论轴线，着力挖掘和阐释马克思恩格斯的经典生态观，并力图借此推动生态环境治理政策体系进一步完善。基于研究对象和理论框架的考虑，本章的主要任务是探讨空间与自然的基本概念以及主要逻辑关系。

第一节　空间概念与自然概念的历史演进

概念是思想的起点，是思维的基本形式。"随着人同自然关系的历史性发展，人类活动的空间维度及由此引发的人的空间概念也不断发生改变。"[①]在不同历史时期不同语境之下，马克思恩格斯曾多次使用空间、自然等话语。要考察马克思恩格斯的空间理论和自然观之间的关系，必须首先厘清"空间""自然"这些核心概念的内在逻辑关系。

一　空间概念与自然概念逻辑关系的历史演进

人类是有意识有目的的存在，置身于宇宙空间之中，自然也就从未停止过

---

① 〔美〕尼尔·史密斯：《不平衡发展：自然、资本与空间的生产》，刘怀玉、付清松译，北京：商务印书馆，2023，第135页。

对宇宙空间问题的思考。从经验、形而上学到认识论，关于空间概念和人与自然关系的认识越来越丰富、越来越深刻，不断为人类思想宝库增添新成果。

古希腊时期的自然科学和哲学相对繁荣，不仅实现了对神话世界观的超越，而且已经尝试超越经验层面的知识来探索万物本原，形成了朴素唯物主义的空间观和自然观。就当时的历史条件而言，原子论哲学达到古希腊自然哲学的最高水平，比较深入地探讨了本原与空间、存在与运动等重大议题。德谟克利特（又译德谟克里特）认为，万物的本原是原子和虚空，甜和苦是从俗约定的，热和冷是从俗约定的，颜色也不例外，实际上只有原子和虚空。[①]留基伯和德谟克利特认为，"实"和"空"是元素，一个叫作存在，另一个叫作非存在，存在并不比非存在更实在些，因为物体并不比虚空更实在些。[②]如果没有虚空的存在，原子必然是僵死的，是不可能发生运动的。"因为空虚的空间不能构成存在之部分，既是空虚的空间不存在，则不能有运动，既然没有分开事物的东西，也就不能有多数。"[③] 在虚空之中，无数个不同形状、大小、顺序、位置的原子在彼此碰撞中形成旋涡运动，进而促使自然万物生成。原子在虚空之中的旋涡运动是宇宙万物形成的必然过程，也是一切事物形成的根据。[④] 原子作为自然界的构成元素，演绎出自然界的运行秩序，体现了因果联系的普遍性。

伊壁鸠鲁在强调原子与虚空的实体性、无限性之外，又进一步论述了原子与虚空运动的永恒性、连续性和偶然性。"因为虚空的本性就是把原子分离开来，而对于原子的反弹却无法提供任何抵抗。"[⑤] 虚空只是将原子分离，而原子内部的坚实性使得原子发生碰撞之后出现偏斜运动、内部颤动等多种情况。"事物的总体在物体的数量和虚空的范围两个方面都是无限的。如果

① 参见〔希腊〕德谟克里特《哲学道德集》，梭罗文辑译、杨伯恺重译，上海：辛垦书店，1934，第114页。
② 参见〔古希腊〕亚里士多德《形而上学》，李真译，上海：上海人民出版社，2005，第27页。
③ 〔希腊〕德谟克里特：《哲学道德集》，梭罗文辑译、杨伯恺重译，上海：辛垦书店，1934，第66页。
④ 参见〔希腊〕德谟克里特《哲学道德集》，梭罗文辑译、杨伯恺重译，上海：辛垦书店，1934，第65~66页。
⑤ 包利民编选《西方哲学基础文献选读》，杭州：浙江大学出版社，2007，第72页。

虚空无限而物体有限，则物体将无法停在任何地方……如果虚空有限，那么无限的物体将无处容身。"① 虚空的无限性为原子运动的多样性、无限性提供可能，多样性世界的产生也就具有了现实性、必然性。亚里士多德从经验着手，通过思辨推演更加明确具体地阐述了空间的概念。"因为有四个东西，空间必须是其中之一：或形式，或质料，或限面间的一个独立的体积，或限面本身（如果除了那个产生于其中的物体的大小而外别无体积的话）。显然其中三个是不可能的。形式包围着事物，所以人们觉得它似乎是空间，因为包围者和被包围者的界面是同一个。的确，形式和空间两者都是限，不过二者是不同的：形式是事物的限，空间是包围物体的限。"② 空间处于非常重要的位置，是不能移动的容器，有的事物潜在地或现实地在空间里，有的事物因自身或因别的事物在空间里，每一种元素体都趋向或逗留在自己独特的空间里。③ 亚里士多德认为运动、无限、空间、虚空、时间是一切自然现象共存的理由，自然是运动变化的根源，研究自然是要研究空间的量、运动和时间的。④ 如果没有时间和空间，运动就无法存在，那么也就无法了解自然。空间方面的运动是运动的最基本形式，如果没有外力影响，每一种自然体都趋向自己特有的空间。⑤ 总体而言，古希腊哲人关于自然与空间的认识是建立在直观经验的基础上，具有朴素、思辨的性质，但是他们已经认识到自然与空间的统一性，对之后自然观与空间观的发展产生深远影响。原子是物质结构的一个层次，物质结构是自然界的普遍形态，关于原子的认识也就是关于自然界的认识。而空间作为物质结构存在的基本形式，与原子始终是结合在一起的，因此关于空间的探索与对自然界的探索始终是密切相关的。

17世纪以后，自然科学的快速发展推动自然哲学的巨大变迁，机械化的自然观和空间观逐步形成。其中，笛卡尔否认虚空的存在，摒弃了原子论的

---

① 包利民编选《西方哲学基础文献选读》，杭州：浙江大学出版社，2007，第71页。

② 〔古希腊〕亚里士多德：《物理学》，张竹明译，北京：商务印书馆，1997，第102页。

③ 参见〔古希腊〕亚里士多德《物理学》，张竹明译，北京：商务印书馆，1997，第105~106页。

④ 参见〔古希腊〕亚里士多德《物理学》，张竹明译，北京：商务印书馆，1997，第68、75页。

⑤ 参见〔古希腊〕亚里士多德《物理学》，张竹明译，北京：商务印书馆，1997，第92~93页。

观点。他认为，两个原子之间的虚空是不存在的，所谓的虚空是没有形体的实体的广延，物质与空间无法分离。正因为虚空不存在，物质才是连续的，物质之间的相互作用才是可能的。他否认原子的不可分割性，认为"物质的本质在于广延，或者在于永远可分的空间，而无空间即无运动"①。笛卡尔关于原子数量的变化、位置移动的描述主要体现为机械数量分析，并以此为根据阐释了自然界的运动和演化。他主张将世界划分为物质和精神两种实体，将自然界的一切运动都归结为机械运动，认为自然界的一切事物都按照机械因果律运转。按照笛卡尔的分析，动物根本没有理性，动物的精巧动作只是身上器官装配的本性所起的作用，类似于时钟上齿轮和发条的机械运动，而且一种特殊结构只能做一种特殊动作。②尽管笛卡尔的空间观和自然观还是一幅"机械图景"，但是其中也包含唯物主义和辩证法的积极因子，尤其是他关于"物质的广延性"的观点产生了深远影响。牛顿作为近代自然科学的集大成者，批判地继承了笛卡尔的空间观和自然观，创造性地搭建了经典物理学的时空框架。他在《自然哲学的数学原理》一书中，将空间区分为绝对空间和相对空间。其中，"绝对的空间，就其本性而言，是与外界任何事物无关而永远是相同的和不动的。相对空间是绝对空间的可动部分或者量度"③。因为空间是持恒的、同质的、无限的几何参量，那么以空间为存在特性的自然界必然是可测量的、数量化的存在。牛顿用物理学和数学的思维来分析自然界，将空间和自然抽象到更高的程度，意图发现自然界的普遍规律，带有鲜明的机械主义特质。莱布尼茨认为，"如果空间是一种绝对的存在，就会发生某种不可能有一个充足理由的事情，这是违反我们的公理的"④。哲学是在吸纳自然科学的基础上得以

---

① 〔荷兰〕斯宾诺莎：《笛卡尔哲学原理 依几何学方式证明》，王萌庭、洪汉鼎译，北京：商务印书馆，2007，第102页。

② 参见〔法〕笛卡尔《谈谈方法》，王太庆译，北京：商务印书馆，2000，第46页。

③ 〔美〕H. S. 塞耶编《牛顿自然哲学著作选》，上海外国自然科学哲学著作编译组译，上海：上海人民出版社，1974，第19~20页。

④ 〔德〕莱布尼茨、〔英〕克拉克：《莱布尼茨与克拉克论战书信集》，陈修斋译，北京：商务印书馆，2017，第18页。

延续发展，近代自然哲学尽管存在各种局限，却是在更高、更本质的程度上分析自然和空间。

在近代物理空间观取得重要成果之时，关于主体在空间中的地位和作用的问题也得到更多重视，逐步开启空间观和自然观的认识论转向。此前，西方古代哲学侧重于本体论研究，执着于追问世界的本原。笛卡尔通过怀疑一切而回到主体自身，主张从天赋观念出发把握客观世界。物质实体的根本特性是广延性，灵魂、思维作为主体的意识是非广延的。基于理性分析的结果，笛卡尔反对原子论关于原子和虚空的论述，认为无论宇宙是由多么小的部分构成的，既然这个部分是广延的，那么关于原子不可分割的论述就是不能成立的。① 空间与物体是一体的，空间无非就是物质自身的广延。

康德对时间和空间进行先验的阐明和形而上学的阐明，主张时间和空间是纯粹的直观形式，构成人类感知外部现象的先天的直观的条件，并使得先天综合判断得以可能。"是以唯从人类立场，吾人始能言及空间，言及延扩的事物，等等。"② 他提出客观符合主观的认识路线，将认识局限在现象界，最终形成不可知论的理论框架。康德从认知主体先天的认知结构与形式出发，尝试将认识的方向由"对客观对象的被动接受"转向"关于对象知识的建构"③，进行了一次哥白尼式的革命。康德的时空观为后来的科学哲学研究提供重要启示。

黑格尔的空间观是建立在客观唯心主义基础上的。黑格尔指出："自然界最初的或直接的规定性是其己外存在的抽象普遍性，是这种存在的没有中介的无差别性，这就是空间。"④ 在他看来，空间是"己外存在"的肯定形

---

① 参见〔法〕笛卡尔《笛卡尔的人类哲学》，唐译编译，长春：吉林出版集团有限责任公司，2013，第 70 页。

② 〔德〕伊曼努尔·康德：《纯粹理性批判》，蓝公武译，天津：天津人民出版社，2023，第 44 页。

③ 王南湜：《思想对客观性的三种态度：康德、黑格尔与马克思——关于哲学如何切中现实的一个考察》，《哲学研究》2017 年第 7 期。

④ 〔德〕黑格尔：《自然哲学》，梁志学等译，北京：商务印书馆，2011，第 40 页。

式,是有限与无限的统一。"那被分割的空间并不是绝对的点积性〔即非连续性〕,而那纯粹的连续性也不是未被分割的和不可分割的"①。黑格尔不仅论证了空间和运动的辩证关系,而且引出空间、运动与物质的统一性。"既然有运动那就有某物在运动,而这种持久性的某物就是物质。空间与时间充满了物质。"② 可以看出,黑格尔以辩证逻辑为基础,将对空间的认识推向新高度。不过,黑格尔所提到的自然是作为一种已外存在,是绝对精神否定自身的产物。他认为,自然界看似纷繁复杂、千变万化,实则枯燥无聊,只有循环,没有发展,即"太阳下面没有新的东西"③。绝对精神居于首位,世界是绝对精神自我发展、自我创造的结果,所有物质的东西、精神的东西都产生于绝对精神。显然,黑格尔对物质、空间和运动的论述是非常不彻底的,只认可绝对理念的革新发展,否认自然界的历史发展,只能陷入自我矛盾的泥潭,当然也为马克思恩格斯的空间理论出场做好铺垫。

二 传统哲学关于自然和空间关系的论域局限

总体而言,无论是唯物主义还是唯心主义皆共生于人类思维之树,自有其闪光绚丽之处;从"密涅瓦的猫头鹰"到"高卢雄鸡",哲学是在批判和继承的基础上不断向前发展,人类历史也是在反思中前进。哲学家们从不同维度对人与自然的关系问题进行持续性的理论探索,为考察人与自然的共时性关系积累了丰富的智慧。不过,受特定历史条件的制约,每一个时期人类对自然界的认识是有限的,对人与自然之间关系的把握也存在局限。马克思主义之所以站在真理的制高点上,不仅是因为其来自鲜活的实践,而且是因为汲取了前人的思想精华。从空间视阈把握马克思主义的生态观,必须全面考察传统哲学关于自然与空间之间关系理解的得失所在,使马克思主义的创造性内容更充分地展现出来。

---

① 〔德〕黑格尔:《哲学史讲演录》第1卷,贺麟、王太庆等译,上海:上海人民出版社,2013,第285页。
② 〔德〕黑格尔:《自然哲学》,梁志学等译,北京:商务印书馆,2011,第61页。
③ 〔德〕黑格尔:《历史哲学》,王造时译,上海:上海书店出版社,2006,第49页。

　　朴素唯物主义空间观和自然观的论域局限。古希腊时期是奴隶社会自然哲学和自然科学发展的最高峰，产生了很多有价值的科学猜测，推动人类思维方式实现质的飞跃，为后续西方哲学的产生和发展孕育了胚胎和萌芽。然而，受到当时科学技术发展水平和认识工具的限制，古希腊哲学家更多的是通过思辨和经验的形式把握自然与空间，存在很多局限性。一是笼统地讨论自然与空间的关系。从泰勒斯、赫拉克利特、德谟克利特到亚里士多德，都把宇宙作为重点思考和探索对象，所涉及的大部分哲学议题是围绕自然现象展开的。哲学和自然科学混合为一体，古希腊哲学家试图为自然现象和自然结构找到合理的解释，通过考察微观世界的变化，来建构宏观世界的图景。在这一时期，哲学家们所提及的虚空、处所均是理解自然结构所使用的概念，主要属于本体论层面的探讨。古希腊哲学包含丰富的有关人与自然相统一的思想，但是这种统一是一种混沌的统一、朴素的统一、直观的统一。人类对自然界和自身都缺乏充分的认知，还不能很清晰地将自然界与自身区分开来，缺乏主体性的立场和视角，只能笼统地探讨自然与空间的关系。无论是从主观意识着眼，还是从客观条件考量，人与自然之间都不存在真正的分离和对立。古希腊哲学家从整体上把握人与自然的关系，这是一种自发性的认识，不同于现代意义上自觉性地保护环境的思想和行为。二是按照循环的思维理解自然与空间。古希腊哲人从"一"出发探讨世界的本原，强调万物由"一"产生；从"一"到多，创造了空间，演化出世界的秩序和规则，又复归于"一"。从泰勒斯、阿那克西曼德、阿那克西美尼、赫拉克利特到德谟克利特，古希腊哲学家分别把世界的本原归结为水、无定、气、火和原子。这种无定形物区别于杂多，即是"一"的表现形式。这时，人们不再满足于用神话来概述世界，试图运用思辨的理性将神与自然分离，追求永恒的真理。按照朴素唯物主义的观点，大自然具有更高的主体性和权威性，总是周而复始地按照固定的轨道运转，没有为人的主体性和创造性留下充足的空间。他们认为，自然界按照内在的本性循环发展变化，没有真正意义的发展，是一种自然而然的状态。如此推论下去，既然时间是无限循环的，那么空间也是缺乏活力的，而人类作为自然界天然的组成部分栖居于此，无非是仰仗于自然界的馈赠。

机械化的自然观和空间观的论域局限。近代社会以后，以实验科学为基础，自然科学蓬勃发展，人的主体意识过度膨胀，征服自然、统治自然的理念逐步占据主导地位。随着认识能力和认识水平的不断提高，人类走向对自然的祛魅之路，同时也将人与自然之间的关系推向险境。一是以机械化的观念和方法认识和把握自然与空间的有机联系。人们崇拜知识与科技的力量，重视观察、实验和归纳等方法在科学研究和认识发展中的作用，形成了形而上学的思维方式，确立了机械化的自然观和空间观。按照这种思维方式，人类主动地观察自然、干预自然、拷问自然，进而迫使自然界"坦承自己的秘密"。从本质上看，过度推崇实验的方法体现了人对自然的一种特殊的控制，内含征服自然、支配自然的价值诉求。人们将自然界假设为机器，惯于用机械力学解释自然界的各种现象及其存在形式，形成了一幅机械化的世界图景。相对于古代朴素自然观对自然界的思辨理解，近代机械自然观取得了跨越式进步。它借助近代自然科学的最新成果，以物质的原因来解释各种物质现象，对自然界的分析更加准确、更加具体。然而，机械自然观崇尚以孤立和静止的方法分析自然与空间，采用机械因果关系解释自然界的运行秩序，将时间和空间绝对化，将自然空间视为静止的背景和装置，忽视或否定自然空间的反作用，肆意肢解、割裂人与自然之间的有机联系，进而衍生为对自然界的不当开发和干扰。基于现代自然科学和社会科学的发展进步，我们了解到自然界是一个有机联系的整体，各要素之间、要素与环境之间存在的联系千丝万缕、错综复杂。任何一个环节或要素的变化都可能对自然界的整个空间结构产生影响，每种新变化都孕育着新的可能。也就是说，整个自然界的运行秩序并不是确定无疑的，而是存在偶然性、随机性，由此成就自然界的丰富多彩、千姿百态。著名的蝴蝶效应就是一种混沌现象，可以形象地说明自然界运行过程的确定性与不确定性。二是以线性思维认识和把握自然与空间的演进过程。在《自然辩证法》一书中，恩格斯阐述了物质的运动形式，如机械运动、物理运动、化学运动、生命运动等。每种运动形式都有自己的特点和规律，同一物体可以兼具多种运动形式，不同的物质和运动形式又可以相互作用。万事万物以特有的方式存在、运行、演进，不会简单地承受外界活动的干扰。自然界的演进历程是生成性与构成性、线性与非线性、确定性与随机性、简单性与复杂性的有机统一。空间本身也是有限性和无限性、绝对与相对、连续与非连续的统一。人类诞生伊始，自然界的存在成为一种历史的存在，自然与空间的演进呈现出新的特点。人作为自然界的一部分，面对自然规律，必须时刻保持敬畏之心。然而，机械自然观信奉还原论的方法论原则，主张将复杂的运动形式还原为简单的机械运动形式，将复杂的事物还原为最基本的结构单元，进而把自然规律看作简单运动形式和基本结构单元的线性叠加，将质的差别概括为量的差异。总体而言，还原论更加注重细节而不是整体，只愿意承认自然界的必然性而忽视偶然性，只重视自然界的统一性而忽视自然界的多层次性和丰富性，难以解释复杂的生命现象和生命过程。三是按照工具理性价值观来处理人与自然之间的关系。工具理性以工具崇拜和技术主义为生存目标，不断追求效率和效益的最大化。在工具理性的影响下，人们为了追求利润、降低成本，罔顾资源环境承载能力，肆意践踏、掠夺自然资源，随意占有自然空间，哪管自然界是否支离破碎、千疮百孔。

第二节 马克思恩格斯生态观的出发点：现实的人

从古至今，人类从未停止探索自然界的脚步。古代朴素唯物主义、机械唯物主义、唯理主义、唯经验主义分别主张从物质的具体形态、自然结构、理性能力、感觉经验出发理解世界。然而，无论是主张人屈从于自然，还是主张自然屈从于人类，都是从实体出发理解和把握人与自然的关系，难免陷入非此即彼的窘境。马克思主义对以往旧哲学的超越之处，主要体现在出发点上的差异。马克思恩格斯反对抽象地讨论谁是世界的本原，主张以现实的人（非纯粹实体性质的人）为出发点，按照人的需要把握人与自然之间的关系。他们在《德意志意识形态》中写道："我们的出发点是从事实际活动的人，而且从他们的现实生活过程中还可以描绘出这一生活过程在意识形态上的反射和反响的发展。"① 现实的人既非纯粹的物质实体，亦非抽象的精神实体，是处于一定社会条件和社会关系中从事一定实践活动和认识活动的人。从现实的人出发，不仅为历史唯物主义的构建提供动因，而且为理解人与自然之间的关系提供了一把重要的钥匙。

马克思恩格斯从现实的人出发，以实践为基础考察人与自然，将对人与自然之间关系的认识提升到一个更高的层面。然而，学术界关于马克思恩格斯的思想中是否存在生态关怀是存在较大分歧的。一些生态批评学者将马克思恩格斯划归到反生态阵营，认为马克思恩格斯"罔顾"自然的稀缺性，鼓吹经济决定论、技术决定论，推崇物质生产的无限扩张。其中，特德·本顿一方面认为马克思恩格斯倾向于否定"自然的限制"，关于人类自主性的论述是以控制自然为前提，另一方面又指出就完整地把握人类社会形态面临的生态条件和限制而言，马克思主义的经济学概念是一个不可或缺的出发点，"即将马克思的思想当作一种观念上的'原材料'"②。英国学者凯特·索普认为，"即使在马克思的更具普罗米修斯色彩的、似乎含有最少的绿色的表态中，也依然带有重要的模糊性"③。也有一些西方学者积极为马克思恩格斯正名，为阐释马克思恩格斯的生态观作出很多有价值的探索。其中，美国学者福斯特通过重新考察马克思恩格斯的经典著作，提出"新陈代谢断裂"理论，深刻批判了资本主义的生态危机。德国学者瑞尼尔·格伦德曼指出："如果人类停止在自然中创造自己的生活条件，那么人类本身就不会再存在了。马克思的方法远非如此荒谬，其强调人类是自然界的一部分，是最发达的动物物种。"④ 日本学者斋藤幸平以《马克思恩格斯全集》历史考证版第二版（MEGA²）中的自然科学笔记为基础，考察马克思生态学存在的文本依

---

① 《马克思恩格斯文集》第 1 卷，北京：人民出版社，2009，第 525 页。
② 〔英〕特德·本顿主编《生态马克思主义》，曹荣湘、李继龙译，北京：社会科学文献出版社，2013，第 147 页。
③ 〔英〕特德·本顿主编《生态马克思主义》，曹荣湘、李继龙译，北京：社会科学文献出版社，2013，第 93 页。
④ Reiner Grundmann, *Marxism and Ecology*, London and New York: Oxford University Press, 1991, p. 90.

据。他认为，马克思在生命的最后 15 年，在自然科学方面投入了大量心血，覆盖生物学、化学、植物学、地质学和矿物学等多方面内容。"仔细研究这些与《资本论》相关的笔记，将其作为有价值的原始资料，能够让学者们深刻认识到马克思的生态思想构成了其政治经济学批判的基本组成部分。我认为，如果马克思能够完成《资本论》第二卷和第三卷的写作，他会更加强调将生态危机问题作为资本主义生产方式的核心矛盾。"① 事实上，除了政治经济学、哲学、科学社会主义等理论之外，生态学原则也贯穿马克思主义的逻辑方法之中。生态批评家指摘马克思恩格斯假设自然条件的无限性，曲解了马克思恩格斯的本意。只有从现实的人出发，才能准确把握马克思恩格斯坚持时间和空间内在统一的逻辑理路，才能准确把握马克思恩格斯坚持人类、社会、自然是辩证统一的思想内核，才能准确地理解马克思恩格斯的生态观。

一　现实的人是自然属性与社会属性的统一

马克思主义认为，现实的人不是抽象的人，也不是纯粹自然中的人。人既是生物学意义上的人，又是社会学意义上的人。人的自然属性是人作为自然存在物所具有的规定性。自然属性是人的基础属性，人的血、肉、头脑都属于自然界，人作为自然物的结构、功能、需要、活动都必须遵循自然界的客观规律。恩格斯说过："人来源于动物界这一事实已经决定人永远不能完全摆脱兽性，所以问题永远只能在于摆脱得多些或少些，在于兽性或人性的程度上的差异。"② 在生物的变异、遗传和自然选择等综合作用下，地球生态系统经历了从简单到复杂、从低级到高级的演进历程。自然界的每一物种都有各自的生存优势，人类作为高级生物体的生存优势主要体现在发达的大脑、灵活的双手以及独特的发音器官等方面，而这些优势都是在劳动的过程中得以形成和强化。科学家研究表明，人类的脑容量在几百万年的进化过程中有了成倍的增长，这使人类能够不断适应生态环境的新变化，创造了一系

① 〔日〕斋藤幸平：《马克思的生态学》，刘仁胜、杨晓芳编译，《国外理论动态》2020 年第 2 期。
② 《马克思恩格斯文集》第 9 卷，北京：人民出版社，2009，第 106 页。

列辉煌的文明成果。人有进食、生存、繁衍等生理需求，同时人的大脑皮层中存在着能够控制欲望的神经中枢。由于物质生产水平的提高和社会关系的变化，人的目的意识和能力也发生变化，人的生理需求在不断升级转换，如饮食要受餐桌礼仪约束，繁衍要遵循婚姻制度。当然，最重要的是人类能够创造生活，使生理需求能够得到相对稳定的保障。

人的社会属性是人作为社会存在物所具有的属性。在《关于费尔巴哈的提纲》中，马克思指出，"人的本质不是单个人所固有的抽象物，在其现实性上，它是一切社会关系的总和"[①]。处于社会关系中的人具有客观现实性和社会历史性，因此形成的人与自然之间的关系也必定带有具体的历史的属性。在人类社会产生以前，自然界的原初状态是不被干扰的；人类产生以后，尤其是在人的生产能力大幅度提高之后，人类对自然界的干扰能力大大提高，对自然界的影响规模不断扩大，而各种各样的生态问题也接踵而至。显然，人与自然之间的关系的本质是人与人之间的关系，而生态问题的解决也必须"仰仗"于社会秩序的变革与重建。我们强调生态问题的社会属性，并不是否认或者抹杀自然界的作用，事实上自然要素、自然属性和自然规律都打上了人的烙印并转化为人的类本质的一部分。马克思指出："我们的需要和享受是由社会产生的；因此，我们在衡量需要和享受时是以社会为尺度，而不是以满足它们的物品为尺度的。"[②] 人的需要是人的本质规定性，不同于动物的本能需要，是人的全部生命活动的动力和根据，也是人们结成一定的社会关系的动因。

人的自然属性和社会属性是相互影响、相互作用的，人的自然属性渗透着社会属性。"基因与文化都是由某生物体能够或应该如何做事的指令所组成的。"[③] 从现实的人出发，我们需要避免两个误区。一是过度强调作为人的本质属性的社会属性，而忽视自然属性与社会属性的统一性，事实上没有自

---

① 《马克思恩格斯文集》第 1 卷，北京：人民出版社，2009，第 505 页。
② 《马克思恩格斯文集》第 1 卷，北京：人民出版社，2009，第 729 页。
③ 〔美〕爱德蒙德·罗素：《进化的历程：从历史和生态视角理解地球上的生命》，李永学译，北京：商务印书馆，2021，第 114 页。

然属性就没有社会属性。二是低估人的自然属性的独特性和重要性，事实上人是自然界的特殊组成部分，人的类特性是自由的、有意识的、生命活动的性质，人的本质力量的呈现状态依赖人与自然之间关系的发展样态。动物的生产是片面的，只能被动地适应自然界，所谓的"生产"不过是维持肉体生存的本能需要。马克思用自由自觉的活动概括人的本质力量，涵盖物质生产和精神生产双重意义，突出了人的积极性、能动性和创造性，切实将人与其他物种区别开来。如果说早期马克思关于人的本质的论述还深受黑格尔思想的影响，那么之后在实践视角的引领下马克思则开辟出新的道路。更进一步看，人与自然之间关系建构的逻辑起点是现实的人，而非直观的生物实体的人。要以人的需求、利益和价值观念为出发点，以完善自我、提升自我为关键，在人与自然之间建立互利共生的关系，展现人与自然和谐向好的前景。

二 现实的人的活动是能动性与受动性的统一

在与自然界相互作用的过程中，人不是消极被动的，但也不能恣意妄为。马克思指出："一方面具有自然力、生命力，是能动的自然存在物；这些力量作为天赋和才能、作为欲望存在于人身上。另一方面，人作为自然的、肉体的、感性的、对象性的存在物，同动植物一样，是受动的、受制约的和受限制的存在物。"① 可见，现实的人是能动性与受动性的辩证统一。其中，人的能动性是指作为主体的人在认识世界和改造世界的过程中所表现出来的自觉性、主动性、创造性。人是有意识、有目的的存在物，人所从事的实际活动都是在一定意识支配下进行的。"动物不把自己同自己的生命活动区别开来。它就是自己的生命活动。人则使自己的生命活动本身变成自己意志的和自己意识的对象。"② 能动性是人的本质属性，是人之为人的显著标识，在生产实践、精神创作等方面都有所体现。现实的人都是处在社会关系中的人，复杂的关系决定人的本质。"为了进行生产，人们相互之间便发生

---

① 《马克思恩格斯文集》第 1 卷，北京：人民出版社，2009，第 209 页。
② 《马克思恩格斯文集》第 1 卷，北京：人民出版社，2009，第 162 页。

一定的联系和关系；只有在这些社会联系和社会关系的范围内，才会有他们
对自然界的影响，才会有生产。"① 动物和它的生命活动是直接同一的，只能
在本能的驱使下消极地适应自然环境以维持生存。人的思想意识不仅能反映
客观世界，而且能够建构丰富的精神世界，包括思想、情感、信仰等。而
且，能动性还突出地表现在人能够通过实践活动改造客观世界。马克思指
出："一个种的整体特性、种的类特性就在于生命活动的性质，而自由的有
意识的活动恰恰就是人的类特性。"② 人们能够自觉地认识和利用规律达到自
己的目的，体现合规律性与合目的性的统一。

人的受动性是指人的生存和发展既受自然条件和自然规律的制约，又受
到一定社会物质生活条件的制约。人类的生存和发展皆以自然界为前提，除
了生命活动所需摄取的能量和信息之外，生产和生活所需要的物质资料也要
依靠人与自然界之间的物质变换活动。人以什么样的方式对待自然界，自然
界就会以什么样的状态确证人的本质力量。"饥饿是自然的需要；因此，为
了使自身得到满足，使自身解除饥饿，它需要自身之外的自然界、自身之外
的对象。"③ 如果没有自然界，人类的一切活动都将无从开展。

人的受动性和能动性并不是非此即彼的关系，受动性是能动性的前提和
基础，能动性是人的本质，二者统一于人类实践中。马克思恩格斯认为，
"人创造环境，同样，环境也创造人"④。在这里，马克思恩格斯深刻阐明了
人与自然的双向互动关系。现实的人是动态发展的，而不是僵化静止的。以
现实的人为基础，人与人、人与自然以及自然与社会之间形成相互影响、相
互制约的关系，且这种关系在不同的历史阶段具有不同的表现形式。马克思
在《1844 年经济学哲学手稿》中指出，"整个所谓世界历史不外是人通过人
的劳动而诞生的过程，是自然界对人来说的生成过程"⑤。从现实的人出发所
建构的世界，既不是纯粹的自然实体，也不是抽象的社会实体，而是生成性

---

① 《马克思恩格斯文集》第 1 卷，北京：人民出版社，2009，第 724 页。
② 《马克思恩格斯文集》第 1 卷，北京：人民出版社，2009，第 162 页。
③ 《马克思恩格斯文集》第 1 卷，北京：人民出版社，2009，第 210 页。
④ 《马克思恩格斯文集》第 1 卷，北京：人民出版社，2009，第 545 页。
⑤ 《马克思恩格斯文集》第 1 卷，北京：人民出版社，2009，第 196 页。

的世界。社会发展具有继承性，人的发展状况受制于特定社会历史阶段的生产力和生产关系的总体状况。现实的人是社会的人，是有意识有目的的存在物。个人不能离开社会独立存在，人类一直是凭借整体力量认识自然和改造自然。人的物质生产、精神生产都是在社会关系中进行的，并由此形成经济基础和上层建筑乃至整个人类社会。恩格斯指出，"人们总是通过每一个人追求他自己的、自觉预期的目的来创造他们的历史"[①]。人是历史的主体，能够认识和利用规律，改变或创造条件，以突破限制，实现从必然王国向自由王国的飞跃。归纳起来看，现实的人是处在各种自然关系与社会关系之中的人，同时也是具有实践创造性的人。

三 现实的人的发展是历时性和共时性的统一

现实的人的活动是对象性活动，是人的本质力量的对象化过程。自然界不仅是人类精神活动的对象，而且是人类物质活动的对象。人的活动既然是能动性、创造性和充满活力的，所构建的关系体系也必然是多维度、多层次的。马克思恩格斯从时间和空间两个维度阐释了现实的人及其历史发展。

其一，现实的人的发展的历时性呈现。现实的人及其创造性活动是人类社会发展的前提和出发点。人类社会在继承和积累的基础上，由量变到质变不断向前发展。过去、现在、未来共处于历史的链条上，人类社会的每一个阶段都会遇到"一定的生产力总和，人对自然以及个人之间历史地形成的关系"[②]，都要依靠以往时代的物质和精神成果来谋求发展，都会对自然关系和社会关系的变迁产生影响。现实活动具有历史继承性，也具有时代局限性。"无论哪一个社会形态，在它所能容纳的全部生产力发挥出来以前，是决不会灭亡的；而新的更高的生产关系，在它的物质存在条件在旧社会的胎胞里成熟以前，是决不会出现的。"[③] 世界历史经常不是按部就班地向前发展，而

---

① 《马克思恩格斯文集》第 4 卷，北京：人民出版社，2009，第 302 页。
② 《马克思恩格斯文集》第 1 卷，北京：人民出版社，2009，第 544~545 页。
③ 《马克思恩格斯文集》第 2 卷，北京：人民出版社，2009，第 592 页。

是体现前进性与曲折性、顺序性与跨越性的统一。马克思晚年在研究俄国农村公社的基础上，提出了跨越卡夫丁峡谷的设想，强调如果排除各方面的破坏性影响，"农村公社是俄国社会新生的支点"。① 在社会形态的更替之中，人与自然的关系经历了一个否定之否定的过程。人类按照自己的意志使自然人化的过程，也是自然界确证人的本质力量的过程。

其二，现实的人的发展的共时性呈现。自然界孕育了人类，为人类提供生存基础和发展空间。在《1861—1863年经济学手稿》中，马克思明确提出，"时间实际上是人的积极存在，它不仅是人的生命的尺度，而且是人的发展的空间"②。自由的时间和空间是衡量人的自由全面发展程度的根本标尺，是现实的人的主体性得以实现的根本保障。马克思恩格斯曾经深刻地批判资本主义生产方式对人类居住空间的掠夺和破坏，"人又退回到洞穴中居住，不过这洞穴现在已被文明的污浊毒气所污染"③。对于彼时的无产阶级而言，拥有明亮的居所不过是奢望而已。人在改变自然界的过程中，也在形塑自然空间，不断生成新的空间结构和空间功能。"单个人才能摆脱种种民族局限和地域局限而同整个世界的生产（也同精神的生产）发生实际联系，才能获得利用全球的这种全面的生产（人们的创造）的能力。"④ 人的解放是社会发展进步的重要标志，人的解放的程度与历史完全转变为世界历史的程度是一致的。随着实践活动的积累，人类对自然界各种现象和规律的认识不断深化，人类利用和改造自然的能力也不断增强，人类活动的范围也在不断深化、不断拓展。在前资本主义社会，城市主要承担政治军事功能，各国、各民族呈现相对孤立、分散的状态。在资本主义生产关系的冲击下，各种壁垒和界限被不断冲破，形成"农村从属于城市""未开化和半开化的国家从属于文明的国家""东方从属于西方"的空间格局。要实现人的自由全面发展，就必须破除资本主义空间秩序的历史局限，推动空间格局朝着更加公正

① 《马克思恩格斯文集》第3卷，北京：人民出版社，2009，第590页。
② 《马克思恩格斯全集》第37卷，北京：人民出版社，2019，第161页。
③ 《马克思恩格斯文集》第1卷，北京：人民出版社，2009，第225页。
④ 《马克思恩格斯文集》第1卷，北京：人民出版社，2009，第541~542页。

合理、更可持续的方向发展。

唯物史观认为，人民群众创造历史，是推动社会历史向前发展的主体力量。关于人与自然之间关系建构的动力、目标、过程等都应当从现实的人出发进行阐释和理解，"甚至人们头脑中的模糊幻象也是他们的可以通过经验来确认的、与物质前提相联系的物质生活过程的必然升华物"①。现实的人是处于一定社会关系和实践活动中的人，具有丰富的内容和多重规定性；现实的人的需要体现人的本性，是人们想问题办事情的出发点，是社会发展的动力因素。马克思从历时性与共时性两个维度考察人类社会发展的历史过程，深刻揭示了人类社会发展的客观规律。只有坚持历时性和共时性的统一，才能科学理解人与自然关系的历史方位和生成逻辑，才能科学理解人与自然关系的地域性、民族性和全球性。

第三节　马克思恩格斯关于空间内涵的多维认识

马克思恩格斯的空间理论自有其思想逻辑、概念范畴和方法论，具有相对普遍的价值和意义。马克思主义经典著作中曾多次使用"空间"或"空间性"的话语，并重点论述土地、住房短缺、居住区隔、城乡对立、地理发现、世界历史等空间问题，不过基于不同时期的不同语境，其使用的空间概念的内涵有所差异。空间具有多样性、可塑性，"对空间体之多样性的认可，则既挑战了基本命题，也将基本命题理解为时空意义上的特定立场"②。以现实人的活动的空间形态为划分标准，可以将马克思恩格斯所关注的空间划分为实体空间、关系空间、符号空间三种类型。伴随资本主义生产方式对空间格局的重塑，现代生态问题日益凸显，廓清马克思恩格斯的空间概念的内涵和外延以及内在逻辑，是理解资本主义生态危机发生形式和内在机制的关键。

---

① 《马克思恩格斯文集》第1卷，北京：人民出版社，2009，第525页。
② 〔英〕多琳·马西：《保卫空间》，王爱松译，南京：江苏教育出版社，2013，第123页。

一 关于实体空间的认识

实体空间是指地球表面及近地表空间，是"现实的人"活动的空间场所或地域范围。马克思关于实体空间的研究是从自然哲学这一领域开始的，其最初的空间概念综合了哲学和自然科学的研究成果。在博士论文中，马克思通过对比德谟克利特和伊壁鸠鲁的原子论差异，展现了关于空间问题的独特思考。"真实的本原是原子和虚空"[①]，原子之间互相排斥和碰撞所产生的旋涡也是实体性的存在，原子与虚空具有共同的规定性。虚空作为无形体的实体，是原子运动的场所。相比较而言，德谟克利特只看到原子运动的物质方面，而伊壁鸠鲁进一步看到了因为原子偏斜运动产生的偶然、自由。原子运动中包含了本质和存在、空间和时间、主体和客体等矛盾冲突，"潜藏"着前瞻性思维。马克思指出："伊壁鸠鲁在矛盾极端尖锐的情况下把握矛盾并使之对象化，因而把成为现象基础的、作为'元素'的原子同存在于虚空中的作为'本原'的原子区别开来；而德谟克利特则仅仅将其中的一个环节对象化。"[②] 在这里马克思明确使用了"对象化"一词，认为感性知觉在空间运动中处于基础性地位。在自我意识的作用下，空间将挣脱纯粹物理性质的形式，向现实转化。不过，马克思当时并未完全实现向唯物主义的转变，其关于空间的思考和探索，还带有黑格尔唯心主义色彩。抽象的哲学体系面对现实问题总会力不从心，也就促使马克思围绕物质利益难题展开新的探索。在《德意志意识形态》中，马克思恩格斯在批判德国古典哲学、费尔巴哈人本主义的基础上，开启了以现实个人为起点的逻辑线路，并逐步转向现实个人的社会化生产，从而加深了对物质资料生产过程的研究。地理环境作为物质资料生产方式的重要组成部分自然成为马克思恩格斯的关注重点，成为马克思恩格斯批判资本逻辑的重要维度。

马克思恩格斯阐释了地理环境在人类文明演进中的基础性地位。人作为肉体组织的自然存在物，需要呼吸、吃喝、从事各种生命活动，而这些活动

---

① 《马克思恩格斯全集》第 1 卷，北京：人民出版社，1995，第 21 页。
② 《马克思恩格斯全集》第 1 卷，北京：人民出版社，1995，第 50 页。

都需要以人们自身的生理特性和自然条件如地质条件、气候条件等为前提。"任何历史记载都应当从这些自然基础以及它们在历史进程中由于人们的活动而发生的变更出发。"① 随着野蛮时代的到来，地理环境的差异也就有了社会意义。马克思恩格斯肯定自然环境的作用，却不是地理环境决定论者。"在1866年8月，马克思读了比埃尔·特雷莫（Pierre Tremaux）的著作《人类和其他生物的起源和变异》，该书出版于巴黎……在马克思看来，尽管它存在着各种缺点，但它却代表了'比起达尔文来还是一个非常重大的进步'，因为它把进步和'达尔文不能解释的退化'解释为地质变化所引起的结果……我们看到，马克思似乎正在寻找一种与地质演替相联系的进化性变化理论，而且这种理论强调土壤的影响；并且他把古生物学记录的断裂看成是进化理论的一个主要问题。然而，恩格斯尖锐地批评了特雷莫缺少地质学知识以及他的荒诞的种族思想。恩格斯在这个方面的观点似乎说服了马克思，因为在1866年10月之后，马克思再也没有提及特雷莫。"② 自然条件的差异始终存在，这种差异为人类社会的不平衡发展提供可能，但是这种可能性只有经过人类活动的改造，才能转化为现实性。"资本的祖国不是草木繁茂的热带，而是温带。不是土壤的绝对肥力，而是它的差异性和它的自然产品的多样性，形成社会分工的自然基础，并且通过人所处的自然环境的变化，促使他们自己的需要、能力、劳动资料和劳动方式趋于多样化。"③ 过于富饶的土地容易滋生惰性，弱化人类改造自然的动力和意愿。直到今天，北纬30度至北纬50度的温带地区仍然是人类活动最为集中的区域。在自然分工的基础上衍生了社会分工，工农差别、城乡差别和脑力劳动与体力劳动的差别就此产生，进而为资本支配自然、剥削无产阶级创造了条件。"不同的共同体在各自的自然环境中，找到不同的生产资料和不同的生活资料。因此，它们的生产方式、生活方式和产品，也就各不相同。"④ 从根本上说，物质是一

---

① 《马克思恩格斯文集》第1卷，北京：人民出版社，2009，第519页。
② 〔美〕约翰·贝拉米·福斯特：《马克思的生态学——唯物主义与自然》，刘仁胜、肖峰译，北京：高等教育出版社，2006，第222~223页。
③ 《马克思恩格斯文集》第5卷，北京：人民出版社，2009，第587页。
④ 《马克思恩格斯文集》第5卷，北京：人民出版社，2009，第407页。

种客观实在，空间是物质这种客观实在的基本存在形式之一。地理环境不是纯粹的空间，又不同于一般物质的具体形态，相较于其他要素更接近空间的直观形态，融合了物质实体与空间秩序的双重规定性，是人类生存和延续的载体。① 不过，自然地理环境绝不是静止的装置或容器，而是影响人类生存发展的重要因子。自然史与人类史是相互影响、相互制约的，人地关系问题是人类社会与自然环境之间关系在空间层面上的呈现。

马克思恩格斯初步阐述了地理环境与国家权力的密切关系。马克思恩格斯致力于追求全人类的解放，倡导全世界无产者联合起来。新航路的开辟和新大陆的发现打破了传统交往活动的隔阂与边界，促使世界地缘战略重心出现调整，开启了资本主义殖民掠夺和扩张的历史。马克思在《论犹太人问题》一书中明确提出政治解放，主张政治解放只是人的解放的前提。同时，他也看到政治解放和人的解放都是一个历史过程，资本主义国家的政权尽管只是"民族躯体上的寄生赘瘤"②，但不会自动退出历史舞台。自然疆域是政治国家存在的现实基础，是政治国家行使主权的空间。马克思恩格斯也关注地缘政治问题，并多次论及国家政权与地理环境的关系。恩格斯在结合马克思关于摩尔根的《古代社会》的读书笔记以及个人研究成果的基础上，撰写了《家庭、私有制和国家的起源》一书，阐述了自然地理环境在人类文明演进中的重要作用，指出了地理环境的差异对东西方政治制度的深远影响。进入野蛮时代以后，"由于自然条件的这种差异，两个半球上的居民，从此以后，便各自循着自己独特的道路发展，而表示各个阶段的界标在两个半球也就各不相同了"③。地理位置关系到地缘战略地位和战略安全问题，围绕海陆位置、山河分布纠葛着各种战略利益关系，这类关系甚至影响到战略格局的走向。恩格斯在《德国的革命和反革命》一书中提到，"国家的地理位置不利，距离已经成为世界贸易要道的大西洋太远"④，构成德法战争中德国失

---

① 参见冯雷《社会空间的成立及其不同形态——人类学哲学的视角》，《哲学动态》2014 年第 11 期。
② 《马克思恩格斯文集》第 3 卷，北京：人民出版社，2009，第 156 页。
③ 《马克思恩格斯文集》第 4 卷，北京：人民出版社，2009，第 35 页。
④ 《马克思恩格斯文集》第 2 卷，北京：人民出版社，2009，第 354 页。

利的重要原因。对自然疆域的控制权是殖民国家与被殖民国家以及资本主义
国家之间角逐的重要内容，因为只有具备稳定的疆域或实体空间，所有的生
产、贸易、积累、投机等各种利益才能得到保证。"适当的行政与权力疆域
结构，是资本主义存活的必要条件。"① 资本主义国家政权具有强大的形塑能
力，不过自然地理环境并不是先天屈从于霸权而存在，更不是按照模具制造
出来的。资产阶级政权妄图控制自然环境，无非是为了争夺利益，由此衍生
出的利益冲突此起彼伏。近代法国统治者鼓吹对国家安全有利的自然边疆论，
主张以山川、河流等有利屏障确定国土边界，并接续投身于争夺莱茵河流域的
斗争。恩格斯撰写《萨瓦、尼斯与莱茵》《波河与莱茵河》等文章，犀利地讽
刺了自然边疆论的荒谬之处。"既然如此不自然地使我们的疆界向里弯进去的
这个凹曲的弓形地带的居民在'语言、风俗和文化'方面说来又是法国人，那
难道就不应当改正自然界所造成的错误，实际上恢复理论所要求的外凸形状或
者至少使它成为一条直线吗？"② 国土安全本身是相对的，如果为了维护本国
安全而不惜损伤其他国家的安全，那就难以掩盖其对外扩张的本质。资本总是
伺机打破已有疆域的限制，因为只有操纵更广阔的地理空间及其内部资源，才
能获得更多的利润。

二　关于关系空间的认识

关系空间主要是指现实活动中的人在生产、分配、交换、消费等环节
（物质生产实践）中所形成的人与人、人与自然以及自然与社会之间的共生
性或共时性关系结构。现实的人总是处于具体的、现实的社会关系之中，而
这些关系均表现为具有一定指向的空间结构。空间结构是动态变化的，生产
方式的变迁包含了空间组织和空间格局的变革与重建。关系空间与实体空间
是相互包含的，关系空间的建构或重塑必须以实体空间的演化和发展为基
础，否则关系空间就丧失了转化为现实的可能性。马克思恩格斯对关系空间

---

① 〔美〕大卫·哈维：《新自由主义化的空间：迈向不均地理发展理论》，王志弘译，台北：群
学出版有限公司，2008，第 101 页。
② 《马克思恩格斯全集》第 19 卷，北京：人民出版社，2006，第 451 页。

的思考和探索，主要建立在对资本主义生产关系进行深刻批判的基础之上，体现在对资本生产和资本流通进行深刻剖析的各个层面。

马克思恩格斯认为空间结构的变革与再建关系着社会生产效率的提高。在以人的依赖性为基础的社会里，劳动和土地是主要的生产要素，生产和交换的目的是创造更多的使用价值。在这个历史阶段，生产过程是比较独立的，以分散、小规模经营为主，在相对孤立的地点进行，因此所形成的自然关系和社会关系是简单的、偶然的。在人类文明演进历程中，生产社会化展现了强大的优势，逐步替代了分散化的个体生产模式。千百万劳动者被迫离开乡村、土地，涌向城市、工厂，成为一无所有只能靠出卖劳动力为生的雇佣劳动者。买和卖在时间和空间上相互分离，生产的目的由获取使用价值转向价值的创造和实现，劳动者、劳动资料和劳动对象的空间关系发生深刻变化。19世纪40年代，恩格斯曾实地考察伦敦、都柏林、利物浦、曼彻斯特等地的贫民窟，犀利地批判了潮湿、肮脏、逼仄、通风不良的工厂环境，全面揭露了资产阶级剥削无产阶级的客观事实。大批廉价的劳动力在充满局限性的空间里创造着巨大的剩余价值，滋养着资本不断膨胀的胃口。资本本质上就是一种生产关系，伺机从各个方面、各个环节掠取剩余价值，其对空间组织和空间格局的变革和再建也是为资本增殖服务的。马克思恩格斯通过研究资本主义形成和发展的历史脉络，概括了资本主义生产社会化的主要特征，即生产集中、生产规模扩大以及各生产部门的协作等。马克思在《资本论》中明确写道："人数较多的工人在同一时间、同一空间（或者说同一劳动场所），为了生产同种商品，在同一资本家的指挥下工作，这在历史上和概念上都是资本主义生产的起点。"① 伴随着生产地点、生产过程的空间集聚，劳动作用范围不断扩大，空间格局发生根本变化，经济社会各领域也发生系统变革。从空间分散到空间集聚，社会分工和劳动分工越来越精细，生产趋向专业化，生产环节不断优化、生产工艺不断改进，必要劳动时间不断减少，社会劳动生产率大幅度提升。而且，人口、财富向城市集聚，劳动对

---

① 《马克思恩格斯文集》第5卷，北京：人民出版社，2009，第374页。

象、劳动力、商品等协同发挥效应，在一定程度上保证了生产、分配、交换、消费的连续性、协调性和适应性，促进了劳动资料、劳动对象和非生产费用的节约，进一步推动了生产效益的提高。综观人类社会的演进历程，在前资本主义时代，社会的发展进步在很大程度上源自生产力和生产关系的历时性积累，而资本主义社会的超越性主要体现在生产力和生产关系在共时性层面的变革和释放。马克思恩格斯曾充分肯定资本主义社会的进步性，尤其是资本主义生产方式在生产力发展过程中所发挥的强大推动作用。"机器的采用，化学在工业和农业中的应用，轮船的行驶，铁路的通行，电报的使用，整个整个大陆的开垦"[①]，无不展现资本主义生产方式对空间关系和空间格局的重塑。为了消除空间障碍，实现利润的最大化，资本逻辑向着瞬时性的态势展开。

马克思恩格斯认为空间结构的组织形式关系着资金、技术、劳动力、商品能否正常循环，关系着剩余价值能否顺利实现。资本的生命力在于运动，它在周而复始的资本循环中才能获得源源不断的剩余价值。资本流通过程既不创造价值，也不创造剩余价值，却是商品成功"跳跃"成货币的关键环节。在购买阶段，资本家要拥有足够的货币以购买生产资料和劳动力，这样货币资本才能变为生产资本；在销售阶段，要把包含剩余价值的商品顺利出售，才能使商品资本转变为货币资本。在增殖动机的驱使下，资本总是试图突破地域和民族的界限，在更大程度、更广阔范围内操纵市场交换。"因此，以资本为基础的生产，其条件是创造一个不断扩大的流通范围，不管是直接扩大这个范围，还是在这个范围内把更多的地点创造为生产地点。"[②] 资本具有开拓性和扩张性的特点，更广阔的空间交换范围意味着丰富而廉价的劳动力、充裕的自然资源以及潜在的消费市场，这些可以使资本过剩的情况得以缓解，使社会再生产能够在扩大的规模上进行。资本主义生产关系在世界空间范围内快速复制，越来越多的民族和国家被卷入资本主义体系，由此下一场危机的到来必然波及更广的范围。货币形态经历了实物货币、金属货币、

---

① 《马克思恩格斯文集》第 2 卷，北京：人民出版社，2009，第 36 页。
② 《马克思恩格斯文集》第 8 卷，北京：人民出版社，2009，第 88 页。

纸币和电子货币等发展阶段，从有形转变为无形，为社会生产和再生产的扩大带来很多便利。劳动是财富之父，土地是财富之母，资本扩张必然包含着对自然资源的占有和掠夺。"于是，就要探索整个自然界，以便发现物的新的有用属性；普遍地交换各种不同气候条件下的产品和各种不同国家的产品；采用新的方式（人工的）加工自然物，以便赋予它们以新的使用价值。"① 资本主义生产关系是按照垂直方向复制的，不同民族国家的空间分工和合作方式越来越密切，广大的发展中国家在国际分工链上越来越被动，只能沦为劳动力和原材料的供应地。在资本主义体系的操纵下，自然空间不断向人类社会生成，但是自然空间的基础性地位是不容置疑的，自然界永远存在人类无法企及的地方，并以其特有的方式抵制或者报复资本的干扰。

三 关于符号空间的认识

符号指向意义世界，人类创造、使用的语言、艺术、宗教等文化现象都可看作符号形式。人是有意识有目的的存在物，符号不仅存在于人的思想意识领域，而且充当着人类认识客观世界的媒介。

马克思恩格斯立足于现实生活探索人的精神生活，并在一定程度上触及人的符号化思维和行为。现实的人不仅是自然存在物、类存在物，也是符号化的存在物。生活在现实世界的人们，有平淡和激情、舒适和恐惧等各种思想情感，所有这些也必须通过符号的载体形式得以表达、传递。显然，符号空间是现实的人的意识活动所建构起来的，思想观念在很大程度上属于符号空间的构成要素，当然这种意识活动是建立在实践活动的基础之上。"人的思维的最本质的和最切近的基础，正是人所引起的自然界的变化，而不仅仅是自然界本身；人在怎样的程度上学会改变自然界，人的智力就在怎样的程度上发展起来。"② 类同的空间编码代表类似的空间品质，是对普遍性空间关系的抽象概括。恩格斯在《英国工人阶级状况》一书中指出，在资本主义制度条件下，工人阶级的生存状况和生活状况是相当凄惨的。在资本主义社会

---

① 《马克思恩格斯文集》第 8 卷，北京：人民出版社，2009，第 89 页。
② 《马克思恩格斯文集》第 9 卷，北京：人民出版社，2009，第 483 页。

到来之前，"公地"是穷人安放灵魂之地，家庭关系笼罩着温情脉脉的面纱，还有可以消愁的小酒馆。"在有公地的地方，穷人可以在那里放驴、放猪或放几只鹅，孩子们和年轻人也可以有一个玩耍和嬉戏的地方。现在这种事情越来越少了，穷人的收入减少了，年轻人失掉了游玩的地方，只好上小酒馆去。"①"酒馆"成为人们缓解贫困压力的重要场所，具有满足工人阶级物质需求和精神需求的双重功能。酗酒本身是一种恶习，会给人的精神和肉体带来比较严重的损害，但是很多工人宁愿深陷其中，而且这种现象很可能形成代际传递。"酒馆"作为特殊境遇的符号空间，使得工人阶级获得短暂的精神麻痹。符号空间不能脱离外在形式或物质载体而存在，但是其本质并非实体性的，而是超越物质形体，指向某种精神功能或价值，具有一定象征意义。

人作为类存在物，从事着有生命的意识活动。人是文化动物，特定符号指征具体的文化意义。语言、想象、仪式等符号体系反映了人的自主性、能动性和创造性，可以说是人的类本质体现。植物、动物对栖息地有独特的敏锐感和适应能力，但是不能对空间本身以及复杂的空间关系进行描述或者架构。人类的活动空间远远超过动物行为的栖息地，而且除了依赖具体的实体空间、现实空间，还活跃于语言、艺术、宗教所构筑的多样化符号空间中。"符号化的思维和符号化的行为是人类生活中最富于代表性的特征。"②即使退回到洞穴中，原始人就已在石壁上用绘画、雕刻讲述着经历的或想象中的故事。这种符号空间不仅是对现实空间的简单模拟和反映，而且是对现实空间的超越和塑造。"空间化不仅具有多种空间模式，还具有多种时间节奏。地方是社会的记忆库，我们铭刻和解读它的方式有时是仪式化的，但总会比单纯的视觉方式要具化得多。地方之所以具有这种记忆功能，是因为它能保留并且呈现出各种节奏性重复的惯例在时空上刻下的痕迹。"③空间的符号化是指生物

① 《马克思恩格斯文集》第1卷，北京：人民出版社，2009，第483页。
② 〔德〕恩斯特·卡西尔：《符号形式的哲学》，赵海萍译，长春：吉林出版集团股份有限公司，2018，第31页。
③ 〔加〕罗伯·希尔兹：《空间问题：文化拓扑学和社会空间化》，谢文娟、张顺生译，南京：江苏凤凰教育出版社，2017，第42页。

学空间向文化空间进化的高级阶段，是原始社会向现代社会演进的必然结果。马克思在《1844年经济学哲学手稿》中指出，"人不仅通过思维，而且以全部感觉在对象世界中肯定自己"①。人类通过感觉活动建构了意义世界，意义世界作为对象化的存在物，确证人的本质力量。无论是一般意义上的思想、观念、意识，还是某一民族的政治、法律、道德、宗教等，都是人们在物质生产中形成的。思想观念随着实践的发展而发展，符号空间是适应人的全面性、丰富性发展需求产生的。人类对本质的真正占有，是建立在自由自觉活动基础上的人的全面发展。人的物质生活和精神生活都与自然相联系，同时也与人的解放相联系。一方面，马克思恩格斯强调精神生活从属于物质生活，不解决基本的吃喝问题，就没有精神境界的极大提高，人的解放也无从谈起。另一方面，马克思恩格斯始终关注工人阶级的精神生活和文化权益，将人的思想解放列为人的自由全面发展的必要条件，强调"工人必须有时间满足精神需要和社会需要"②。历史唯物主义肯定了物质生产的决定性作用，但并不否定社会意识的相对独立性，强调物质生产也有自己的限度和边界。马克思恩格斯主张从物质实践出发理解各种观念、符号，而不是从观念出发理解符号，这也是马克思主义哲学的超越之处。马克思恩格斯在《德意志意识形态》中指出，"人们是自己的观念、思想等等的生产者"③。符号空间不是停留在嗅觉、视觉、听觉等感觉所经验的外在空间形式中，而是人类凭借强大的思维能力、复杂的思维过程而建构的抽象空间，其中所有的节点、轴线乃至空间框架也都表现为抽象的符号。

　　资本主义制度促使符号空间快速进步，也带来了符号空间的分化、异化，衍生出很多新的问题。符号空间是动态发展的，基于人的需要、思想状况和能力水平的差异而呈现不同的样态。如前所述，在前资本主义社会，全球空间结构呈现孤立、分散的样态，不同国家和民族之间的交往大多是偶然的、小规模的。资本主义开拓了世界历史，推动了生产力、生产关系的快速

---

① 《马克思恩格斯文集》第1卷，北京：人民出版社，2009，第191页。
② 《马克思恩格斯文集》第5卷，北京：人民出版社，2009，第269页。
③ 《马克思恩格斯文集》第1卷，北京：人民出版社，2009，第524页。

变迁，实现了空间结构的根本性变革。"物质的生产是如此，精神的生产也是如此。各民族的精神产品成了公共的财产。民族的片面性和局限性日益成为不可能，于是由许多种民族的和地方的文学形成了一种世界的文学。"[①] 在世界文学的冲击之下，地方文学、民族文学的很多方面趋向淡化，符号体系中的某些地方性、民族性也走向消逝。在后现代场景下，符号及其形式在加速增殖过程中越来越难以驾驭内爆与惯性的冲突，最后只能走向崩溃。[②] "这里的问题不是对空间的否定，而是对传统的空间理解和空间实践的变革，一种针对时间和空间的拓扑式转换：一种新的文化拓扑学。"[③] 从把空间作为消极场域到将空间理解为可以争夺占有的符号，直观的经验空间与符号空间发生断裂，现实的空间功能和价值被否定，空间成为奴役人的工具。资本主义社会的文学、艺术和宗教等符号体系是人类精神成果的阶段性呈现，在人类历史上起过进步作用，但是这些符号体系仍然属于资产阶级的意识形态体系，是为资本主义体系服务的。当空间成为符号表现的主要场域，群体的身份和社会地位投射到空间结构层面，那么阶层分化与利益分化必然推动空间符号的分化。依托符号体系的社会功能，类似的空间符号的分化反过来推动阶层分化，成为资本增殖的助力因素。随着社会实践活动的深入，人们逐渐认识到空间的开放性特征，不仅日益"沉迷"于追逐空间领地的扩张，而且更加重视操纵符号空间的力量。符号是社会性的标记，具有哲学、艺术等多重意义，在原始社会的祭神仪式以及现代社会的商品标识中随处可见。人类以符号化的空间为依托，以语言、艺术、宗教为纽带创造了一个丰富多彩的意义世界。在商品化浪潮的席卷下，符号的文化意义也普遍发生了商品化的改变。在越来越多的空间场域，空间的附加符号价值逐渐超过产品的实际价值，如每一处住宅、每一辆汽车无不表征着拥有者的身份或社会地位，渗透着符号化的消费逻辑。"空间作为一种真实世界的抽象记号，征服这样的空

---

① 《马克思恩格斯文集》第 2 卷，北京：人民出版社，2009，第 35 页。
② 参见〔美〕道格拉斯·凯尔纳、〔美〕斯蒂文·贝斯特《后现代理论：批判性的质疑》，张志斌译，北京：中央编译出版社，2011，第 141 页。
③ 〔加〕罗伯·希尔兹：《空间问题：文化拓扑学和社会空间化》，谢文娟、张顺生译，南京：江苏凤凰教育出版社，2017，第 176 页。

间，其中力量的运用，便形成一种自恋的投射。"① 空间符号是人类在抽象力的作用下，探索人与自然关系的重要媒介。与此同时，空间符号的分化必然带来人与人、人与自然以及自然与社会的分化。

从现实活动的人出发可以发现，空间不再是僵化的背景装置或容器，而是引领社会再生产过程的媒介之一。马克思在论述剩余价值之前，阐释了价值形式的演变以及货币充当一般等价物的广泛影响。货币能衡量商品的价值，因而能够充当商品交换的媒介。货币的本质是一般等价物，是普遍的等价物，而金银的自然属性决定了金银具有充当一般等价物的天然优势。在资本主义社会，货币成为衡量一切人和一切事物的价值的主要标准，处于至高无上的地位。在货币资本化的推动下，人与人、人与自然以及自然与社会之间建立了普遍性的交换关系。只有理解货币运动才能理解资本运动，才能理解资本主义的本质和资本主义意识形态。尽管空间与货币承担着不同的职能，但是空间具有与货币相媲美的普遍性特征。空间之所以成为媒介，之所以成为普遍性的媒介，与空间的本质和属性是密切相关的。马克思主义认为，空间和时间一道构成运动着的物质的基本存在形式，空间贯穿于社会再生产的各个环节和各个方面。空间具有节点、网络、界面等物理属性，因此能够充当物质活动和精神活动的载体和场所；空间具有社会属性，能够成为阶级、权力的架构形式；空间具有精神属性，能够成为意识形态符号系统的特殊表达形式。空间普遍地参与"社会-经济-自然复合生态系统"秩序的重构和重塑，空间格局的重塑为资本主义再生产在更大的规模和更快的节奏上进行创造了条件，并推动全球交换关系的进一步深化和拓展，且逐步成为当代资本主义生产方式自我延续的重要着力点。理解空间，才能更好地理解资本主义的演进历史，才能更好地理解当代资本主义的新动向。实体空间、关系空间、符号空间构成现实的人的活动的空间总体，是理解马克思恩格斯空间概念的逻辑进路。从现实活动的人出发考察空间可以发现，空间本身不是简单的要素、节点、结构、网络和距离的叠加或机械式的组织结构，而是

---

① 〔法〕尚·布希亚：《物体系》，林志明译，上海：上海人民出版社，2001，第78页。

人与人、人与自然以及自然与社会在相互作用过程中所产生的差异性的、等级性的秩序，同时也逐渐成为重构"社会-经济-自然复合生态系统"秩序的重要手段。马克思恩格斯认为生产力是社会发展的最终决定力量，生产力和生产关系、经济基础和上层建筑的矛盾运动是推动人类社会发展的根本动力。在社会发展与社会实践的作用之下，空间作为人类社会基本矛盾运动的媒介和产物的意义将更加凸显。上下、中心与边缘、内外、优劣等差异性空间秩序能让阶级关系、权力、社会制度、价值取向、话语等各层面的关系更生动地呈现，也有可能成为引领"社会-经济-自然复合生态系统"可持续发展和良性循环的关键。

第三章
空间结构的生态意蕴：马克思恩格斯的
有机体理论的题中之义

　　生命有机体作为空间整体才能开展生命活动，社会有机体作为空间整体才能切实承担相应的社会功能。"人类的生命具有时空性及地理—历史性，并非时间或空间，并非历史或地理自身独立存在。没有任何原因能让其中一个优于另一个。"① 马克思恩格斯的有机体理论内含空间结构的规定性，凝结着把握自然、社会和思维的基本逻辑方法，是理解马克思恩格斯生态观的基础性理论。有机体概念起初主要是作为生物学术语使用，指向能够自我更新、自我调控的生物个体。1866 年，德国生物学家恩斯特·海克尔（Ernst Haeckel）提出"生态学"这一术语。"海克尔当时认为，所谓生态学就是'关于经济的科学、关于动物机体日常生活的科学'，它所研究的是动物对其无机环境和有机环境的关系。"② 1935 年，英国生态学家坦斯利（A. G. Tansley）提出了"生态系统"的概念。他认为："生态系统的基本概念是物理学上使用的'系统'整体，这个系统不仅包括有机复合体，而且也包括形成环境的整个物理因子复合体。"③ 基于生物有机体与社会系统的相似性特征，有学者尝试将"有机体"概念引入哲学和社会科学领域，形成社会有机体学说。其中，康德按照先验逻辑引出有机物，指出"是自然目的的东

---

① 〔美〕爱德华·W. 苏贾：《寻求空间正义》，高春花、强乃社等译，北京：社会科学文献出版社，2016，第 14~15 页。

② 〔苏〕И. Т. 弗罗洛夫主编《哲学辞典》，华南师范大学外语系俄语教研室、哲学研究所译，广州：广东人民出版社，1989，第 116 页。

③ 马传栋：《生态经济学》，济南：山东人民出版社，1986，第 56 页。

西就是有机体"①。黑格尔按照"三段论式"推演逻辑，将生命有机体划分为地质有机体、植物有机体和动物有机体，当然对于黑格尔来说无论何种有机体都是绝对精神的外化形式。黑格尔、康德的有机体理论建立在深刻的理性思维的基础上，同时又具有思辨哲学的局限性。孔德、斯宾塞是实证主义有机体理论的代表人物，试图从实证的生物学视角来理解社会。他们将社会有机体与生物有机体相类比，以此描述社会有机体的基本构成和运行特点。不过，他们更多的是从形式上理解社会有机体与生物有机体的异同，带有明显的机械还原论色彩。马克思恩格斯在批判地吸收以往理论成果的基础上，从现实活动的人出发，科学阐释了社会有机体的生成演进规律。综上所述，在有机体的术语演进过程中，始终纠葛着自然界与社会的矛盾关系。纵观历史，从生物有机体到社会有机体的生成有其历史必然性，强调社会有机体的特殊性，并不是否定生物有机体的前提性地位。在马克思恩格斯的生态观中，关于人与自然是有机统一的思想是贯穿始终的。"有机统一"是有机体内部的统一，强调自然与社会的内在关联。马克思恩格斯的有机体理论是非常丰富的，包含"生命有机体""国家有机体""社会有机体"等多层次概念。而且，无论是生命有机体还是社会有机体，都具有空间层面的规定性，甚至在很多情况下其内在的空间关系起着非常突出的作用。20 世纪 80 年代，以李秀林在《哲学研究》上发表的《简论社会有机体》一文为标志，马克思恩格斯的有机体理论得到学界越来越多的关注。李秀林提出，历史唯物主义应从社会有机体这个基点出发，来安排自己的理论体系。② 无独有偶，孙承叔等认为，社会有机体是马克思历史观的研究起点和表述终点。③ 根据马克思恩格斯的有机体理论，人与人、人与自然以及自然与社会在空间结构和运行机制上是有机统一的系统整体，必须坚持系统性、整体性、辩证性的原则统筹把握各要素的空间关系。

---

① 〔德〕康德：《判断力批判》下卷，韦卓民译，北京：商务印书馆，1993，第 20 页。
② 参见李秀林《简论社会有机体》，《哲学研究》1980 年第 5 期。
③ 参见孙承叔、王东《论马克思社会有机体学说的理论地位》，《学术月刊》1986 年第 8 期。

第一节　马克思恩格斯生命哲学思想的
空间维度及其生态意蕴

在马克思恩格斯看来，社会有机体是在人与人、人与自然以及自然与社会之间相互作用的过程中形成的。个人与社会是辩证统一的，个体始终处于社会关系之中。个体作为社会有机体的构成部分，本身也是有机体。恩格斯在《自然辩证法》导言中写道："人也是由分化而产生的。不仅从个体方面来说是如此——从一个单独的卵细胞分化为自然界所产生的最复杂的有机体，而且从历史方面来说也是如此。"[①] 在这里，恩格斯所提到的个体"有机体"蕴含着生物与社会的双重意义：一方面，人作为生物有机体，是自然界长期发展的产物，具有遗传和变异的特性，以此适应环境条件的变化；另一方面，人是大自然的杰出作品，是自然界的最高产物，具有"思维着的"精神，能够进行生产、创造文化、创造历史。同时，劳动在个体有机体的形成过程中起着决定性的作用，劳动创造了人本身。基于空间维度研究马克思恩格斯的有机体理论，要从个体有机体的身体结构和生命活动开始。

一　身体观的空间维度及其生态意蕴

身体具有空间性，容纳着自然力量与社会力量的复杂作用，是人与自然之间交互作用的载体形式。马克思经常使用"肉体组织"这一术语来形容人的身体结构，不仅凸显了身体结构的物质性、空间性，而且强调这种空间形式也有彼此并列的历史。经过自然界的长期演化，人的身体空间结构才具备明显的生存优势，体现出与其他动物相区别的重要特征。

马克思恩格斯认为身体结构是人类历史开启的自然前提，强调身体结构在人类社会演进和发展中的基础性作用。在《1844 年经济学哲学手稿》中，马克思深刻阐明了人的本质，指出人是自然存在物和社会存在物的有机统一

[①] 《马克思恩格斯文集》第 9 卷，北京：人民出版社，2009，第 421 页。

体。"一方面具有自然力、生命力，是能动的自然存在物；这些力量作为天赋和才能、作为欲望存在于人身上；另一方面，人作为自然的、肉体的、感性的、对象性的存在物，同动植物一样，是受动的、受制约的和受限制的存在物。"① 在马克思的逻辑推演中，自然界为人类生产、生活提供资料和场所，而且人作为生命活动的主体形式也是从自然界进化而来。从人类的起源看，"正像一切自然物必须形成一样，人也有自己的形成过程即历史"②。人类的血肉之躯得益于自然界数十亿年的积累，集结了自然界的精华，人的生命活动、人的需要皆以身体为物质载体。

此后，马克思的历史唯物主义立场更加清晰，逐步按照历史发展的思路把握现实人的身体。"全部人类历史的第一个前提无疑是有生命的个人的存在。因此，第一个需要确认的事实就是这些个人的肉体组织以及由此产生的个人对其他自然的关系。"③ 人作为自然存在物的生理特性并非研究重点，但是人的生理特性与其他自然条件在历史发展中的基础地位是不容否认的。身体是划分人的内部空间与外部空间的自然界限，而且身体内部的空间结构又决定了人的生存界限，也是人的自然界限。此间，马克思关于身体结构的剖析，偏重哲学层面。后来，恩格斯专门研究了大量自然科学方面的文献材料，汲取了自然科学的最新发展成果，将自然科学与社会科学贯通起来，开拓了身体结构研究的新视野。1873 年到 1882 年，恩格斯创作了《自然辩证法》，并在《劳动在从猿到人转变过程中的作用》一文中通过对手、发音器官和脑等身体结构及其演化进程的分析和思考，阐明了人类的起源。近年来，现代生物技术和生命科学的发展取得重要进展，对身体器官和结构功能的认识也不断深化，对身体结构进化的分析更加具体、更加明确，进一步验证了马克思恩格斯身体观的科学性。在漫长的进化过程中，手部肌肉、韧带和骨骼等都在适应自然环境的过程中不断发生改变，由此人能够进行越来越复杂的动作。拇指腕掌关节为鞍状关节，大拇指与其他四指位置相对，处于

---

① 《马克思恩格斯文集》第 1 卷，北京：人民出版社，2009，第 209 页。
② 《马克思恩格斯文集》第 1 卷，北京：人民出版社，2009，第 211 页。
③ 《马克思恩格斯文集》第 1 卷，北京：人民出版社，2009，第 519 页。

支柱地位。这种特殊的手部结构，"产生出人手的两种重要控制——精确度控制和力量控制"①。"人的手才达到这样高度的完善，以致像施魔法一样产生了拉斐尔的绘画、托瓦森的雕刻和帕格尼尼的音乐"②。人类喉头在喉咙的位置较低，因此能够更好地发出元音和辅音，使人具备了更强大的语言能力。③ 发音器官的进化体现在人比猿能够发出更多抑扬顿挫的音调，能够掌握和利用语言表达且传递更多的信息，这使人在更广阔范围内交往和劳动协作成为可能。肉食促进了大脑的发育，大脑皮层不断扩展，脑容量显著增加，颅骨也发生相应变化，使人具备更高的智能水平，推进了文明的迅速发展，使人能够有计划行动，在地球各处打上人的意志印记。"恩格斯这一命题所言说的'劳动创造了人'中的'人'是一种未完成性的、开放性的存在，而对于这一命题的理解便也必须将之放置到人与其世界的生成性这一新唯物主义的视野中去进行，也就是说，放置到体质人类学与社会文化人类学贯通的马克思主义哲学人类学视野中去进行"④。身体内部空间结构的变化直接影响着身体的机能水平，身体机能的演进和发展是人与自然交互关系的生动映射。总之，人类的身体不仅充满蓬勃的自然生命力，而且刻录着权力和政治的历史，集中体现了生物进化与文化进化的相互作用，是理解人的本质所不能忽视的重要方面。

恩格斯认为，身体有机体的演变具有协同性。身体内部空间结构的演进并不是孤立进行的，各器官和组织之间彼此相互联系、相互作用，"一个有机生物的个别部分的特定形态，总是和其他部分的某些形态息息相关，哪怕在表面上和这些形态似乎没有任何联系……身体的某些特定形态的改变，会引起其他部分的形态的改变"⑤。因为直立行走这一关键性转变，头部以下的

---

① 〔英〕克里斯·麦克马纳斯：《右手，左手：大脑、身体、原子和文化中不对称性的起源》，胡新和译，北京：北京理工大学出版社，2007，第261页。
② 《马克思恩格斯文集》第9卷，北京：人民出版社，2009，第552页。
③ 参见〔英〕彼得·沃森《思想史：从火到弗洛伊德》上，胡翠娥译，南京：译林出版社，2018，第31页。
④ 王南湜：《恩格斯"劳动创造了人本身"新解——一个基于马克思主义哲学人类学的阐释》，《马克思主义与现实》2020年第5期。
⑤ 《马克思恩格斯文集》第9卷，北京：人民出版社，2009，第552页。

骨骼随之发生一系列变化。直立行走促进双手解放，为人类制造工具、使用工具准备条件；直立行走促进喉头位置的下降，在声带振动与共鸣腔的作用下，人可以发出饱满、动听的声音；直立行走使得盆骨和产道变窄，引发生育模式的变化，促进男女之间的分工。同时，手的发展会对机体的其他部分产生反作用，语言和劳动是大脑发育的最重要推动力，大脑的发育也会带动感觉器官的发展完善。"在有生命的有机体中，各种元素作为元素本身的任何痕迹全都消失。在这里，差别已经不在于各种元素的彼此分离的存在，而在于受同一生命推动的不同职能的活生生的运动。"[①] 各大系统、器官及组织既各司其职，又相互协调、协同运作，形成一套复杂、精密、敏锐的有机整体，支撑人体的基本形态，推动人类的感知系统、认知系统不断演化，使人类具备更好的感知世界、适应环境的能力。身体有机体的演变具有整体性。基于有机体内部结构的形态和属性考虑，必须按照整体性的思维和方法来把握有机体的演进历程。整体是由部分构成的，没有部分就没有整体。但是，整体并不是部分的简单叠加，"无论骨、血、软骨、肌肉、纤维质等等的机械组合，或是各种元素的化学组合，都不能造成一个动物"[②]。活的有机体的结构和形态远远比想象中的更复杂，必须更好地理解有机体的运动形式与物理、化学运动形式的根本差异。"手并不是单独存在的。它只是整个具有极其复杂的结构的机体的一个肢体。凡是有益于手的，也有益于手所服务的整个身体，而且这是以二重的方式发生的。"[③] 身体有机体的内部结构具有相通性，其他部分也是按照类似的形式参与有机体的整体运转。部分是有机体中的部分，部分是为整体而存在的。要理解部分的性质和机能，必须将其置于有机体的整体结构和系统联系中去把握。

身体有机体的空间结构具有动态生成性。身体有机体不同于其他动植物的躯体结构，融合了自然与社会双重规定性。如果简单地从生物学角度理解身体有机体，那无疑停留于自然主义的态度和立场上。如果只论及身体的社

---

① 《马克思恩格斯全集》第 1 卷，北京：人民出版社，1995，第 333 页。
② 《马克思恩格斯全集》第 20 卷，北京：人民出版社，1971，第 556 页。
③ 《马克思恩格斯文集》第 9 卷，北京：人民出版社，2009，第 552 页。

会内容，则不能全面把握有机体的起源和复杂演进机制。手是劳动器官，大脑是劳动的指挥中枢，发音器官是劳动协作的中介。"机体从少数简单形态到今天我们所看到的日益多样化和复杂化的形态，一直到人类为止的发展序列，在大的基本点上被证实了。"① 自然科学已然证明，人类的进化过程是持续进行的，劳动的作用形式也是非常明了的。人类通过劳动实践表达发展自身的需要，并对身体有机体产生直接或者间接的影响。人脑的左半球和右半球在结构、功能和体积方面都是不对称的，大多数人的左半球的体积是大于右半球的，可能是因为左半球是主导语言的关键区域以及 90% 的人是右利手者。② 劳动在人类进化过程中起着决定性作用，人本身是在与自然的交互过程中生成的。身体既是自然的身体，也是社会的身体，自然属性和社会属性体现身体有机体的不同侧面。

需要言明在先的是，对于恩格斯从事自然科学研究一事，马克思是持知晓和赞成态度的。我们始终坚持马克思主义有机体理论的整体性，一方面是基于马克思恩格斯在根本观点方面的一致性，另一方面是基于马克思恩格斯研究视角、研究方法的互补性。1873 年 5 月 30 日，恩格斯在写给马克思的信中，明确提及撰写《自然辩证法》的研究计划，并提到撰写"有机体"的内容。③ 1876 年 10 月 7 日，马克思写信给威廉·李卜克内西时提到，"现在恩格斯正忙于写他的批判杜林的著作。这对他来说是一个巨大的牺牲，因为他不得不为此而停写更加重要得多的著作"④，即暂停《自然辩证法》的写作。马克思始终认为，自然史与人类史是有机统一的，"人创造环境，同样，环境也创造人"⑤。总之，身体结构的进化在文明演进中处于基础性地位，虽然不易觉察，却不容忽略。

根据马克思恩格斯的论述，身体有机体的演进有其客观规律，科学把握

---

① 《马克思恩格斯文集》第 9 卷，北京：人民出版社，2009，第 457 页。
② 参见〔英〕理查德·利基《人类的起源》，吴汝康、吴新智、林圣龙译，上海：上海科学技术出版社，2007，第 116 页。
③ 《马克思恩格斯选集》第 4 卷，人民出版社，1995，第 615 页。
④ 《马克思恩格斯全集》第 34 卷，北京：人民出版社，1972，第 194 页。
⑤ 《马克思恩格斯文集》第 1 卷，北京：人民出版社，2009，第 545 页。

人与自然之间的关系，必须适应身体有机体的演进规律，否则必然危害人类自身的安危。21世纪，生物学的发展突飞猛进，不仅在宏观领域产生很多新成果，而且在微观方面取得重大突破，人们对身体结构的认识更全面、更准确。"在生物和非生物的关系网络中，庞大的生物多样性在我们的地球上共同进化，构成了生物群落和生态系统。生物群落的演进在不同的尺度上发生，是动态的、交互式的、协同的和复杂的过程。"[1] 人体微生物群落是复杂多样的，共同参与所有身体系统的相互作用过程，是维持身体发育、新陈代谢等功能的关键调节器。进入工业社会以来，人类的生产、生活方式发生了翻天覆地的变化，大大超过了身体有机体结构的进化速度，引发微生物群落的急剧转型，对人产生了严重的生理和病理方面的影响。"2016年，估计有4100万人死于非传染性疾病（NCDs），占据总死亡人数（5700万）的71%。"[2] 随着工业化、城市化和全球化进程的深化，食物链的内容更加均质化，对遗传多样性、生态系统多样性构成严重威胁；食物链的空间尺度被不断压缩，食物全周期所消耗的能源资源过多、所产生的碳排放量过高，对人与自然之间的物质变换过程产生更深层次的影响。总之，人类的进化包括生物学的或有机体的、文化的或超机体的两个部分，体现为生物学和文化的相互作用过程。[3] 我们不能将人类进化理解为纯粹的生物过程或单一文化演进史，否则就不能解释人类社会进化的复杂作用机制和发展趋向。在马克思恩格斯所生活的时代，自然科学，尤其是微观生物学还没有发展到如今的程度。但是，重新探究马克思恩格斯关于身体有机体的研究思路和研究方法，有助于科学利用自然科学的最新研究成果，形成对身体有机体更全面、更准确的认识。

二　对象化理论的空间维度及其生态意蕴

人的对象化活动隐含着人与自然的对象性关系，并践行着一定空间规

---

[1]　Michael Friedman, "GMOs: Capitalism's Distortion of Biological Processes", *Monthly Review*, Vol. 66, No. 10, 2015, p. 25.

[2]　*World Health Statistics 2018: Monitoring Health for the SDGs Sustainable Development Goals*, Geneva: World Health Organization, 2018, p. 7.

[3]　参见〔美〕F. J. 阿亚拉、T. 普劳特《纪念杜布赞斯基》，《科学与哲学》1979年第3期。

则。马克思在黑格尔和费尔巴哈的基础上，赋予"对象化"概念以新的内涵。他在《1844年经济学哲学手稿》中写道："劳动的产品是固定在某个对象中的、物化的劳动，这就是劳动的对象化。劳动的现实化就是劳动的对象化。在国民经济的实际状况中，劳动的这种现实化表现为工人的非现实化，对象化表现为对象的丧失和被对象奴役，占有表现为异化、外化。"① 在此，马克思区分了对象化和异化，强调对象化是普遍现象，而异化是对象化的消极呈现形式。他指出，"人作为自然的、肉体的、感性的、对象性的存在物，同动植物一样，是受动的、受制约的和受限制的存在物，就是说，他的欲望的对象是作为不依赖于他的对象而存在于他之外的；但是，这些对象是他的需要的对象；是表现和确证他的本质力量所不可缺少的、重要的对象"②。不难看出，马克思的对象化活动思想包含着其关于人与自然关系的基本观点，是深刻理解马克思自然观的基础性内容。对象化活动是人类本质展开的活动，是人类生存繁衍边界不断拓展的过程，也是人与自然之间的互动过程。它在空间基础上展开，以空间形式生成演化，同时也促进自然空间向人类社会生成。如果说身体结构的优势为人类认识自然、改造自然提供可能，那么对象化活动作为人的本质力量的对象化，是人类的能力远超其他动植物的关键环节。只要有人存在，自然科学与人的科学、自然史与人类史就是辩证统一的。自然既是空间性的存在，也是历史性的存在，不能单一地从时间或者空间的维度理解人与人、人与自然以及自然与社会之间的关系。历史渗透于空间之中，空间是历史的现实展现。

在《1844年经济学哲学手稿》中，马克思曾多次使用"对象性"和"对象化"等术语。需要说明的是，马克思是在不同的意义上使用这两个术语，二者具有不同的适用范围。在人类社会诞生以前，对象性活动就是普遍存在的。"太阳是植物的对象，是植物所不可缺少的、确证它的生命的对象，正像植物是太阳的对象，是太阳的唤醒生命的力量的表现，是太

---

① 《马克思恩格斯文集》第 1 卷，北京：人民出版社，2009，第 156～157 页。
② 《马克思恩格斯文集》第 1 卷，北京：人民出版社，2009，第 209 页。

阳的对象性的本质力量的表现一样。"① 生物之间、生物与非生物之间以及非生物之间的相互作用形式，都可以归结为对象性活动的表现形式。存在物必然是对象性的存在物，非对象性存在物是非存在物。马克思曾以蜘蛛、蜜蜂为例，阐释了动物的空间性行为和人类的空间建构活动之间的根本区别。蜘蛛似乎有感知方位、测量距离的能力，但是蛛网的结构性能再令人惊叹也只是蜘蛛盲目活动的产物，蜘蛛并不能认清自身与周围环境的交互关系。"自然和空间的关系是直接的，即它不依赖于任何外在力量的调节，无论是自然的还是神圣的。空间的法则栖身于空间本身之中，而不能被分解成某种外观上清晰的内外对应的关系。因为这种所谓的关系仅是一种空间表象。"② 当然，动物的对象性活动给人类提供很多启示，为改进人类的空间行为提供很多灵感和素材。建筑师的活动是文化行为，再蹩脚的建筑师也有很大的提升空间，具体会通过后天学习或文化传承实现。而蜘蛛的织网技能却是在进化进程中缓慢形成的，是通过基因遗传获得的生存技能，是纯粹的生物行为。对象化活动是从对象性活动演化而来，在目的和手段上都超越了对象性活动，具体指向人有目的有意识地改造自然的活动。因此，可以说对象化活动是人类特有的活动，是基于对象性活动的升级与超越，且在空间维度上体现为在空间建构、空间选择和空间分布方面的主动性和自觉性。

动植物的对象性活动，总是在有限的空间范围内进行，具体的分布或活动范围主要依赖先天的生物特性。相反，人类生命活动的空间范围，则主要取决于生产力特别是生产工具的发展水平。对人类而言，对象具有至关重要的意义，是满足需要的存在，是确证本质力量的存在。"为了生活，首先就需要吃喝住穿以及其他一些东西。因此第一个历史活动就是生产满足这些需要的资料，即生产物质生活本身。"③ 起初，人类所从事的满足衣食住行的对象化活动是初级的，能够制造和使用的工具是简单粗糙的，可获取的生存资料

① 《马克思恩格斯文集》第1卷，北京：人民出版社，2009，第210页。
② 〔法〕亨利·列斐伏尔：《空间的生产》，刘怀玉等译，北京：商务印书馆，2022，第254页。
③ 《马克思恩格斯文集》第1卷，北京：人民出版社，2009，第531页。

限于人力所达的空间环境范围。在人与自然的交互作用中，人类处于相对被动的境遇，人类的生存和发展更多地依赖自然界的供给与支撑。那时，为了逃避野兽，很多原始人以树为居。由于交通工具不发达，人类的活动只能在相对狭窄的范围内和孤立的地点上进行。生产工具的改进使得人类扩大了食物选择的范围，推动人类活动范围、分布结构发生极大程度的改变。随着生存技术的发展，人类的食物资源经历了以植物的根和果实作为天然食物—鱼类食物—由种植得来的淀粉食物—肉类和乳类食物—通过田野农业而获得无穷食物的发展变迁①，人类的生态足迹也因此逐步遍布世界各个角落。在《路易斯·亨·摩尔根〈古代社会〉一书摘要》中，马克思阐述了生产工具的演进与食物种类、获取方式的相互作用及所引起的人类活动空间的变化。不过，马克思也纠正了摩尔根关于人类已达到"绝对控制"食物生产的程度以及把取火当作人类早期的次要发明的说法，着重强调了火的使用在人类生存和发展中的重要地位，指出"一切与取火有关的东西都是主要的发明"②。火的用途相当广泛，可以烹饪、照明、御寒、驱逐野兽，不仅可以促进人的体质改善，而且推动了人类大脑的发育，使得人类适应自然界的能力显著提升。随着社会的发展进步，生产工具的改进大大增强了人类改造自然的能力，使得对象化活动的空间结构、空间范围不断优化、扩大。特别是进入工业社会以后，生产工具的革新促进人类利用自然和改造自然的能力大幅提升，推动对象化活动的空间内容和空间形式发生翻天覆地的变化。马克思在《机器。自然力和科学的应用》中写道，"火药把骑士阶层炸得粉碎，指南针打开了世界市场并建立了殖民地，而印刷术则变成新教的工具"③。可见，近现代科学技术的飞速发展促进人类探索自然界的能力快速提升，传统的自然边界不断被突破，整个世界的发展格局也因此发生深刻改变。

马克思主义认为，对象化活动是主体与客体之间相互作用的过程，表现

---

① 参见〔美〕路易斯·亨利·摩尔根《古代社会》，杨东莼、马雍、马巨译，北京：中央编译出版社，2007，第14~18页。
② 《马克思恩格斯全集》第45卷，北京：人民出版社，1985，第379页。
③ 《马克思恩格斯文集》第8卷，北京：人民出版社，2009，第338页。

为主体对象化与客体非对象化的双向互动关系。人是对象化活动的主体，能够对自然界产生积极能动的影响。在主体的对象化过程中，人类的情感意志、价值目标、创造力倾注于自然界，使自然界成为人的作品和人的现实。自然界作为人类活动的对象世界，是人类实践活动的重要对象。在客体的非对象化过程中，自然界的因素转化为主体生命结构的因素或本质力量，成为主体的一部分。人靠自然界生活，人的头脑、四肢、血肉皆来自自然界，须臾不能离开自然界的浸润滋养。而且，"人的感觉、感觉的人性，都是由于它的对象的存在，由于人化的自然界，才产生出来的"①。对于人类而言，空间、场所乃至我们生活的世界不仅承载着人的感性活动、创造能力，而且是人类的精神栖居地，是人类本质力量得以涵养、得以释放的必要条件。在主体与客体的双向互动过程中，人的感觉或认识趋向丰富、完善，人们积累了丰富的生存智慧和发展技能，能够更好地感知五彩斑斓的大千世界，更好地参与客观世界的演进过程。同时，自然界的形状、结构、面貌会因为人的活动而发生改变，人化自然是人与自然走向和解的现实前提。同样，基于对象化活动的交互作用，当对象化活动的主体发生异化之时，自然界就会以扭曲、否定的形态呈现出来，如资源枯竭、环境污染等。当然，自然界不会自动自发地满足人的生产、生活需要，必须依靠劳动的中介作用。"当现实的、肉体的、站在坚实的呈圆形的地球上呼出和吸入一切自然力的人通过自己的外化把自己现实的、对象性的本质力量设定为异己的对象时，设定并不是主体。"② 黑格尔将绝对精神预设为主体，认为是绝对精神创造了世界，将对象化活动看作纯粹的绝对精神的内部活动。相反，马克思反对从抽象的意识出发，主张对象化活动是感性活动、实践活动，强调现实的创造活动是对象化活动。对象化活动的主体既是客观现实的，也是有目的、有计划的存在，而双脚"站立"之于对象化主体的独立性具有至关重要的意义。"对象化劳动，即在空间上存在的劳动，也可以作为过去的劳动而同在时间上存在的劳

---

① 《马克思恩格斯文集》第 1 卷，北京：人民出版社，2009，第 191 页。
② 《马克思恩格斯文集》第 1 卷，北京：人民出版社，2009，第 209 页。

动相对立。"① 对象化活动是按照人的要求形塑空间结构，展现人之为人的空间尺度。人作为对象化活动的主体，对自然界的理解是多重的；人的需要是丰富的、全面的，包括对土地和其他空间的需求。在需要驱动下，人类不断利用自然空间、改造自然空间，以获取生活资料和栖息场所。当然，自然界的承载力是有限的，特定环境下人的活动也是有边界的。人类建构空间是为了满足栖息的自由，但是作为两脚站立在圆形地球上的对象化活动的施动者，人不仅享有居住在地球上的权利，而且要承担维护地球生态系统运行秩序的责任。人类除了要聚焦主体对象化的影响，还要兼顾客体非对象化的结果。

对象化活动是在扬弃中不断前进的。动物能够根据自己的需求选择栖息地，能够建造各种巢穴以繁衍后代、贮存食物、遮风挡雨。然而，无论是栖息地还是巢穴，主要功能都仅仅指向满足动物的生理需求。动物只能按照动物的尺度适应自然界，人类能够按照人的尺度来利用和改造自然。从穴居巢居、亭台楼榭到摩天大楼，居住空间的发展变化生动地体现着对象化活动的积极性、创造性。对象化是人的本质力量的外化过程，是人的自我确证过程。无论是从主体能力发展程度方面考虑，还是从自然对象的复杂性、多变性着眼，对象化活动都包含各种不确定性，尤其是存在劳动对象丧失和被对象所奴役的可能。对象化活动也包含着矛盾冲突，表现为主体对象化和客体非对象化的分离与对立。马克思在《1844 年经济学哲学手稿》中揭示了异化现象产生的根源，私有制、异化劳动与自然的异化存在千丝万缕的联系。在资本主义私有制条件下，劳动者与生产资料相分离，劳动者的作品为资本家所占有，基本的生存空间也被压榨得粉碎。"人又退回到洞穴中居住，不过这洞穴现在已被文明的污浊毒气所污染，而且他在洞穴中也是朝不保夕，仿佛这洞穴是一个每天都可能离他而去的异己力量。"② 居住空间的分异实质是人与人、人与自然关系的异化，腐败的自然界成了人的生活要素。

---

① 《马克思恩格斯全集》第 30 卷，北京：人民出版社，1995，第 230 页。
② 《马克思恩格斯文集》第 1 卷，北京：人民出版社，2009，第 225 页。

综合来看，马克思从哲学层面阐述了人与自然的对象化关系，论述了空间活动的互动性特征。当然，基于空间结构的发展变迁，还应从空间结构和功能布局等角度全面把握人与人、人与自然以及自然与社会的关系。

第二节　马克思恩格斯有机体理论的
空间维度及其生态意蕴

唯物史观是马克思的两个伟大发现之一，是阐释人类社会发展一般规律的理论。马克思恩格斯的社会有机体理论是历史唯物主义的重要组成部分，是从总体上理解社会结构和发展趋向的重要理论工具，为科学阐释人与人、人与自然以及自然与社会之间的关系提供理论依据。所谓"有机性"主要是指社会是活的机体，不是社会要素的机械结合，具有韧性、弹性和适应性，当面对动荡冲击时能够自我调节、自我更新、自我修复。人类社会的有机性必然通过共时性、历时性联系展现出来，展现为空间层面的协调性、融合性和时间上的延续性、发展性。空间不是历史的可有可无的维度，"某些社会较之其他社会似乎在空间秩序方面着力甚少，它们满足于随机性的或近似随机的布局"①。马克思恩格斯在继承前人成果的基础上，将社会和国家等看作一个有机体，并运用有机思维阐释部门、地区、民族、国家的复杂关联。1842年，马克思在《评奥格斯堡〈总汇报〉第 335 号和第 336 号论普鲁士等级委员会的文章》中阐述了"国家生活的有机体"的范畴和特征。1867 年，马克思在《资本论》第一版序言中提到，"现在的社会不是坚实的结晶体，而是一个能够变化并且经常处于变化过程中的有机体"②。关于社会有机体时间维度的研究已经汗牛充栋，但不足以概括人类社会的整体面貌。相比之下，关于社会有机体空间维度的研究却还处于初步阶段，在一定程度上限制了对重大问题、复杂问题的系统剖析。随着社会有机体日益扩大膨胀，自然与社会的

---

① 〔英〕比尔·希利尔、〔英〕朱利安妮·汉森：《空间的社会逻辑》，杨滔等译，北京：中国建筑工业出版社，2019，第 48 页。
② 《马克思恩格斯文集》第 5 卷，北京：人民出版社，2009，第 10、13 页。

交互过程也越来越复杂难控，并引发各种生态问题累积叠加。人与人、人与自然以及自然与社会之间是彼此牵扯、协同演进的，要理解其内在的空间逻辑和所涉及的空间情境，必须先厘清马克思恩格斯的社会有机体概念和核心内容，以形成有效的解决思路和研究方法。

一　社会有机体的概念及其生态意蕴

社会有机体是历史唯物主义的基本概念，具有丰富而独特的内涵，具体包括以下内容。

首先，马克思恩格斯认为社会有机体是以社会为主体的聚合体。马克思恩格斯以社会有机体为历史唯物主义的核心概念，以"社会主体"为本位，侧重从整体上把握人类社会发展，强调依靠多主体相互作用形成历史合力。在《1857—1858年经济学手稿》中，马克思写道，"社会既是这一巨大的总过程的主体，也是这一总过程的结果"[①]。值得说明的是，社会有机体不是单个人的数量集合，是人们在认识自然、改造自然过程中所形成的具有错综复杂关系的联合体。"在马克思的历史唯物主义学说中，社会主体始终是个体主体的基础。也就是说，撇开社会主体或社会生产关系，根本不可能对个人的现状、本质和特征做出合理的说明。"[②] 社会性是人的本质属性，也是人的优势所在，以社会为本位，也就是强调人民群众的主体地位，而不是夸大某个人或某个杰出人物的意志和力量。社会由个体组成，也会对个体产生重大影响。个体只有在"联合体"中，才有可能超越孤立、分散的个体力量的局限性。马克思在《〈黑格尔法哲学批判〉导言》中指出："批判的武器当然不能代替武器的批判，物质力量只能用物质力量来摧毁；但是理论一经掌握群众，也会变成物质力量。"[③] 也就是说，历史活动是群众的活动，人民群众中蕴藏着强大的智慧和力量。尽管社会有机体集结了个体的目的意识，但是不同个体的参与意识、着力方向和作用形式是多种多样的，由此形成的历史

---

① 《马克思恩格斯全集》第31卷，北京：人民出版社，1998，第112~113页。
② 俞吾金：《马克思的社会主体论探要》，《复旦学报》（社会科学版）2005年第5期。
③ 《马克思恩格斯文集》第1卷，北京：人民出版社，2009，第11页。

合力既有合作力也有竞争力，既有协同力也有排斥力。

其次，马克思恩格斯认为社会有机体是关于人与人、人与自然以及自然与社会之间关系的总体性范畴。在《哲学的贫困》中，马克思明确提出了社会有机体是由多种社会要素相互联系、相互依存构成的统一体，是囊括社会生活各方面、各过程的总体性范畴，"单凭运动、顺序和时间的唯一逻辑公式怎能向我们说明一切关系在其中同时存在而又互相依存的社会机体呢?"① 马克思以社会有机体隐喻人类社会的组织结构和运行机制的复杂性、关联性、现实性，批判了蒲鲁东想"炮制"黑格尔的做法，揭示其从原理、范畴和抽象的思想出发理解社会关系的局限性。社会不是分散的结构，各构成要素之间相互依存、相互协调，具有高度的相关性、有序性。马克思以"社会"为中心词，突出人的自觉能动性，强调物质生产方式的决定性作用，聚焦人类社会的演进规律和发展过程。如果因此就将社会有机体等同于纯粹的社会因素和社会关系，否认概念本身的复合型维度和综合性视野，那就会曲解马克思的"社会有机体"概念。在《德意志意识形态》中，马克思恩格斯比较明确地阐述了历史唯物主义的基本原理，建构了唯物史观比较完备的理论形态。在论述生产力相关理论的过程中，马克思恩格斯明确提到，"到现在为止，我们主要只是考察了人类活动的一个方面——人改造自然。另一方面，是人改造人"②。整个篇章结构中虽然较少涉及对人与自然关系的描述，但是这一基本维度是蕴藏在生产力的构成当中的。简而言之，社会有机体是一个综合性、总体性范畴，涵盖人与人、人与自然以及自然与社会之间的复杂互动机制，在时间上呈现为动态演进、自我更新的发展过程，在空间上展现出嬗变拓展、重构重塑的发展趋向。

再次，马克思恩格斯认为社会有机体是复杂空间结构的统一体。在《反杜林论》中，恩格斯将认识领域分成三大类进行考察，认为在非生物界存在各种未知的现象和领域，数学、天文学、物理学和化学等学科的原理都有限

---

① 《马克思恩格斯文集》第 1 卷，北京：人民出版社，2009，第 604 页。
② 《马克思恩格斯文集》第 1 卷，北京：人民出版社，2009，第 540 页。

定的适用范围；活的有机体领域始终交织着"错综复杂的相互关系和因果联系"①。每一个环节的变化都可能带来新的连锁效应，而历史研究的主要任务是揭示隐藏在复杂现象背后的规律。反观杜林，他主张从原则出发，将复杂事物简化为抽象的、单一的要素，将特定疆域、特定时代的普鲁士制度等同于普遍制度，追求超阶级的平等和正义，只能彰显其狂妄与傲慢。事实上，道德和法必定与具体历史条件下的阶级斗争状况、经济形态相联系，而杜林所幻想的地平线"就是旧普鲁士东部六省的疆界，至多还包括德国的其他几小块施行高贵的普鲁士邦法的地方"②。恩格斯在批判杜林的过程中，间接表达了对空间结构的认识，主张从具体历史的现实出发，在更广阔的视野下把握内部自然和外部自然，然后才能更好地讨论上层建筑层面的问题。也就是说，无论是经济基础还是上层建筑都是特定空间视阈内的产物，必须围绕具体的联系考察空间结构。马克思认为："具体之所以具体，因为它是许多规定的综合，因而是多样性的统一。"③人类社会的组织形式和运行机制日益复杂、丰富，正是多种力量和因素相互作用的结果。随着社会分工日益专业化、精细化，社会有机体在功能结构、规模体系等方面趋向复杂，各构成要素和基本环节之间的相互依赖性不断增强。从量变到质变，城乡、区域、民族、国家之间呈现集聚、分化、整合并存的态势，社会有机体的空间结构日益丰富化、多样化。

最后，马克思恩格斯认为社会有机体是在物质生产方式基础上生成的动态自组织系统。人类社会是一个动态、有活力的有机体，这在很大程度上取决于社会有机体的内部构成及其相互作用的关系形式。马克思在《1857—1858年经济学手稿》中提到："有机体制本身作为一个总体有自己的各种前提，而它向总体的发展过程就在于：使社会的一切要素从属于自己，或者把自己还缺乏的器官从社会中创造出来。有机体制在历史上就是这样生成为总

---

① 《马克思恩格斯文集》第9卷，北京：人民出版社，2009，第93页。
② 《马克思恩格斯文集》第9卷，北京：人民出版社，2009，第119页。
③ 《马克思恩格斯文集》第8卷，北京：人民出版社，2009，第25页。

体的。生成为这种总体是它的过程即它的发展的一个要素。"① 从出场语境看，有机体的"前提"主要是指以往的生产方式，而不是指单一的自然前提。"使社会的一切要素从属于自己"是指有机体的自我更新能力，强调部分从属于整体，旧的要素从属于新的有机体，无论新旧要素只有在整体中才能具有相应的机能。这里强调资本主义生产体系是在扬弃以往生产体系的基础上产生的，与马克思恩格斯所提到的东方从属于西方、资本主义社会的暂时性等思想都是一致的。也有学者指出，马克思之所以强调社会有机体是整体，理由是所有的种种因素都从属于社会②。孙承叔等据此进一步指出，"所有的种种因素都从属于社会"是社会有机体能扬弃自然前提的根本原因，据此得出自然从属于社会的结论。③ 事实上，这个解读并不充分，容易产生忽视或否定自然作用的倾向。社会有机体经常处于变化发展过程中，能够自我更新、自我修复，在不同阶段呈现不同的特征。1859 年，马克思在《〈政治经济学批判〉序言》中系统阐述了生产力和生产关系的矛盾运动和演变规律：当生产力挣脱生产关系的桎梏之时，整个社会有机体都焕发出活力，"那时社会革命的时代就到来了"。④ 不能因为伦敦、曼彻斯特的繁华，而忘了自然界是社会有机体的生成起点和生成条件，否则就会犯和费尔巴哈一样的错误。

社会有机体经历了从简单到复杂、从低级到高级的发展过程。当动物演化到高级阶段，能够将自我与外部世界区分开来时，历史继承了进化论，生物学将领域让给了人类哲学。⑤ 对于有机社会来说，"生命性"的联系是最基本的联系，展示了存在与非存在、自我与世界、形式与物质以及自由与必然等联系。社会有机体是有机体进化的高级阶段，具有类"生命性"，以物质资料生产方式为基础，通过内外交互活动实现更新与延续。在生产关系一

---

① 《马克思恩格斯全集》第 30 卷，北京：人民出版社，1995，第 237 页。

② 参见韩安贵《马克思历史观的价值内涵》，广州：广东人民出版社，2001，第 385 页。

③ 参见孙承叔、王东《论马克思社会有机体学说的理论地位》，《学术月刊》1986 年第 8 期。

④ 《马克思恩格斯文集》第 2 卷，北京：人民出版社，2009，第 597 页。

⑤ 参见 Hans Jonas, *The Phenomenon of Life: Toward a Philosophical Biology*, Evanston：Northwestern University Press, 2001, pp. 186-187。

定要适应生产力状况、上层建筑一定要适应经济基础状况的基本规律的作用下，社会有机体不断生长出新的细胞和组织。在人与自然的交互作用中，社会有机体不断分化和整合，涌现出新的子系统，形成不同的空间结构。马克思将"共同体"作为考察社会有机体历史变迁的重要线索，以此阐释社会主体的具体联结方式。社会共同体是现实的个体基于利益、价值、目标的冲突和协调聚合而成，是人的基本存在方式。恩格斯在《家庭、私有制和国家的起源》一书中，考察了氏族、部落、民族、国家等社会组织的演进历程。马克思从社会形态的角度阐述了自然共同体—虚假共同体—真正共同体的演进逻辑，强调每个共同体都有生成和发展的具体土壤和条件。在马克思看来，社会关系的发展植根于物质生产过程，呈现阶段性特征。[①] 自然共同体是以血缘关系为纽带缔结的共同体，部落、氏族等都是自然共同体的表现形式。原始社会生产力的水平比较低，人依附自然而活，只能联合起来共同捕猎、共享生活资料、共同抵御风险，进而争取更多的生存机会。彼时人与自然之间的关系是物我不分、混为一体的，原始部族零散分布在世界的各个角落，形成离散式的空间格局。到了奴隶社会、封建社会，人类适应自然界的能力有所增强，涌现出很多新形式的自然共同体。总体而言，主客体交互活动仍然在低水平上进行，尽管人口不断增长，城邑城邦有所扩大，但是人类的活动能力和活动规模并未超出自然界的承载力。马克思在《政治经济学批判（1857—1858 年手稿）》中，专门考察了亚细亚共同体、古典古代共同体和日耳曼共同体等形式。工业革命以后，社会交往在前所未有的规模下或范围内展开，普遍而片面的社会关系网络逐渐形成。马克思将资本主义共同体称为"虚幻的共同体"，虚幻是因为此共同体以资本主义雇佣劳动制度为基础，并不代表全体社会成员的共同利益。人类以征服者的姿态沾沾自喜，以空前的规模和深度改造自然界，各种超大城市拔地而起，犹如成长在自然界的巨大斑块，方枘圆凿不能相合。真正的共同体是指共产主义社会的自由人联合体，以阶级差别和其他重大社会差别的消失为鲜明特征，届时每个人

---

① 参见《马克思恩格斯文集》第 1 卷，北京：人民出版社，2009，第 724 页。

的利益都能得到充分尊重和满足，每个人的能力都能得到充分释放和发展。人与自然之间将形成和睦融洽、共生共荣的关系，尊重自然、顺应自然和保护自然的理念将更加深入人心，经济社会布局与自然界将实现真正的融合统一。

二 有机体理论的空间图景及其生态意蕴

值得注意的是，这里提到的空间不是单纯的物理意义上的结构形式，而是类似于生命体的骨骼形式。生命体的空间结构形式高度复杂、严谨有序、多元开放，能够自我复制、自我更新、自我调控。社会就像生命体一样，处于动态发展过程中。在资本逻辑的主导下，整个社会的空间格局按照机械化、原子化的状态运转，社会有机体的"活性"特质被扼杀，人与自然关系趋向全面异化。马克思恩格斯始终坚持以总体性、革命性、辩证性的原则和方法考察社会有机体的运行机制，其关于有机体空间结构的认识内含革命性的规定。仅将马克思恩格斯生态思想中的空间向度归结为土地、地理环境等形式显然是不够的。全面考察生态系统的复杂运行机制，必须以马克思恩格斯的有机体理论为基础，批判地吸收人文地理学、城市社会学、空间哲学等领域的最新理论成果，尊重空间的能动性和革命性，科学把握空间要素、空间规模、空间结构、空间运动形式等在人与自然关系中的作用机制，以调整空间布局，优化空间秩序，健全空间治理机制，完善空间功能，进而促进现代生态难题的有效解决。

从古至今，人类社会经历了从低级到高级、从简单到复杂的发展历程，其内部所辐射的自然关系、社会关系呈现多层次、多向度的发展样式。马克思以有机体理论为分析工具阐释人类社会的复杂构成及其内部的多样联系，有力地驳斥了单一性、线性、碎片化的思维方式，充分说明了人类社会的整体性、复杂性和协同性特征。他在《哲学的贫困》中指出："如果我们逐步抽掉构成某座房屋个性的一切……把这一物体的界限也抽去，结果就只有空间了……如果我们继续用这种方法抽去每一个主体的一切有生命的或无生命的所谓偶性，人或物，我们就有理由说，在最后的抽象中，作为实体的将只是一些逻辑范畴。"① 空间具有共时性，与物质、权力、文化等其他的东西是结合在一起的。在这里，马克思以房屋的材料和特有的形式隐喻社会有机体内部的各种现实联系，以有生命的或无生命的人或物概括自然与社会的各种有机物和无机物，并明确将空间作为社会有机体的基本向度，一定意义上映射了空间结构的有机性。"空间结构无疑可能拥有'生产关系和阶级关系的根源'，但是空间还有大量其他可能的——自然的和社会的——构成要素。"② 然而，我们既不能把空间结构还原为自然构成要素，也不能把空间结构还原为社会构成要素。马克思已经考虑到空间尺度对人与人、人与自然以及自然与社会之间关系的深刻影响，但是也有学者将马克思的历史观归结为历史决定论而掩盖其内在的空间向度，这是对马克思恩格斯有机体理论的误读与曲解。考察马克思的社会有机体范畴及其相关理论可以发现，各部门、各要素、各环节的空间分布和地域流动对人与人、人与自然以及自然与社会的交互过程具有重要影响，关乎社会有机体的演进和发展历程。也就是说，马克思关于社会有机体空间结构的阐发蕴含着丰富的生态旨趣，具体包括以下几个方面。

其一，社会有机体的发展过程是突破地域局限性的过程。纵览人类社会的发展历史，社会有机体在空间维度的演进主要体现在两个方面：一是社会有机体在空间规模和活动范围上的扩大，具体是指物理-地理层面的空间调整，谓之外延式空间扩张；二是社会有机体内部空间结构和空间布局的调整，具体是指经济-社会领域的空间调整，谓之内涵式的空间演进。一般来说，生产力和生产关系、经济基础和上层建筑在共时性结构上的调整，如工业布局、城乡结构、区域结构等的调整都属于内涵式的空间演进。在工业社会以前，外延式空间扩张是社会有机体演进的主要形式。从氏族、部落、部落联盟到国家，领地规模不断扩大，血缘共同体逐步向地缘共同体演进。马克思在《路易斯·亨·摩尔根〈古代社会〉一书摘要》中写道："在氏族组织的要素中存在着一

① 《马克思恩格斯文集》第1卷，北京：人民出版社，2009，第599~600页。
② 〔英〕德雷克·格利高里、约翰·厄里编《社会关系与空间结构》，谢礼圣、吕增奎等译，北京：北京师范大学出版社，2011，第60页。

种不断分离的倾向……在地域上——在空间上——的分离，随着时间的推移就会导致语言差别的出现；这就会引起利害关系的不一致，终于各自独立。"①利益分化和空间分化相伴而生，对自然地理环境和资源的占有从属于政治管控，伴随着社会组织边界不断向自然生态系统边界延伸，人与人之间的关系对人与自然之间关系的影响日益增强。其间，人们习惯于在特定的地域、民族、部落、国家范围内生活，交往、合作只能在有限的范围内偶然地开展，在分散生产力的辖制之下产生了地域的局限性。工业社会以后，粗放式的空间扩张遭遇瓶颈，内涵式的空间演进成为社会有机体发展的主要形式。随着生产力的发展和活动范围的扩大，分散、封闭的自然区域逐渐被打破，空间格局从分散走向集中，区域历史走向世界历史。同时，社会分工和国际分工不断深化，地区之间、国家之间的交往、合作日益频繁，交往的领域也日益深化。"只有这样，单个人才能摆脱种种民族局限和地域局限而同整个世界的生产（也同精神的生产）发生实际联系，才能获得利用全球的这种全面的生产（人们的创造）的能力。"② 新的协作形式释放了巨大的生产力，推动人类认识自然、改造自然能力的提升，推动人类对自然界影响规模或影响范围的扩大。在私有制条件下，人类改造自然能力的快速提升推动了欲望的不断膨胀，冲淡了人们对自然界的敬畏之心。人们习惯于更多地关注自身行为活动所产生的切近影响，而轻视或忽略地球生态系统的深层联系，肆意侵扰自然生态系统的边界和底线。

然而，最初的地域局限性消失之后，又会产生新的地域局限性。在传统的占领模式下，资本红利逐渐消退，过剩资本的堆积引发了一系列负面效应。不过，即使新的复杂的不平衡结构在不断涌现，区域不平衡发展始终是超额利润生成和榨取不可忽略的重要基础。③ 大卫·哈维沿着马克思的分析方法，阐述了资本逻辑和领土逻辑的辩证关系，批判了资本主义不平衡地理

---

① 《马克思恩格斯全集》第 45 卷，北京：人民出版社，1985，第 426 页。
② 《马克思恩格斯文集》第 1 卷，北京：人民出版社，2009，第 541~542 页。
③ 参见〔美〕爱德华·W. 苏贾《后现代地理学——重申批判社会理论中的空间》，王文斌译，北京：商务印书馆，2004，第 255 页。

发展的生态后果。杰森·摩尔则指出，逐利资本总是不断开辟新的边疆以获取廉价的资源和劳动力，进而引发生态危机。"边疆之所以为边疆，那是因为边疆是资本和自然界（包括人类）所有种类汇集的区域。"① 社会有机体内部各种要素及其相互联系都是以空间和时间向量的形式存在，从空间视角理解社会有机体的运行并不是要否定社会有机体的运行规律，而是为了考察空间存在形式和运行机制如何影响人类社会的发展过程，从而更准确地理解人类生活的现实世界的本来面貌，科学把握人类社会的发展趋向。

其二，自然空间在社会有机体演进和发展中的基础性作用是持续存在的。马克思认为，在人类社会产生以前，自然界具有优先性地位；在人类社会产生以后，"外部自然界的优先地位仍然会保持着"②，自然界仍然存在人类无法企及的部分。自然界是人的栖息之所，是人类生存和发展的前提和基础。抽象的或与人类分离的自然界对人类没有任何意义，人类世界是在人类实践基础上形成的人化自然和人类社会的统一体。但是，很多学者只承认天然自然的优先性地位，认为人类社会产生以后，自然界处于逐渐消退的境遇。列斐伏尔在《空间的生产》中指出："从今天看上去，自然仅仅是各种社会体系的生产力用来构筑它们特有的各种空间的原材料。不错，自然在抵抗，其纵深无限，但它已经被打败了，现在唯有等待它最终的空缺与毁灭。"③ 事实上，在马克思恩格斯看来，自然界的基础性作用是始终存在的，自然空间是人与人、人与自然以及自然与社会交互作用的摇篮。任何社会要正常运转，都必须与自然界保持物质和能量方面的交换。在《资本论》中，马克思的研究主题是资本主义生产方式，所以没有过多阐释自然界的地位和作用，但不能因此否认马克思对处理人与自然关系的科学态度。

自然空间的基础性作用贯穿社会有机体生成和发展的始终。人以什么样

---

① 〔美〕拉杰·帕特尔、〔美〕詹森·W. 摩尔：《廉价的代价：资本主义、自然与星球的未来》，吴文忠等译，北京：中信出版集团，2018，第18页。

② 《马克思恩格斯文集》第1卷，北京：人民出版社，2009，第529页。

③ 〔法〕亨利·列斐伏尔：《空间的生产》，刘怀玉等译，北京：商务印书馆，2022，第47页。

的方式改造自然界，自然界就以什么样的方式回馈人类。自然界会通过自然力等形式对人类的生产方式、生活方式和思维方式产生非常重要的影响，参与社会有机体的演进历程。无论社会多么发达，都不可能脱离自然界，始终要受自然规律的制约。每个家庭、社区、区域、民族、国家都有自己的领地，占有相对稳定的自然地理环境。自然空间是人类社会生存和发展的载体，不仅为人类生产和生活提供资料和对象，而且为人类活动的开展提供场所或空间。"地质条件、山岳水文地理条件、气候条件以及其他条件"构成社会有机体生成和发展的自然基础。[1]"全部人类历史的第一个前提无疑是有生命的个人的存在。因此，第一个需要确认的事实就是这些个人的肉体组织以及由此产生的个人对其他自然的关系。"[2] 在这里，马克思恩格斯重点论述的是生产逻辑和生产形式，其所提到的自然条件虽然不是论述重点，却是作为社会有机体形成和发展的应然条件而存在。自然界是社会有机体的基础性要素，如果没有自然界，人类活动根本无法进行。马克思恩格斯的逻辑体系中始终贯穿着人、自然、社会辩证统一的基本原则，这也是处理现代生态问题应该坚持的基本原则。社会有机体并不是凭空产生的，归根结底依赖自然空间的生成和发展。值得一提的是，自然空间的基础性地位绝不局限于起点环节，而是贯穿社会有机体演进发展的全过程。自然界是非常重要的影响因子，不仅关乎先天资源禀赋，而且关乎后续发展的质和量。正是因为社会有机体与自然空间之间持续的物质能量变换，社会有机体的延续发展才有可持续的支撑。基于社会有机体与自然有机体的持续性关联，我们必须在社会有机体与自然有机体互动关联的整体视野下把握社会有机体的概念范畴和运行逻辑。

不过，在特定的历史条件下，自然与社会交互作用的形式和结果是存在差异的。自然地理环境和自然条件是人类文明起源的重要因子，是文明多样性形成的自然基础。在前资本主义社会，生产力水平还很低，人对自然界的改造能力和改造水平非常有限，生产资料和生活资料在很大程度上依赖自然

---

[1] 参见《马克思恩格斯文集》第 1 卷，北京：人民出版社，2009，第 519 页。
[2] 《马克思恩格斯文集》第 1 卷，北京：人民出版社，2009，第 519 页。

空间的天然供给。回顾历史，早期文明大多起源于热带和亚热带气候之下的大河流域，主要是因为这些地域土壤肥沃、水源丰富，即生活资料的获取更加便利。自然空间及其内部资源要素形成天然界限，当人口数量超过自然资源的承载力，人的衣食住行便无法正常进行，人类就要改进生产技术以及不断迁徙。"结论是：耕作如果自发地进行，而不是有意识地加以控制（他作为资产者当然想不到这一点），接踵而来的就是土地荒芜，象波斯、美索不达米亚等地以及希腊那样。"① 工业革命以后，人类物质生产能力异常强大，并以空前的规模和力度影响自然，创造了璀璨的物质文明。恩格斯在《自然辩证法》中深刻阐述了自然界的报复性回响，认为以力量压制为基础的发展往往是不稳定的。机遇与风险并存、胜利与报复相伴，人类文明的进步可能潜藏着自然界的强烈抵制。很多人工聚合物非常稳定，不易降解，无法有效纳入自然界的新陈代谢过程，使自然生态系统存在熵增现象。人口的增加、城市的快速膨胀不断蚕食林地、草原，挤占野生动物的栖息地，导致人与自然之间的矛盾冲突日益尖锐。人类只能认识规律、适应规律、利用规律，不能改变规律，自然界总是以其特有的方式参与社会有机体的演进，并以一定力度给人类以反馈。

其三，自然空间的差异性是影响文明产生和演进的重要因素。和实生物，同则不继。社会的差异性起源于自然的差异性，差异性的存在构成社会有机体存在、运动、发展和演化的前提和动力。在私有制和社会分工的共同作用下，无论是生理上的差异性，还是与人类活动相关的自然条件的差异性，都有可能转变为社会有机体内部的不平等现象。卢梭认为人类社会存在两种不平等："一种是自然或生理上的不平等，它是由自然造成的，在年龄、体质、体力、智力以及心灵等方面都有明显体现；另一种是精神或政治上的不平等，这种不平等的产生依赖于被人们同意或认可的习俗，精神或政治上的不平等表现为一些人通过损害他人利益来获得种种特权。"② 卢梭的思想对

---

① 《马克思恩格斯全集》第 32 卷，北京：人民出版社，1974，第 53 页。
② 〔法〕让-雅克·卢梭：《论人类不平等的起源和基础》，郭佳利译，西安：陕西师范大学出版总社，2023，第 20 页。

马克思恩格斯产生重要影响，不过卢梭的不平等思想是建立在抽象的人性论基础上的。马克思恩格斯在批判继承卢梭不平等思想的基础上，深刻论述了阶级对立和分化与社会不平等现象之间的内在关联。"文明每前进一步，不平等也同时前进一步。随着文明而产生的社会为自己所建立的一切机构，都转变为它们原来的目的的反面。"① 在异化劳动和强制性社会分工的持续作用下，自然的差异性不断地转化为财富的不平等、机会的不平等，而且这种现象被不断放大强化。

综合东西方历史的发展脉络，独特的地理环境和自然条件起着至关重要的作用。地球是人类的摇篮，是各民族共同的家园。恩格斯在《家庭、私有制和国家的起源》中指出："由于自然条件的这种差异，两个半球上的居民，从此以后，便各自循着自己独特的道路发展，而表示各个阶段的界标在两个半球也就各不相同了。"② 具体而言，古希腊的农业生产条件非常恶劣，山脉纵横，缺乏广阔的平原，但是航海和海外贸易的条件得天独厚，商业贸易很快繁荣起来，因而成为海洋文明的发源地。中国之所以成为大陆文明的典型代表，在很大程度上是因为具有广阔的平原、肥沃的土地、气候温和，适于农业耕种。一个民族得以立足的生态前提不仅是一个位置，"而且是对地球局部生态改造的具体做法：流域的走向、山脉的分布、土壤的培植、栖息于生态区的生物都被当作一个社区的有机底层"③。在自然差异和社会有机体相互作用的叠加和叠减效应下，东西方国家形成了不同的社会和政治体制。可见，每个地区的自然条件关乎这个区域的经济形态包括物质积累，影响着经济活动的发展方向。在前资本主义社会，不同地区、民族、国家之间的交往较少，东西方文明之间的差异较大，很长时间都是在相对平行的状态下发展。

随着资本主义政治制度在世界范围内的拓展，各民族、各地区之间的交

---

① 《马克思恩格斯文集》第9卷，北京：人民出版社，2009，第147页。
② 《马克思恩格斯文集》第4卷，北京：人民出版社，2009，第35页。
③ 〔美〕乔尔·科威尔：《自然的敌人：资本主义的终结还是世界的毁灭？》，杨燕飞、冯春涌译，北京：中国人民大学出版社，2015，第154页。

往范围不断扩大、交往活动更加频繁，自然空间的差异性转化为社会层面的不平衡发展问题。马克思在《资本论》中写道："资本的祖国不是草木繁茂的热带，而是温带。不是土壤的绝对肥力，而是它的差异性和它的自然产品的多样性，形成社会分工的自然基础，并且通过人所处的自然环境的变化，促使他们自己的需要、能力、劳动资料和劳动方式趋于多样化。"[①] 究其症结，货币转化为资本的决定性条件是劳动力转化为商品，而劳动者一无所有是劳动力成为商品的必要条件。一般情况下，热带地区物产丰富，劳动者缺乏出卖劳动力的充分动机；寒带地区物产匮乏，不利于剩余价值的生产和积累。相比之下，温带地区的自然环境更容易激发劳动者的积极性和创造性，更有助于促进自然资源利用效率抑或劳动生产效率的提高，进而推动财富的快速积累。差异性和多样性驱使资源和劳动力的流动，促进商品生产和商品交换频繁发生。在资本逻辑的辖制之下，自然领域的差异分工演化为不平等的社会分工。西方发达资本主义国家凭借不平等、不合理的分工和交换体系，掌控市场规则和生产链的核心环节，肆意掠夺自然资源和劳动力。可见，自然空间的差异性不仅在人类文明的起源阶段发挥作用，而且是现代文明演进所不能忽视的重要因素。

第三节　有机体理论之于生态文明建设的空间方法论意义

有机体理论是贯穿整个唯物史观的理论线索，其中关于社会内部要素、结构及其相互关系的空间层面的分析包含着解决生态环境问题的重要方法。列宁曾说，"马克思和恩格斯称之为辩证方法（它与形而上学方法相反）的，不是别的，正是社会学中的科学方法，这个方法把社会看做处在不断发展中的活的机体（而不是机械地结合起来因而可以把各种社会要素随便配搭起来的一种什么东西）"[②]。世界观决定着方法论，要走出孤立、静止、片面的线性思维误区，必须遵循有机体理论所内含的前瞻性原则。有机体之

[①] 《马克思恩格斯文集》第 5 卷，北京：人民出版社，2009，第 587 页。
[②] 《列宁专题文集 论辩证唯物主义和历史唯物主义》，北京：人民出版社，2009，第 185 页。

"有机"规定性，涵盖横向和纵向双重维度的"有机性"。我们之所以从空间维度探究身体有机体和社会有机体，主要是为了统筹考量有机体内部结构和外部形式之间的复杂性、动态性和整体性联系，力求按照总体性的方法把握有机体的运行规律和发展趋向。马克思恩格斯的有机体理论坚持总体性的方法，注重从个体的有机角色和社会的自组织性、再生性出发分析人类社会的发展过程，为破解现代生态难题提供科学思路。具体来说，马克思恩格斯的总体性方法主要包括主体总体性、过程总体性和空间结构总体性等向度。根据马克思恩格斯的有机体理论，注重考量空间结构的整体性、动态性、复杂性，是统筹人与人、人与自然以及自然与社会关系的内在要求。

一　坚持主体总体性与人的本质力量生态化的统一

马克思恩格斯探究身体有机体和社会有机体的出发点都是现实中的人，从现实人的实践活动来考量人与人、人与自然以及自然与社会的联系，并在空间维度剖析阶层、领域、区域、部门等方面的关系。人既是社会历史的"剧作者"，也是社会历史的"剧中人"。恩格斯在 1894 年 1 月 25 日致瓦尔特·博尔吉乌斯的信中写道，在人类社会发展过程中，经济不是自动自发地起作用，"而是人们自己创造自己的历史，但他们是在既定的、制约着他们的环境中，是在现有的现实关系的基础上进行创造的"[①]。社会历史是人们有意识、有目的活动的结果，社会历史发展是客观的、不以人的意志为转移的，社会历史发展过程是合规律性与合目的性的统一。人是社会有机体的细胞，处于不同时空下的人通过分化、联合形成社会有机体的器官、组织、骨骼等，围绕人的本质、人的价值、人的发展生成经济、政治、文化、社会、生态等社会结构形式。[②]"凡是有某种关系存在的地方，这种关系都是为我而存在的。"[③] 任何一个方面的缺失都不足以概括人的总体性，但是在当前历史

---

① 《马克思恩格斯文集》第 10 卷，北京：人民出版社，2009，第 668 页。
② 参见周志山《马克思社会有机体理论的和谐社会意蕴》，《理论探讨》2007 年第 5 期。
③ 《马克思恩格斯文集》第 1 卷，北京：人民出版社，2009，第 533 页。

条件下过分强调人的社会属性、物质需要的情况还是比较突出的。这种现象的本质是否定人与自然的内在统一，容易造成人与自然的分离和对立。马克思恩格斯的有机体理论科学阐释了人的生活方面的内容，启示我们坚持总体性的方法理解人的主体性本质、主体性结构和主体性构成，理解人的生态意蕴。

首先，明确人类承担生态责任的主体地位。人的本质力量是人的本质的具体体现，是人与自然万物相区别的内在规定性。人是自然、社会和精神的统一体，人与人、人与自然以及自然与社会之间的关系分别从不同方面诠释着人的本质、价值和发展，体现人的多层次规定性。其中，人的自然属性是指人的肉体存在及其特性，如吃、喝、情欲等；人的精神属性是指人是有意识的存在物，具有思想观念、逻辑思维；人的社会属性是指人在社会生活方面的特征，如阶级性、服从性、利他性。人的自然属性、精神属性和社会属性相互影响、相互制约，统一于人的实践活动中。空间相应地也可以被划分为生物空间、文化空间和社会空间。[①] 在《关于费尔巴哈的提纲》中，马克思指出，"人的本质不是单个人所固有的抽象物，在其现实性上，它是一切社会关系的总和"[②]。很多学者以此段论述为依据，过度推崇人的社会属性，而忽视其他维度的规定性及相互作用。人与自然的关系本质上是人与人的关系，但是不能因此将人与自然的关系等同于人与人的关系，否则学科分类就没有了意义，更不用说特定领域研究对象和具体研究任务的差异。"工业是自然界对人，因而也是自然科学对人的现实的历史关系。因此，如果把工业看成人的本质力量的公开的展示，那么自然界的人的本质，或者人的自然的本质，也就可以理解了。"[③] 人和动物都依靠自然界生存，人作为动物的本能在社会实践活动中升级为人的属性，因此人类具有更广泛的适应性。

人的自然属性是人与其他动物的相通相似之处，也是人类超越自然万物

---

① 参见冯雷《理解空间：20世纪空间观念的激变》，北京：中央编译出版社，2017，第130页。
② 《马克思恩格斯文集》第1卷，北京：人民出版社，2009，第505页。
③ 《马克思恩格斯文集》第1卷，北京：人民出版社，2009，第193页。

的起点，表征着人与自然界或生物体系的密切联系。人是有生命的自然存在物，必然具有类似于动物的自然欲求。"人的感觉、感觉的人性，都是由于它的对象的存在，由于人化的自然界，才产生出来的。"① 当然，人在自然界中成长为人，人的动物机能也就成了人之为人的机能。动物只能通过猎食自然物来维系生存，而人类不仅能够控制活动区域，而且逐步掌握了驭火技术、烹饪技术、种植技术、加工技术，能够对整个地球产生广泛影响。随着生产力水平的提高，虽然人类不能达到绝对控制食物的程度，但是人类进行食物生产和食物分配的能力却是其他动物不能比拟的。对动物而言，生命的维持、种群的繁衍是本能行为，"动物和自己的生命活动是直接同一的"②；对人类而言，生产是全面的，是人有意识有目的的自主控制行为。动物只能消极地被动地适应环境，而人类可以根据自然环境的承载力，有计划地调节自我生产的速度、结构、比例。这样，"无论是通过劳动而生产自己的生命，还是通过生育而生产他人的生命，就立即表现为双重关系：一方面是自然关系，另一方面是社会关系"③。就是说，人类和动物一样有自然需求、自然本能，当然这些自然属性已经远远超出动物与自然界的交流层次，甚至人与自然的某些关系直接就是人与人的关系，表征人类的普遍性、全面性、自由性。

人的本质力量是能力与责任的统一，应当承担与自身能力相称的生态责任。人的本质力量是人在改造自然和改造社会的实践活动中所具有的强大能力，如物质生产能力、精神创作能力以及语言抽象能力等。在社会发展的不同历史阶段，社会生产力的发展状况不同，人类改造自然的方式和规模都不一样，在不同规模、不同层次上塑造着地球的空间样态。就现有历史来看，改造能力越大，破坏能力也可能越大。马克思恩格斯曾一方面积极肯定人的本质力量的独特性和超越性，尤其是重点评估了资本主义社会所创造的强大生产力；另一方面深刻批判了资本主义生产方式对自然环境所带来的破坏性

---

① 《马克思恩格斯文集》第 1 卷，北京：人民出版社，2009，第 191 页。
② 《马克思恩格斯文集》第 1 卷，北京：人民出版社，2009，第 162 页。
③ 《马克思恩格斯文集》第 1 卷，北京：人民出版社，2009，第 532 页。

影响。恩格斯在 1892 年致尼古拉·弗兰策维奇·丹尼尔逊的信中写道，"地力耗损——如在美国；森林消失——如在英国和法国，目前在德国和美国也是如此；气候改变、江河干涸在俄国大概比其他任何地方都厉害，因为给各大河流提供水源的地带是平原"①。资本主义大工业所导致的生态环境破坏问题已经比较严重和广泛，说明人的本质力量异化的问题也已经相当普遍。值得注意的是，马克思恩格斯既看到人的现实性，又看到人的超越性。在共产主义社会出现以前，人的能力受具体的社会历史条件尤其是受带对抗性质的社会关系的制约，还不能充分地展现出来。随着内在潜力和实践能力逐步释放，人类将不断超越外在必然性的束缚，奔向自由全面发展的新方向。当然，人的能力不断强化，并不意味着人类可以为所欲为，甚至凌驾于自然界之上。"个人的全面发展，只有到了外部世界对个人才能的实际发展所起的推动作用为个人本身所驾驭的时候，才不再是理想、职责等等，这也正是共产主义者所向往的。"② 人与整个生态系统是相互影响、相互制约的关系，人与自然之间不仅是要素与系统的关系，而且是关键性要素与系统的关系。两种定位的着力点是不同的，其中"构成性要素"的定位突出自然界之于人的基础性和包容性，"关键性的构成要素"的定位突出人类群体的独立性与特殊性。片面强调"构成性要素"，容易抹杀人类的主体意识；过于突出"关键性"的定位，则会滋生"主人"式的盲目自大心态。人作为社会实践活动的主体，具备认识自然和改造自然的能力，同时应当且能够承担起保护生态环境的责任。人类可以依据自然界的承载力、自我更新能力，主动调控实践活动的空间结构、空间规模，给自然生态系统留下充分的休养生息的空间。

其次，推动人的需要的生态化转向。人的需要是生命活动的根据，是社会发展的动力。动物不能将自身与自然界区分开来，动物的需要是纯粹生理本能的需要，相对单一稳定。人的需要是人的本质的重要方面，在性质和内容上远超出动物的层次。

---

① 《马克思恩格斯文集》第 10 卷，北京：人民出版社，2009，第 627 页。
② 《马克思恩格斯全集》第 3 卷，北京：人民出版社，1960，第 330 页。

一是人的需要具有多层次性，包括生存需要、享受需要、发展需要等。生存需要是人的最基本的需要，是维持必要生命活动的需要。享受需要是生存需要得到满足以后出现的改善生活的需要。马克思认为，"生产资本的迅速增长，会引起财富、奢侈、社会需要和社会享受同样迅速的增长"①。发展需要是指人们提升和改进体力、智力和修养方面的需要，是个体性、社会性得到充分释放和充分发展的需要。马克思主义所追求的需要是发展需要，是在批判资本主义的基础上提出的。当然，需要层次的提升并不意味着物质财富在数量上一定增加、在规模上一定扩大，并不指向数量泛滥型消费，更不是指向自然环境吞吐量的无限膨胀、能源资源的过度消耗。事实上，马克思所设想的自由王国是以工作日的缩短为根本条件②。也就是说，共产主义社会具有强大的财富创造力，但并不是要随意延长劳动时间和增加劳动强度，而是一再强调"科学性""必要性""正当性"，因此不会造成资源浪费。在《哥达纲领批判》中，马克思指出共产主义社会的分配方式是"各尽所能，按需分配"③。这里的需要是个体全面发展的需要，是内在潜能得到全面释放的需要，而不是奢侈性需要、无关紧要的需要。随着社会的发展和进步，人的主体性能够不断丰富、完善，人对自身和客观对象的认识将不断深入，人的需要层次也将不断提升。低层次的需要得到满足后，还会滋生新的高层次的需要，这种情形反过来不断推动人对自然界的调整和塑造。经过简单到复杂、片面到全面以及低级到高级的发展历程，人的需要、人的发展也将在生产实践中不断升级。人的需要是社会发展的原动力，随着人的需要由低级到高级不断发展，社会结构也将不断完善。"在任何情况下，个人总是'从自己出发的'，但由于从他们彼此不需要发生任何联系这个意义上来说他们不是唯一的，由于他们的需要即他们的本性，以及他们求得满足的方式，把他们联系起来（两性关系、交换、分工），所以他们必然要发生相互关系。"④

---

① 《马克思恩格斯文集》第 1 卷，北京：人民出版社，2009，第 729 页。
② 参见《马克思恩格斯文集》第 7 卷，北京：人民出版社，2009，第 929 页。
③ 《马克思恩格斯文集》第 3 卷，北京：人民出版社，2009，第 436 页。
④ 《马克思恩格斯全集》第 3 卷，北京：人民出版社，1960，第 514 页。

人的需要是与特定历史条件或历史情境紧密联系的，进而能够催生物质生产、科技发展、社会革命和道德进步的可能性和必要性。从古至今，人们不断扩大边界、拓展活动空间，推动城乡、区域乃至世界空间格局的重塑与升级。要从根本上调整人与自然关系的空间格局，必须真正按照人的需要、人的尺度调整生产空间、生活空间和生态空间。

二是人的需要具有多方面内容，涵盖物质需要、精神需要、社会需要、生态需要等。人是自然存在物、社会存在物、精神存在物的统一体，因此人的需求也是多方面的。"富有的人同时就是需要有人的生命表现的完整性的人，在这样的人的身上，他自己的实现作为内在的必然性、作为需要而存在。"① 其中，物质需要是指人们在物质生活方面的需要，如对吃穿住用行的需求；精神需要是指人们在精神生活方面的需要，如对情感、理想的需求；社会需要是指人们在社会生活方面的需要，如对社会交往的需求；生态需要是指人们在生态环境和自然资源方面的需要，如对阳光、空气和水的需求。马克思在《1844 年经济学哲学手稿》中阐述了自然界之于人类社会的重要地位，指出自然是物质、精神乃至生命活动的对象。"从理论领域来说，植物、动物、石头、空气、光等等，一方面作为自然科学的对象，一方面作为艺术的对象，都是人的意识的一部分，是人的精神的无机界，是人必须事先进行加工以便享用和消化的精神食粮；同样，从实践领域来说，这些东西也是人的生活和人的活动的一部分。"② 自然界不仅可以为人类提供空气、阳光等实体性的生命要素，而且为人类提供精神栖息地，是人类比德、移情、观道的对象。马克思恩格斯虽然没有明确使用生态需要的字眼，但是其关于物质需要、精神需要的内容规定中，已经包含了生态需要的内容。很长一段时间以来，受生产力发展水平和生产资料所有制形式的限制，人类片面地追求物质需要的满足。随着物质需要的不断膨胀，人类不断扩大活动规模、活动空间，由此造成各种社会矛盾和生态问题的累积，很多人连呼吸新鲜的空气、喝上干净的水的需要都不能得到很好满足。"在社会主义的前提下，人

---

① 《马克思恩格斯文集》第 1 卷，北京：人民出版社，2009，第 194 页。
② 《马克思恩格斯文集》第 1 卷，北京：人民出版社，2009，第 161 页。

的需要的丰富性具有什么样的意义，从而某种新的生产方式和某种新的生产对象具有什么样的意义。"① 按照马克思恩格斯的有机体理论，必须结合具体的历史的社会条件，坚持总体性的方法评估人的需要的层次和内容。在 21 世纪的今天，要正确处理人与自然的关系，必须将生态需要摆在更加突出的位置，同时要促进物质需要、精神需要和社会需要的生态化转向，进而引领人类主体的生态化转向。

最后，促进人的价值取向和发展目标的生态化形塑。价值取向具有意识形态属性，是一定阶级利益和要求的集中反映，对人们的空间实践具有制约或导向作用。资本主义社会实行生产资料私有制，少数人的利益和多数人的利益存在根本矛盾冲突，个体之间以竞争性关系为主。它高扬自由、平等、博爱的旗帜，所倡导的价值取向是个人主义、拜金主义、享乐主义，实际是主张利益的排他性占有。"因此，当今世界的状态反映出全球化和非物质化的双生性。"② 在个人主义价值取向的引导下，人与人、人与自然之间只能形成狭隘的利益关系格局。在资本这一巨型机器的推动之下，在齿轮相互咬合转动过程中，在为了生产而生产的欲望的操纵之下，人为了占有而无止境地占据空间，使自身变得微不足道。③ 在生产资料公有制的社会里，生产资料归劳动者所有，个体利益与集体利益在根本上是一致的。社会主义道德建设以集体主义为原则，有利于形成利他性的空间格局，使人们践行共治共享共荣的发展理念。个体能够认同共同体的价值取向、利益分配方式，能够按照有利于共同体发展的方向约束自身的行为。坚持集体主义价值取向，就要从大局出发、从长远着眼，维护不同群体或不同空间主体在资源环境开发利用方面的权利和义务，共同塑造人与人、人与自然以及自然与社会和谐共生的空间格局。

---

① 《马克思恩格斯文集》第 1 卷，北京：人民出版社，2009，第 223 页。

② 〔美〕罗伊·莫里森：《生态民主》，刘仁胜、张甲秀、李艳君译，北京：中国环境出版社，2016，第 154 页。

③ 参见 Paul Burkett, "Marx's Vision of Sustainable Human Development", *Monthly Review*, Vol. 57, No. 5, 2005, pp. 41–42。

二　坚持过程总体性与生态优先原则的统一

马克思恩格斯不仅揭示了社会有机体的总体性构成，而且阐明了社会有机体的复杂动力机制，为我们科学地看待和正确地把握人与人、人与自然以及自然与社会之间的关系提供了基本的理论遵循和思想方法。社会有机体始终处于动态发展变化过程中，具有生长性、自我组织性，能够自我调节、自我更新，不过，从分散到集中，从局部到整体，并不是按部就班的线性发展过程，而是充满了反复性和曲折性、随机性和不可逆性，体现了事物发展前进性和曲折性的统一。根据马克思恩格斯的有机体理论，我们必须坚持否定之否定的原理，贯彻总体性方法，科学把握事物发展的过程性和趋向性。坚持总体性方法，不仅要在总体视野中把握社会有机体的运行和发展，而且要在总体性联系中把握自然界在社会有机体中的地位和作用，科学调控人与人、人与自然以及自然与社会的关系，进而更好地引导人类社会持续发展。

坚持过程总体性，必须贯彻人与人、人与自然以及自然与社会相统一的原则。众所周知，马克思的主要贡献是创立了唯物史观和剩余价值论，重点揭示了资本家剥削工人的秘密，阐释了人类社会发展的历史规律。马克思恩格斯的著作中以较大的篇幅考察了资本主义的经济危机、阶级斗争等问题。研究思路、研究方法取决于研究对象的性质和特征，人与自然的关系虽然不是马克思恩格斯的研究重点，却是作为马克思主义不言自明的内容存在的。费尔巴哈从客体的或者直观的视角去理解社会有机体，只看到工业和社会活动的景象，不能理解人与自然的关系在其中所发挥的前提性和基础性作用，将人与自然的关系屏蔽在社会有机体之外。"然而，如果懂得在工业中向来就有那个很著名的'人和自然的统一'，而且这种统一在每一个时代都随着工业或慢或快的发展而不断改变，就像人与自然的'斗争'促进其生产力在相应基础上的发展一样，那么上述问题也就自行消失了。"① 一切为历史的社会关系和现实的社会关系所包裹，人们自觉或不自觉地基于一定阶级、阶层

---

① 《马克思恩格斯文集》第 1 卷，北京：人民出版社，2009，第 529 页。

及其相互关系来分析问题和解决问题，关于物质的社会关系和思想的社会关系的研究占据压倒性的地位。自然界似乎作为无关紧要的装饰存在，作为工业化产品和工业化空间真正来源和支撑的地位被有意或无意地掩盖着。马克思恩格斯写道，"费尔巴哈在曼彻斯特只看见一些工厂和机器，而 100 年以前在那里只能看见脚踏纺车和织布机；或者，他在罗马的坎帕尼亚只发现一些牧场和沼泽，而在奥古斯都时代在那里只能发现罗马富豪的葡萄园和别墅"①。事实上，社会有机体作为具有内在联系的有机整体，各构成要素和组成部分之间相互影响、相互作用。每一个环节或子系统的变化都可能引起连锁效应，关键部分或环节的变化甚至会起到决定性作用。恩格斯在《自然辩证法》中曾经援引美索不达米亚、希腊等地的居民毁坏森林而导致水土流失的案例，"因为他们使这些地方失去了森林，也就失去了水分的积聚中心和贮藏库。"② 自然界是人的无机身体，是社会有机体的前提性构成、基础性构成，不仅为人类生产、生活提供资料、对象、场所，而且以直接或间接的形式参与人类的各项活动，对人的生产方式、生活方式、价值方式和思维方式产生重要影响。在历史演进的过程中，自然界不仅是生产的原始条件，而且对整个有机体产生持续深远的影响。在人与人、人与自然以及自然与社会的物质能量变换过程中，自然生态系统因素不断转化为社会因素。如果人与自然的物质变换过程发生断裂，那么经济、政治、文化、社会领域就丧失了对象和条件，人类文明形态的演进就成了无源之水、无本之木。只有坚持人与人、人与自然以及自然与社会相统一的原则，才能保证社会有机体顺畅运行，才能推动社会有机体结构丰富完善，才能推动社会有机体全面发展。

　　坚持过程总体性，必须贯彻生态优先的原则。马克思恩格斯既看到自然界的优先性地位，也承认自然界的持续性影响。在《德意志意识形态》中，马克思恩格斯批判费尔巴哈的同时，提到了"外部优先性"的命题。"此外，先于人类历史而存在的那个自然界，不是费尔巴哈生活于其中的自然

① 《马克思恩格斯文集》第 1 卷，北京：人民出版社，2009，第 529 页。
② 《马克思恩格斯文集》第 9 卷，北京：人民出版社，2009，第 560 页。

界；这是除去在澳洲新出现的一些珊瑚岛以外今天在任何地方都不再存在的、因而对于费尔巴哈来说也是不存在的自然界。"① 从世界演进过程来看，自然界先于人类存在，是人类的本原。"外界自然条件在经济上可以分为两大类：生活资料的自然富源，例如土壤的肥力，鱼产丰富的水域等等；劳动资料的自然富源，如奔腾的瀑布、可以航行的河流、森林、金属、煤炭等等。在文化初期，第一类自然富源具有决定性的意义；在较高的发展阶段，第二类自然富源具有决定性的意义。"② 在前资本主义社会时期，生产的目的主要是直接满足生产者个人或生产资料所有者的需要，因此以生活资料形式存在的自然是主要的被占用和被取用对象。在资本主义社会，商品经济成为占统治地位的经济形式，生产的目的是获取更大的利润，因此以生产资料形式存在的自然是主要的被占用和被取用对象。在人与人、人与自然以及自然与社会的交互过程中，人类不断地探索自然界的新的有用性，社会有机体也在不断自我更新。人与人、人与自然以及自然与社会之间的关系作为人类社会发展的基本向度，在人类社会发展过程中的作用形式是存在差异的，其中人与人的关系是人类社会发展的根本内容，人与自然的关系是人类社会发展的基础内容。至少在农业不能脱离土地的时代条件下，自然界之于人类的载体空间地位是不容置喙的。"在土地所有制处于支配地位的一切社会形式中，自然联系还占优势。在资本处于支配地位的社会形式中，社会、历史所创造的因素占优势。"③ 人类征服自然的野心急剧膨胀，放纵对自然的索取和掠夺。随着人类破坏自然界的负面影响不断累积叠加，地球生态系统逐渐不堪重负，资源环境对可持续发展的约束也日益趋紧。自然界在社会存在和发展中扮演着至关重要的角色，自然生态的可持续性是人类社会延续发展的前提。既然"外部自然界的优先地位仍然会保持着"，那么我们对大自然的一切都应常怀敬畏之心、感恩之情和报恩之意。"在人类历史中即在人类社会

---

① 《马克思恩格斯文集》第 1 卷，北京：人民出版社，2009，第 530 页。
② 《马克思恩格斯文集》第 5 卷，北京：人民出版社，2009，第 586 页。
③ 《马克思恩格斯文集》第 8 卷，北京：人民出版社，2009，第 31 页。

的形成过程中生成的自然界，是人的现实的自然界。"① 无论是某一个时期的人类，还是整个历史发展过程中的人类，都无法穷尽对自然界的认识。另外，自然界的存在形式也是相对的，万事万物瞬息万变，因此人类只能在动态中把握自然。历史无数次验证，无视自然界属性和规律的客观性，肆意掠夺自然、征服自然，必然破坏生态系统的平衡。自然的力量不容忽视，生态环境的变化直接影响到文明的兴衰演替。随着生态环境形势日益严峻，人与自然之间关系的地位和作用逐步凸显，其对社会有机体其他构成部分的制约作用更加突出，对社会有机体的整体运行起着巨大的牵引作用。

三 坚持空间结构总体性与社会有机体生态化转向的统一

马克思恩格斯深刻阐释了有机体构成要素、系统结构、运行机制等重要内容，旨在透过纷繁复杂的社会现象揭示人类社会发展的规律性，最终谋求整个人类社会的真正解放。所有的物理实体和社会实体只有通过时间和空间才能建构起来，时空的流动性和生成性以及穿梭其中的因果关系共同促成了社会有机体的复杂性。在这里，空间不是纯粹的物理—地理结构意义上的场所，而是人类通过实践活动所构筑的生活世界，指向共时性的社会关系结构。以社会基本矛盾为动力基础，社会有机体形成了不同尺度、不同规模的等级结构和功能领域。在社会有机体发展演进过程中，社会分工越来越精细化、专业化，功能结构趋向分化，各领域、各构成要素之间的作用关系越来越多样，界面关系越来越复杂。按照马克思恩格斯的有机体理论，必须在有机体的总体结构中把握各元素、节点和层次的关系。要正确处理人与自然的关系，必须把握好自然环境与其他空间结构的关系；要有效解决生态环境问题，必须依靠有机体空间结构的总体调整、协同发展。

在人类社会的演进中，人与人、人与自然以及自然与社会的诸种关系纵横交织，构成多尺度、多层次的空间结构，形成五彩纷呈的世界景观。社会有机体的要素细胞是现实的个体，而现实个体又聚合成社会有机体的器官或

---

① 《马克思恩格斯文集》第 1 卷，北京：人民出版社，2009，第 193 页。

组织，形成社会有机体的多层次系统。其中，生产方式是生产力和生产关系的统一体，构成社会发展的决定力量，是支撑社会有机体的"骨骼系统"。上层建筑是建立在经济基础之上的意识形态以及与其相适应的制度、组织和设施，如政治法律制度、道德、艺术、宗教、哲学等，共同构成社会有机体的"血肉系统"。生产力和生产关系、经济基础与上层建筑之间的相互作用涵盖了社会有机体的基本领域，推动人类社会从低级向高级演进。以社会基本矛盾为基础，围绕人类活动的不同内容形成的经济、政治、文化、社会、生态等不同结构，辐射社会生活的方方面面，构成社会有机体的"经络血脉"。① 马克思曾明确使用"骨骼"阐释社会组织的物质基础②，使用"器官"阐释个人与他人的交往活动③，并阐述了生产关系（社会关系）内部不平衡、发展不平衡等问题④，其中所蕴含的空间维度不言而喻。无论是细胞、器官、组织，还是骨骼系统、血肉系统、经络血脉，都是适应有机体整体运行的需要而存在，不是各要素的机械化堆积。自然界作为有机体的源头，是社会有机体运行和发展的前提和基础。社会有机体的细胞、器官、组织，骨骼系统、血肉系统、经络血脉等所有部分都必须从自然界中汲取营养成分，否则就会走向凋落。

无论是生产力和生产关系、经济基础与上层建筑，还是经济、政治、社会、文化、社会结构，都是建立在自然生态系统之上，同时也会对自然生态环境产生反作用。自然生态系统为经济、政治、文化、社会结构提供生态前提，构成生产力变革发展的基础，影响社会有机体的运行和演进。如果没有自然界，人类社会就会丧失根基和力量源泉。从物质文明看，一个地区的自然地理环境、资源禀赋不仅会深刻影响产业布局，而且会影响具体的劳动生产效率。"不同的共同体在各自的自然环境中，找到不同的生产资料和不同的生活资料。因此，它们的生产方式、生活方式和产品，也就各不相同。"⑤

---

① 参见焦冉《马克思主义社会有机体理论的多维透析》，《理论与改革》2017年第6期。
② 参见《马克思恩格斯文集》第8卷，北京：人民出版社，2009，第34页。
③ 参见《马克思恩格斯文集》第1卷，北京：人民出版社，2009，第190页。
④ 参见《马克思恩格斯文集》第8卷，北京：人民出版社，2009，第34页。
⑤ 《马克思恩格斯文集》第5卷，北京：人民出版社，2009，第407页。

从政治文明看，自然资源、地理环境是重要的斗争客体，是政治权力争夺的对象，并对政治体制产生重要影响。例如，在德法战争中，地理位置不利是德国失利的重要原因。从精神文明看，自然界不仅为精神文化产品创作提供灵感和资源，而且为自然科学的发展提供对象。"思维本身的要素，思想的生命表现的要素，即语言，具有感性的性质。自然界的社会的现实和人的自然科学或关于人的自然科学，是同一个说法。"① 社会有机体内部结构相互影响、相互作用，任何要素和环节都不是孤立的存在，任何事业都绝不能仅靠一个因素或维度而成功。按照人与人、人与自然以及自然与社会相统一的原则统筹社会有机体的空间结构，不仅要将人与自然的关系摆在更突出的位置，而且要促进经济、政治、社会、文化等结构的生态化转变，在经济建设、政治建设、社会建设、文化建设中都要统筹考虑自然生态系统的完整性、协调性、平衡性。

马克思恩格斯从社会分工的角度阐释了城乡、区域、民族、国家的演化过程。城市最初是作为工业革命、工业空间的发源地而蓬勃繁荣，城市的生活功能则是作为从属性、附属性的功能衍生出来，彼时城市对生态环境的影响并未得到重点关注。在工场手工业时代，资本家、工人以及其他各种生产要素都逐步向交通便利的城市集聚，具体通过生产规模的扩大、生产过程的集中以及生产环节的优化来提高劳动生产效率。"一方面，大批农村工人突然被吸引到发展为工业中心的大城市里来；另一方面，这些老城市的布局已经不适合新的大工业的条件和与此相应的交通；街道在加宽，新的街道在开辟，铁路穿过市内。正当工人成群涌入城市的时候，工人住房却在大批拆除。"② 恩格斯在《英国工人阶级状况》《论住宅问题》等著作中，对工人阶级的住房短缺、卫生条件恶劣等问题展开深刻批判。社会分工从经济领域扩展到其他领域，剥削性质的经济关系引发政治不平等、文化不平等等一系列问题。曼彻斯特、伯明翰和利兹等工业中心兴起，形成新的集聚优势，同时也推动了区域格局的分化。"把特殊生产部门固定在一个国家的特殊地区的

---

① 《马克思恩格斯文集》第 1 卷，北京：人民出版社，2009，第 194 页。
② 《马克思恩格斯文集》第 3 卷，北京：人民出版社，2009，第 239 页。

地域分工，由于利用各种特点的工场手工业生产的出现，获得了新的推动力。"① 随着资本主义生产体系的日益扩大，广大亚非拉地区沦为少数发达资本主义国家的原料产地和商品消费市场，工业国与农业国、发达国家与发展中国家的分工、分化日益加深。从劳动分工、城乡分离、区域不平等分工到发达国家与发展中国家的不平等关系，这些不仅导致劳动剥削的进一步扩大，而且引发对资源环境的摧残式开发。从根本上说，传统的空间格局是以不平等的社会分工为基础，以利润不断增殖为中心导向，并未全面权衡自然空间和自然资源的客观性、有限性。根据马克思恩格斯的有机体理论，坚持总体性方法，要按照人口、资源和环境协调发展的原则，优化调整城乡结构、区域结构、民族结构和全球结构。

---

① 《马克思恩格斯文集》第 5 卷，北京：人民出版社，2009，第 409~410 页。

第四章
空间生产的生态影响：马克思恩格斯的
生产方式理论的内在逻辑

马克思指出，"空间是一切生产和一切人类活动的要素"①。任何生产方式都有特定的空间存在形式，同时也会对空间物质形态、功能结构、文化内涵的重塑产生重要影响，而空间设计、组织、结构、节奏的变化也会带动生产方式的变化。从某种意义上说，物质生产就是对自然空间进行加工、改造、利用以适应人类需求的活动，而在空间的加工、改造和利用中也始终交织着不同层次的实践关系、认识关系和价值关系。马克思恩格斯并未明确提出空间生产的概念，但是对空间生产问题有着丰富而深刻的论述，关于生产力和生产关系的论述都包含了对空间要素、空间向度的分析。列斐伏尔关于历史唯物主义的空间化阐释，促使马克思主义的空间化思维和空间方法论从幕后走向台前，为马克思主义研究的空间转向作出重要贡献。列斐伏尔认为空间生产是空间本身的生产，而不是空间中事物的生产，并将这种空间生产模式归结为资本主义大工业生产下的空间实践。在这里突出空间生产的概念，并不是要以之取代物质资料生产方式的主导性地位，而是为了进一步丰富关于物质资料生产方式以及相关的政治生活、精神生活、社会生活等问题的理论分析，以更好地剖析资本主义市场化、工业化、城镇化和全球化的演进逻辑，更好地把握当今世界发展的总体格局。空间生产内含人与自然之间的互动关系，是考察人与自然之间物质变换过程的重要逻辑线索。关于空间生产范畴及其作用模式的分析，有助于全面把握人与自然的物质变换过程，

---

① 《马克思恩格斯文集》第 7 卷，北京：人民出版社，2009，第 875 页。

深刻批判资本主义城市化、区域化以及全球化对生态环境的破坏作用，为推动新时代生态文明建设提供重要思路和方法。

第一节　马克思恩格斯自然生产力思想的
空间维度及其生态意蕴

物质资料生产方式是生产力和生产关系的矛盾统一体，是社会发展的决定性力量。很长一段时间以来，人们更侧重从社会层面阐释或解读马克思恩格斯的生产方式理论，将生产力看作征服自然、改造自然的能力，将生产关系概括为在生产过程中结成的人与人之间的关系。一些学者浓墨重彩地介绍马克思恩格斯对生产力的决定性作用的论述，对马克思恩格斯关于生产关系的反作用的分析却轻描淡写。按照此种概念界定思路和论证逻辑，我们更多地看到人与自然相分离、相对立的一面，不能充分地把握自然界在物质资料生产方式生成和演进中的地位和作用，不能全面准确地把握人与自然相统一的一面。除此之外，一些学者甚至认为马克思是具有"普罗米修斯情结"的技术至上主义者，将马克思归类为反生态哲学家。例如，哈贝马斯就曾说，"﹝马克思﹞常常用技术至上的思想去理解生产力和生产关系之间的辩证法"①。事实上，在马克思恩格斯看来，人与自然的统一是不言自明、理所当然的。关于生产力的决定性作用的阐述是有具体语境的，意在强调历史的前提和出发点是现实的人，进而将旧哲学"头脚倒置"的世界观颠倒过来，正确把握市民社会和国家的关系。② 同样，要考察马克思恩格斯的生产力理论，必须完整准确地理解马克思恩格斯的论述，而不是局限于某个具体语境具体问题的论述。历史唯物主义认为，生产力体系是自然生产力和社会生产力的集合体，在空间生产中，人与自然也是共同起作用的。"在这里，差别已经

---

① 〔德〕尤尔根·哈贝马斯：《重建历史唯物主义》（修订版），郭官义译，北京：社会科学文献出版社，2013，第117页。

② 参见王峰明《生产力范畴的历史唯物主义提升——马克思生产力理论历史嬗演的"经济学—哲学"考察之二》，《教学与研究》2009年第6期。

不在于各种元素的彼此分离的存在，而在于受同一生命推动的不同职能的活生生的运动。"① 按照辩证唯物主义和历史唯物主义的方法论，必须全面系统地把握自然生产力和社会生产力的辩证关系。

一 关于自然生产力结构论述的空间维度及其生态意蕴

马克思在《政治经济学批判（1861—1863 年手稿）》中将生产力划分为劳动的自然生产力和劳动的社会生产力两大类，指出"这种自然产生的劳动生产率所起的作用自然和劳动的社会生产力的发展完全一样"②。所谓自然生产力，是指存在于自然界且对人类生产活动有直接或间接影响的各种自然力量的总和。③ 自然生产力有广义和狭义之分，所依据的分类标准是自然力在社会生产中的作用形式。其中，狭隘的自然生产力，是作为直接生产要素参与人类生产、生活的自然力量的总和，如人力、地力、水力、风力、太阳力等。自然发酵就是利用微生物在有氧或无氧条件下的生命活动而获得代谢物的生产过程。农作物生长所需要的阳光雨露，还有人类正积极推广的太阳能、地热能、风能、海洋能、生物质能、核聚变能等，都是自然要素参与生产过程的具体形式。马克思曾以瀑布为例阐述了资本家驾驭自然力，实现垄断经营的过程。广义的自然生产力是指直接和间接参与人与自然之间物质变换过程的一切自然要素的总和，包括自然条件和自然生产力。马克思在阐述商品和货币问题时明确指出："如果把上衣、麻布等等包含的各种不同的有用劳动的总和除外，总还剩有一种不借人力而天然存在的物质基质。人在生产中只能像自然本身那样发挥作用，就是说，只能改变物质的形式。不仅如此，他在这种改变形态的劳动本身中还要经常依靠自然力的帮助。"④ 显然，除了自然力之外，自然界的物质基质还以自然条件的形式保障生产过程的进行，并在劳动和自然力的共同作用下转化为使用价值的构成要素。自然界的

---

① 《马克思恩格斯全集》第 1 卷，北京：人民出版社，1995，第 333 页。
② 《马克思恩格斯文集》第 8 卷，北京：人民出版社，2009，第 370 页。
③ 参见刘建伟《马克思的"自然生产力"思想及其当代价值》，《当代经济研究》2007 年第 12 期。
④ 《马克思恩格斯文集》第 5 卷，北京：人民出版社，2009，第 56 页。

物质基质是一切生命活动的要素，植物、动物以及人类都不可能离开土壤、阳光、空气和水源的滋养。同时，自然界的物质基质是人类生产活动得以展开的条件，为空间生产提供场所、劳动资料以及劳动对象。"没有自然界，没有感性的外部世界，工人什么也不能创造。自然界是工人的劳动得以实现、工人的劳动在其中活动、工人的劳动从中生产出和借以生产出自己的产品的材料。"① 马克思恩格斯始终认为人与自然是统一的，关于人与自然关系的论述是建立在宏观统一体基础上的具体分析。自然界对人类的影响不仅是持久的，而且是广泛深切的。寻根溯源，我们可以依据自然界的多种存在形式、多样作用形式，来考察自然界之于空间生产的复杂影响。

作为劳动者的自然生产力。马克思指出："人自身作为一种自然力与自然物质相对立。为了在对自身生活有用的形式上占有自然物质，人就使他身上的自然力——臂和腿、头和手运动起来。"② 人本身是自然界长期发展的产物，人的四肢、大脑都与自然界血肉相连。人的体力、智力等作为自然力的意义，都来自自然界的始源性馈赠。人又是自然界的特殊产物，是大自然的杰作，凝结了自然界的精华。在漫长的进化历程中，人类形成了独特的机能，积蓄了强大的力量。劳动者是有目的、有意识的存在，是生产力系统中的主体，是生产力中最活跃、最积极的因素。作为劳动者的自然力具有特殊性，其能够制造工具、使用工具，能够延长四肢和感官，能动性远远超出动物的本能适应性。劳动者不仅能够适应自然，而且能够自主选择栖息地，突破水陆环境和气候条件的限制，在更广阔的空间范围内影响自然、改变自然。

作为劳动资料的自然生产力。马克思指出："劳动资料是劳动者置于自己和劳动对象之间、用来把自己的活动传导到劳动对象上去的物或物的综合体。"③ 劳动资料包括机械性的劳动资料和作为劳动对象容器的劳动资料，以

---

① 《马克思恩格斯文集》第 1 卷，北京：人民出版社：2009，第 158 页。
② 《马克思恩格斯文集》第 5 卷，北京：人民出版社，2009，第 208 页。
③ 《马克思恩格斯文集》第 5 卷，北京：人民出版社，2009，第 209 页。

及 "劳动过程的进行所需要的一切物质条件"①。起初的劳动资料往往是现成的自然物，之后的劳动资料就需要经过加工。加工工具的进步是人类进化的重要标志，是衡量社会生产力发展程度的重要尺度。"劳动者利用物的机械的、物理的和化学的属性，以便把这些物当做发挥力量的手段，依照自己的目的作用于其他的物。"② 在《资本论》中，马克思以劳动资料为起点，按照从劳动工具向机器历史演变的论证思路，阐述了资本主义生产方式所发生的巨大变革。在《1844 年经济学哲学手稿》中，马克思在阐述人的类本质异化问题时，论证了自然界转化为劳动工具的过程，即自然界转化为人的 "无机身体" 的过程。两种论述殊途同归，说明马克思已经看到自然力在劳动资料中的重要地位，其对劳动资料演化过程的分析，涉及自然界和社会的共同作用。另外，马克思明确提到，"自然界是人为了不致死亡而必须与之处于持续不断的交互作用过程的、人的身体"③。也就是说，自然力不仅作为始源性的存在发挥作用，而且贯穿社会生产过程的始终，其是人类社会能够维持存在的力量源泉。

作为劳动对象的自然生产力。所谓劳动对象，是人们把自己劳动加在上面的东西。同时，马克思将劳动对象划分为天然劳动对象和滤过的劳动对象。其中，天然劳动对象是指直接从自然界获取的、未经过人类劳动加工的物质，如捕获的野生鱼类、开采的矿石、砍伐的原始树木等。滤过的劳动对象（原料）是经过人类劳动加工，已经发生变化的自然物质，"本身已经是劳动和自然物质的结合"④，如食品厂用的面粉、纺纱厂用的棉纱等。随着科学技术的发展和社会的进步，劳动对象的种类和范围都在不断拓展，同时劳动对象中原材料的比重也在不断增加。马克思指出，"要从一切方面去探索地球，以便发现新的有用物体和原有物体的新的使用属性"⑤。人们在改造自然物质的基础上，使自然界的潜能转化为新的效用，使劳动对象获得新的物

---

① 许征帆主编《马克思主义辞典》，长春：吉林大学出版社，1987，第 553 页。
② 《马克思恩格斯文集》第 5 卷，北京：人民出版社，2009，第 209 页。
③ 《马克思恩格斯文集》第 1 卷，北京：人民出版社，2009，第 161 页。
④ 《马克思恩格斯全集》第 32 卷，北京：人民出版社，1998，第 66 页。
⑤ 《马克思恩格斯文集》第 8 卷，北京：人民出版社，2009，第 89~90 页。

质形式，而劳动对象的拓展意味着人对自然认识的深化。自然科学发展的高点是推动自然界新的使用价值的涌现，推动自然事物或自然现象不断地可利用化、规律化，使整个世界呈现新的图景。

土地作为劳动资料和劳动对象，为人类提供食物、水源和活动场所。生命的历史与土壤的历史密切相关，土壤的演变为生命繁衍创造条件，土壤的肥力直接影响生态系统的生产力。[①] 在人类社会早期，"土地是他的原始的食物仓，也是他的原始的劳动资料库。"[②] 经文本考察可以发现，马克思是在很广泛的意义上使用"土地"概念的，认为劳动者和土地的关系也就是人与自然的关系。土地是自然和历史的综合体，"矿产资源、动力资源、水资源、森林资源、草资源等等都是存在或蕴藏于土地之中"[③]。土地具有消化分解作用，能够消纳一系列废弃物，进而确保地球生态系统良性循环；土地是自然载体，能够负载万物，为人类活动提供空间或场所。在原始社会，人们以采集和狩猎为主要生活方式，通过直接向自然界索取资源而生存。土地作为原始的食物仓和劳动资料库，可以为人类提供野生果实、野生动物等天然食品，为人类提供现成的生活资料。在农业社会，人类依靠土地生产粮食、种植棉花，获取加工产品。在进入工业社会以后，土地的载体形式更加突出，其作为已经经过劳动改造的劳动资料（例如厂房、运河、道路等）为劳动者提供活动空间。[④] 当然，在不同技术条件下，人们所从事生产活动的特征不同，因此对土地的依赖形式有所不同。人与土地的关系状况会对生产布局、生活布局产生直接影响，同时也通过生产和生活的不同形态表现出来。

总之，自然生产力作为社会生产力的前提和基础，影响着社会生产力的发展状况。

---

① 参见〔美〕戴维·R.蒙哥马利《泥土：文明的侵蚀》，陆小璇译，南京：译林出版社，2017，第14~15页。
② 《马克思恩格斯文集》第5卷，北京：人民出版社，2009，第209页。
③ 中国资源信息编撰委员会编《中国资源信息》，北京：中国环境科学出版社，2000，第110页。
④ 参见《马克思恩格斯文集》第5卷，北京：人民出版社，2009，第211页。

二　关于自然生产力属性论述的空间维度及其生态意蕴

马克思在《1844 年经济学哲学手稿》以及三部经济学手稿等著作中从不同角度论述了自然生产力的具体规定性，内容丰富而深刻，主要包括以下几个方面。

一是自然力必须与生产劳动相结合才能转化为现实的生产力，即自然生产力。恩格斯指出，"劳动和自然界在一起才是一切财富的源泉，自然界为劳动提供材料，劳动把材料转变为财富"[1]。自然界孕育着强大的潜能和力量，但是自然界不会劳作，只是自发地存在、盲目地起作用。确切地说，抽象的、纯粹的自然力还不是生产力，无论其为何种生长形式，都不是真正的生产力。人是社会实践的主体，是自然力向自然生产力转化的能动性因素。只有经过人类的开发和利用，自然力才能从潜在的生产力转化为现实的生产力。无论是微生物代谢力，还是瀑布力都必须与劳动相结合，才能转化为财富。如果离开劳动的参与，单纯依靠自然力的自发作用，根本无法渗透人的发展需求，更谈不上生产。马克思曾引用威廉·配第的名言概括说明自然力的作用，即"劳动是财富之父，土地是财富之母"。自然力参与使用价值的创造，使用价值反映着人与自然的关系。劳动的过程夹杂了人的目的意识，引导着自然力的作用方向。自然力是盲目的、自发的，但不是杂乱无章的，具有规律性、必然性。人类对自然力的开发和利用，必须尊重自然规律的客观性，否则非但达不到预期效果，反而会遭到自然界的报复。

二是自然生产力是生产力的重要组成部分，甚至有时发挥非常关键的作用。自然界不仅是人类社会最初的生产起点，而且始终是物质生产方式发展的重要构成。马克思认为，共同体的经济条件和政治关系"都是建立在对自然界的一定关系上的，而一切生产力都归结为自然界"[2]。生产力的发展和交往的普遍化，使人的全面发展成为可能，而个人的全面性的实现是以对自然

---

① 《马克思恩格斯文集》第 9 卷，北京：人民出版社，2009，第 550 页。

② 《马克思恩格斯文集》第 8 卷，北京：人民出版社，2009，第 170 页。

界的认识为基础的。风力、水力都依赖相应自然资源，而且瀑布、优质土地等稀有自然资源的分布也不是人类所能任意更改的。"这种自然力是一种可以垄断的自然力，就像瀑布那样，只有那些支配着特殊地段及其附属物的人才能够支配它。"① 具体而言，有些自然资源在短时间内难以再生，属于非可再生资源；有些资源在空间上分配不均衡或者只是集中在某些特定区域内，属于地域性资源。在人类生产生活的影响下，自然资源的有限性可以转化为稀缺性，对劳动生产率和生产成本产生较大影响，进而影响到相应产品的价值。"但要像每个资本都能把水变成蒸汽那样，创造出这种使劳动有较大生产力的自然条件，就完全不取决于资本了。这种自然条件在自然界只存在于某些地方。"② 总之，在劳动的作用下，自然生产力和社会生产力相互影响、相互作用，共同推动人类社会发展进步。

三是自然生产力无偿地参与劳动过程，是形成发达生产力的自然基础。从古至今，人类矢志推动科学技术的发展进步，促进自然力并入生产过程，以推动劳动生产率不断提高。不过，自然力的形成并非劳动产物，因此自然力本身没有价值。"如果它本身不是人类劳动的产品，那么，它就不会把任何价值转给产品。它只是充当使用价值的形成要素，而不是充当交换价值的形成要素。一切未经人的协助就天然存在的生产资料，如土地、风、水、矿脉中的铁、原始森林中的树木等等，都是这样。"③ 自然力不创造价值，却为价值的生产和增殖提供自然基础和自然条件，参与或影响生产过程，无偿为资本家服务。资本家凭借对生产资料的所有权，"才能攫取这些无偿的生产力：未开发的自然资源和自然力，以及随着人口的增长和社会的历史发展而发展起来的劳动的所有社会力"④。马克思不仅揭示了剩余价值的起源和本质，而且阐释了资本运行的一般原理，揭示了资本逻辑与自然界的根本矛盾冲突。资本主义之所以能够蓬勃发展，是因为其建立在对劳动者和自然界双

---

① 《马克思恩格斯文集》第 7 卷，北京：人民出版社，2009，第 726 页。
② 《马克思恩格斯文集》第 7 卷，北京：人民出版社，2009，第 726 页。
③ 《马克思恩格斯文集》第 5 卷，北京：人民出版社，2009，第 237 页。
④ 《马克思恩格斯全集》第 37 卷，北京：人民出版社，2019，第 186 页。

重盘剥的基础上，即一方面通过掠夺劳动者以榨取剩余价值，另一方面通过掠夺资源环境以获取廉价的原材料。人类不仅疯狂掠夺资源环境，而且恣意排放废弃物，引发环境的外部性问题。资源环境是有限的，环境的承载力、自我修复力也是有限的，资源环境的有限性和人类需要的无限性之间存在严重的矛盾冲突，资源环境的廉价或"无偿性"助长了人们对资源环境的蚕食和掠夺。越廉价越肆无忌惮，当资源环境长期处于被低价或者无偿使用的境地，"公地悲剧"就会反复上演。

三 关于自然生产力作用形式论述的空间维度及其生态意蕴

自然生产力作为生产力的构成要素，不仅构成人类生产和生活的前提和基础，而且在很大程度上影响经济社会发展的速度、规模和空间布局。

自然生产力对劳动生产率有重要影响。劳动生产率是指劳动者在单位时间内创造的劳动成果和所消耗的劳动量之间的比值，是衡量经济社会发展水平的核心指标。马克思明确指出："劳动生产力是由多种情况决定的，其中包括：工人的平均熟练程度，科学的发展水平和它在工艺上应用的程度，生产过程的社会结合，生产资料的规模和效能，以及自然条件。"[1] 换句话说，劳动生产率受多重因素的影响和制约，自然生产力便是其中重要的影响因子之一。马克思将劳动生产率划分为劳动的自然生产率和劳动的社会生产率，将由劳动的自然条件决定的劳动生产率，概括为劳动的自然生产率[2]；将由劳动的技术条件和社会条件决定的劳动生产率，概括为劳动的社会生产率。自然生产力的影响既有直接的，也有间接的，具体作用机制和作用范围是相当复杂的。在农业和采矿业等领域，地质、地貌、土壤、植被、水文、矿藏、气候等资源环境的差异及其空间组合状况，直接影响产品产出的数量、质量和类型。一般说来，中国南方地区的粮食亩产量比北方高，主要原因是南方拥有相对充足的水热条件。不过，自然条件对劳动生产率的影响是存在阈限的，二者不是简单的正相关关系。当基本需要低于阈限时，越是优越的

① 《马克思恩格斯文集》第 5 卷，北京：人民出版社，2009，第 53 页。
② 参见《马克思恩格斯文集》第 7 卷，北京：人民出版社，2009，第 867 页。

119

资源和环境,越是能够带来较高的劳动生产率。当基本需要高于阈限时,丰富的资源会使劳动者产生懈怠懒惰之心,反而会影响劳动生产率的提高。"这取决于自然需要的量,从而取决于对劳动的自然推动。这种劳动同土地的自然生产率的高低成反比,同行动的必要性的程度,同必须克服的障碍的大小成正比。当然,如果土壤和气候过于恶劣,那结果就像它们过于肥沃的情况一样。"① 回顾人类历史,四大文明古国抑或世界主要人文历史之所以主要集中在北纬30度线附近,在很大程度上与该纬度的自然地理状况相关。纬度是粮食生长环境和生产传播难易的主要决定因素,这些传播线路在地图上具有比较明显的视觉表达。② 当然,自然生产力与劳动的投入、科学技术的发展水平等协同进化,即劳动的自然生产率和劳动的社会生产率是相互影响、相互制约的。尽管自然条件在其他领域的影响并不如在农业、采矿业中那样直接、明显,但是其对劳动生产率的影响仍然不容小觑。人类不仅在开发利用原子能、太阳能以及风能等方面下功夫,而且在利用自然条件方面竭尽探索,旨在不断提高劳动生产率、降低劳动成本。马克思也指出:"这些自然条件只作为自然界限对剩余劳动发生影响,就是说,它们只确定开始为别人劳动的起点。产业越进步,这一自然界限就越退缩。"③ 在这里,马克思主要是针对自然条件在剩余劳动生产中的作用而阐发,其所提到的自然界限的退缩是资本增殖的必然结果。自然界的表面退缩并不能代表自然规律的事实性退让,退让的背后可能积蓄着更强大的破坏力,酝酿着更大规模的回击和报复。每当此时,自然力可能不再转化为生产力,而是以破坏力的形式发挥作用。

自然生产力对生产地理分工产生重要影响。分工无非并存的劳动,故分工本身内含空间意义,以区别于时间上继起的劳动。分工是人类社会发展的必然产物,也极大地推动了人类社会的进步。有效分工可以推动劳动的专业

---

① 《马克思恩格斯全集》第37卷,北京:人民出版社,2019,第350页。
② 参见〔美〕贾雷德·戴蒙德《枪炮、病菌与钢铁:人类社会的命运》,谢延光译,上海:上海译文出版社,2016,第186页。
③ 《马克思恩格斯文集》第5卷,北京:人民出版社,2009,第589页。

化、社会化，带动跨时间和空间的协作，促进劳动效能不断提升。在人类社会早期，以生理和自然环境为基础的自然分工居主要地位，具体包括氏族内部的年龄分工、性别分工以及氏族之间的地域分工。"不同的共同体在各自的自然环境中，找到不同的生产资料和不同的生活资料。"[①] 随着生产力的发展和社会关系的进步，劳动分工由自然分工向社会分工不断发展，畜牧业、手工业和商业逐渐从农业中分离出来。"社会分工"是马克思主义理论中的重要范畴之一，主体分工、产业分工、部门分工、民族分工等都是马克思关注的重点问题。然而，无论是自然分工还是社会分工，都不能摆脱自然生产力的影响。人们以特定的血缘、地缘、业缘关系为联系纽带，以地域为平台聚居，并结合地域的自然资源、经济基础等进行专业化生产，形成地域的自然优势和经济优势。列宁指出，"同整个分工有直接联系的是地区的分工，即各个地区专门生产一种产品，有时是产品的一个品种，甚至是产品的某一部分"[②]。自然条件的差异性构成生产地理分工的自然基础，不同的资源禀赋、地理环境、气候条件等自然条件蕴藏着不同的可能性，对生产力布局产生深远影响。自然条件和社会条件共同作用，催生不同的体质能力、生活方式以及社会需要，使交换成为可能、必要，进而形成多样化的社会分工。自然条件影响农业、采掘业的分工，因为这两个行业或者是对自然条件依赖非常大，或者是以自然界的物质资源为劳动对象、直接向大自然索取产品的行业。进入工业社会以后，自然生产力的约束性作用有所弱化，但是水、土地等自然资源仍是影响生产地理分工的基础要素，工场手工业的内部分工也会因自然条件的差异而不断完善。"根据其原料的不同，根据同一种原料可能具有的不同形式，而分成不同的有时是崭新的工场手工业。"[③] 而且，"一种与机器生产中心相适应的新的国际分工产生了，它使地球的一部分转变为主要从事农业的生产地区，以服务于另一部分主要从事工业的生产地区。"[④] 除

① 《马克思恩格斯文集》第5卷，北京：人民出版社，2009，第407页。
② 《列宁全集》第3卷，北京：人民出版社，2013，第391页。
③ 《马克思恩格斯文集》第5卷，北京：人民出版社，2009，第409页。
④ 《马克思恩格斯文集》第5卷，北京：人民出版社，2009，第519~520页。

此之外，地理位置、交通运输条件、地质地貌、气候条件等也是影响资源配置空间效率、空间布局的重要因素。

自然生产力对生产力布局具有重要影响。所谓生产力布局是指在社会生产和再生产中各要素、各环节、各部门、各方面的空间配置和组合。原料产地、运输条件、消费市场的分布状况千差万别，进而促成地域经济发展的多样性。生产力的布局并不是各要素在数量和规模上的简单叠加，而是合乎规律的构成和统一。不同的空间配置意味着自然资源、人力资源、资金技术等在质和量上的不同比例、不同结构组合，必然形成不同的配置效率和空间格局。在原始社会，"由于自然条件不同，即由于土地的不同，水域和陆地、山区和平原的分布不同，气候和地理位置的不同，矿藏含量的不同以及土地的天然条件的特点不同，又有了劳动工具的天然差别，这种差别造成了不同部落之间的职业划分"①。每个氏族公社都是在各自的自然环境中选取相应的生产资料、生活资料，以生息繁衍。在社会生产中，如果可以尽可能地接近原料产地、消费市场，那就可以降低生产成本、流通成本，加快资本周转，提高经济效益。在大工业生产中，尽可能地将资源要素集中在能够创造较高劳动生产率的地区，可以促进自然优势转化为地区优势、社会优势，以进一步提高区域的竞争力。"生产和交往之间的分工随即引起了各城市之间在生产上的新的分工，不久每一个城市都设立一个占优势的工业部门。"② 自然条件和经济条件的地域差异催生多种多样的农业经济带，如以种植业生产为主的农区、以林业生产为主的林区、以渔业生产为主的渔区以及以畜牧业生产为主的牧区等。矿藏资源的种类、质量、形态、规模等分布差异，促进了钢铁工业、冶金工业、煤炭工业等不同产业的发展。长期以来，由于资源过度开发、粗放利用，资源环境的瓶颈约束作用日益突出，进一步强化了自身在生产力布局中的地位。自然生产力是影响生产力布局的重要因素，自然生产力的变迁也必然会影响空间格局的演变。

---

① 《马克思恩格斯全集》第 32 卷，北京：人民出版社，1998，第 334 页。
② 《马克思恩格斯文集》第 1 卷，北京：人民出版社，2009，第 559 页。

第二节 马克思恩格斯物质变换理论的
空间维度及其生态意蕴

空间生产涵盖生产力和生产关系的共同变革，具体呈现在城市化、区域化、全球化的发展过程中。在此过程中，自然力的作用具有始源性、基础性意义，体现在人与自然的互动过程中。马克思在《评阿·瓦格纳的"政治经济学教科书"》一文中提到，"在说明生产的'自然'过程时我也使用了这个名称，指人与自然之间的物质变换"[①]。也就是说，马克思认可生产的"自然"过程，当然这个过程凝结了人的目的意识。而且，此处叙述绝非孤证，马克思在《资本论》中阐释劳动过程时，指出"劳动首先是人和自然之间的过程，是人以自身的活动来中介、调整和控制人和自然之间的物质变换的过程"[②]。要满足自身需求，人类就必须持续地与自然进行交互作用。自然界既不会自动自发地满足人类的需求，也不会被动地承受人类所施加的影响。要全面考察劳动过程，必须统筹把握劳动的自然形式和社会形式。人与自然是相互影响、相互制约的，人只能改变物质的具体形态和内部结构，但不能改变、消灭自然规律。空间生产过程是自然生产力与社会生产力共同作用的结果，不过基于研究对象的需要，在这里我们主要阐述自然生产力在生产过程中的作用和影响。

一 关于物质变换内涵界定的空间维度及其生态意蕴

"物质变换"概念频繁见于《资本论》及其手稿等重要著作中，是理解马克思恩格斯生态观的重要范畴。"物质变换"一词来源于德语 Stoffwechsel，英文译法为 metabolism。学界关于德语 Stoffwechsel 有三种译法，即"新陈代谢""物质代谢""物质变换"。该词最早出现在 1815 年，于 19 世纪 30 年代至 40 年代被德国的生理学家所采用，最初被用来表示身体内与呼吸有关的

[①] 《马克思恩格斯全集》第 19 卷，北京：人民出版社，1963，第 422 页。
[②] 《马克思恩格斯文集》第 5 卷，北京：人民出版社，2009，第 207~208 页。

物质交换。① 后来，物质变换的内涵不断丰富，不再局限于生理学意义，指向生物体与周围环境的关系。马克思恩格斯对"物质变换"概念的使用不同于生理学和生物学层面的"新陈代谢"，而是具有丰富的社会历史意蕴，体现了对人与自然关系的更深层次理解。我们这里之所以使用"物质变换"，也是想区别于纯粹的自然科学术语，突出自然生态系统与经济社会发展的互动过程和作用规律。关于马克思恩格斯物质变换理论的来源，主要存在两种观点。一种观点认为马克思在哲学层面使用物质变换概念，深受摩莱肖特影响，典型代表为 A. 施密特。他在《马克思的自然概念》一书中指出，摩莱肖特受谢林的自然哲学和黑格尔主义的影响，之后吸收了费尔巴哈的思想，转向自然科学的唯物主义。② 摩莱肖特在《生命的循环》中，将物质循环概念理解为一种形式向另一种形式的转换。马克思在写给妻子燕妮的信中，明确将物质变换与摩莱肖特挂钩，尽管带有嘲讽的意味，但是不能排除受其影响。另一种观点将马克思恩格斯的物质变换观念追溯至李比希，以斋藤幸平等为代表。据斋藤幸平考证，马克思使用"物质变换"的概念是受到李比希等学者影响。③ 李比希在《化学在农业和生理学上的应用》（1840 年）、《动物化学》（1842 年）等经典著作中使用了物质变换的概念，并促进这一概念的普遍运用。马克思恩格斯非常重视李比希的著述，并高度肯定了李比希的理论贡献。"关于在连续投资时土地生产率降低的情形，可参看李比希的著作。"④ 而且，马克思恩格斯曾多次引用李比希的论述，用以阐释土地肥力问题。李比希、摩莱肖特都与马克思有时空交集，很有可能是思想上的交流和碰撞促进了彼此的认识。恩格斯在《反杜林论中》中写道："近 30 年来，生理化学家和化学生理学家已经无数次地说过，有机体的新陈代谢是生命的最

---

① 参见〔美〕约翰·贝拉米·福斯特《马克思的生态学——唯物主义与自然》，刘仁胜、肖峰译，北京：高等教育出版社，2006，第 177 页。

② 参见〔联邦德国〕A. 施密特《马克思的自然概念》，欧力同、吴仲昉译，北京：商务印书馆，1988，第 88 页。

③ 参见〔日〕斋藤幸平《马克思生态社会主义——资本主义、自然与未完成的政治经济学批判》，谭晓军、包秀琴、张杨译，北京：中央编译出版社，2024，第 51~65 页。

④ 《马克思恩格斯文集》第 7 卷，北京：人民出版社，2009，第 842 页。

一般的和最显著的现象。"① 马克思从现实的人出发，坚持具体—抽象—具体的研究方法，促进"物质变换"概念的改造升级，为揭露资本主义生产方式的反生态属性提供理论助力。具体来说，马克思恩格斯的物质变换理论的内涵主要体现在以下几个方面。

其一，物质变换是客观世界的基础性活动。辩证唯物主义和历史唯物主义认为，物质变换涵盖自然界、人类社会等多个层面。在自然界里，物质变换又分为有机界的新陈代谢活动和无机界的物质能量活动。植物通过光合作用实现物质转化和能量转化，动物通过摄食活动、呼吸作用促进生态系统的物质能量循环。马克思恩格斯还重点关注了自然科学领域的物质变换理论，阐述了土壤肥力、氮碳循环、森林管理等问题。1868 年 1 月 3 日，马克思给恩格斯写信，明确表达了向化学家卡尔·肖莱马（Carl Schorlemmer）征询建议的诉求，"最近出版的有关农业化学的书籍（德文的）哪一本最新最好？此外，矿肥派和氮肥派之争现在进行得怎样了？……为了写地租这一章，我至少要对这个问题的最新资料有所熟悉"②。在创作《资本论》其他各卷的过程中，马克思阅读了有关农业化学方面的著述，对植物生理学、人工肥料问题都有所钻研。③ 马克思在阐述级差地租时指出，"具有相同的化学成分，并且在这个意义上具有相等的自然肥力的两块土地，其现实的有效的肥力还会由于这种植物养分所处的形态而有所不同，因为在有的形态下这些养分容易被同化为、被直接吸收为植物养分，在有的形态下则不容易"④。植物养分是衡量土壤营养状况的重要指标，是开展农业生产的自然条件。通过科学施肥可以改善土壤的营养状况、促进农作物的生长，但是这种改进是存在自然界限的，土壤肥力不断下降也就不足为奇。总之，土壤肥力的变化是人与自

① 《马克思恩格斯文集》第 9 卷，北京：人民出版社，2009，第 86 页。
② 《马克思恩格斯全集》第 32 卷，北京：人民出版社，1974，第 5~6 页。
③ 参见马克思和恩格斯生平事业年表。1874 年 2 月至 3 月初，马克思为了继续写作《资本论》其他各卷而研究土地问题，因此钻研植物生理学和关于土壤的人工施肥的理论，阅读 J. 奥的《李比希的土壤贫瘠化学说和经济人口论》一书和其他有关农业化学的著述。参见《马克思恩格斯全集》第 18 卷，北京：人民出版社，1964，第 863 页。
④ 《马克思恩格斯文集》第 7 卷，北京：人民出版社，2009，第 733 页。

然之间物质变换过程的重要体现。马克思在阐述工人阶级报酬问题时指出，"成年男女平均每周最低限度需要 28600 格令碳素和 1330 格令氮素"①。所谓最低限度仅是指自然人的摄食消耗，而卫生、住房等作为人的真正的需要是无法保障的。实际的数字与斯密的估算相一致，可见棉纺织工人的营养状况多么糟糕。除了有机自然界的新陈代谢活动之外，马克思还提到了自然界中物理的、化学的变化，认为无机界的自然力是影响生产成本和资本周转速度的重要因素。"机器不在劳动过程中服务就没有用。不仅如此，它还会受到自然的物质变换的破坏力的影响。铁会生锈，木会腐朽。"② 人类社会领域的物质变换主要是指商品交换意义上的物质交换，以人与人之间的经济关系为主轴，体现为产业之间、地区之间、国家之间的物质变换活动。商品交换可以互通有无，能够满足生存所需，并实现某些社会目的。随着社会生产力的发展和社会分工的进步，社会基础设施日益完善，人们的生活需求也日益多样化，推动商品交换的频率越来越高、商品交换的范围越来越广。尤其是进入资本主义社会以后，商品交换成为主导性的经济形式，成为资本增殖的重要手段，对经济社会生活以及人与自然的关系产生广泛影响。一切关系似乎都可以简化为商品交换关系，价值规律在经济社会领域起着广泛的支配作用，商品拜物教又衍生为货币拜物教、资本拜物教。当人与人之间的关系简化为冰冷的金钱关系、物质关系，人与自然的关系必然发生异化。资本以逐利为本性，崇尚大量生产、大量交换、大量消费，不断挑衅自然生态系统的客观性、有限性。马克思通过考察商品形态的变化，揭示了社会物质变换的运行逻辑，剖析了商品的二重性、私人劳动和社会劳动的矛盾冲突，论证了资本主义危机的必然性。

其二，人与自然之间的物质变换以空间定向返还为重要原则。马克思恩格斯的物质变换理论建立在辩证唯物主义与历史唯物主义的基础之上，归根结底是强调"物质"的形式变化。此物质不仅涵盖自然界的物质性，而且涵盖人类社会的物质性，指向整个客观世界的物质性。19 世纪的能量守恒定律、细胞学说和进化论思想等自然科学成果使自然界的主要过程得到科学说

---

① 《马克思恩格斯文集》第 5 卷，北京：人民出版社，2009，第 754 页。
② 《马克思恩格斯文集》第 5 卷，北京：人民出版社，2009，第 214 页。

明，为物质变换理论的提出提供科学依据。1864 年 8 月 17 日，马克思在给莱昂·菲力浦斯的信中写道："不久以前我偶然看到自然科学方面一本很出色的书——格罗夫著的《物理力的相互关系》。他证明：机械运动的力、热、光、电、磁及化学性能，其实都不过是同一个力的不同表现，它们互相演化、替换、转化，等等。"① 在《自然辩证法》一书中，恩格斯运用近代自然科学的大量成果，阐明了机械运动、化学运动和生命运动的关联性特征以及从低级到高级的演化趋向。他指出："运动尽管有种种不断变换的形式，但是运动的总和始终不变。"② 自然界的物质变换过程不以人的意志为转移，总体上处于平衡的状态，构成客观世界物质变换运动的前提和基础。然而，受人类社会的生产方式、价值理念影响，地球生态系统的物质变换过程的平衡性渐渐被打破。从人与自然之间的物质变换看，自然界一直充当"水龙头"和"垃圾场"的双重角色。一方面，人类要向自然界索取生产、生活所必需的资料、养分，以维持生命系统的正常运行，确保社会生产和再生产过程的顺利进行。另一方面，人类需要向自然界排泄废弃物。人类作为生命有机体，要将进行生命活动所产生的废弃物排出体外。而且，人类在生产、消费和其他活动中的废弃物也需要"返还"给自然界。马克思在考察不变资本节约这一问题时，谈到了生产排泄物和消费排泄物，其中生产排泄物是指工农业生产所产生的废料，消费排泄物是指人的新陈代谢活动所产生的排泄物或消费品消费以后残留下来的东西。③ 在劳动生产率和垃圾处置等条件一定的情况下，生产得越多、消费得越多，客观上人类向自然环境排放的废弃物就越多。排泄物的再利用主要取决于排泄物重新纳入生产环节的成本核算和增值效益，并在很大程度上依靠科学技术的进步。"土地好比是一个机器，要经常将庄稼从土壤中拿走的东西归还给它，才能恢复它在生产中所消耗的'力量'。"④ 同时，马克思恩格斯也指出，排泄物如果不能得到恰当处理，不能

---

① 《马克思恩格斯全集》第 30 卷，北京：人民出版社，1975，第 666～667 页。
② 《马克思恩格斯文集》第 9 卷，北京：人民出版社，2009，第 481 页。
③ 参见《马克思恩格斯文集》第 7 卷，北京：人民出版社，2009，第 115 页。
④ 〔德〕尤·李比希：《化学在农业和生理学上的应用》，刘更另译，北京：农业出版社，1983，第 2 页。

有效地返还自然界，就很有可能造成环境污染。"返还"或者是指仍有使用价值，能够重新纳入生产环节；或者能够被自然界降解、消纳，重新纳入生态循环系统。人类生产、生活的排泄物如果不能正常"返还"自然界，不仅会挤占自然空间，而且容易转化为有毒有害物质污染生态环境，导致人与自然的物质变换过程出现裂缝。另外，一般来说，从哪个区域索取，就应该返还哪个区域，否则就会造成区域的生态系统失衡。在马克思恩格斯看来，生产、分配、交换、消费的空间分离，使得乡村从属于城市、发展中国家从属于发达国家，造成人类从自然界索取的生产、生活资料，不能定向"返还"土地，产生人与自然之间的物质变换断裂。在人类社会领域，"交换过程使商品从把它们当做非使用价值的人手里转到把它们当做使用价值的人手里，就这一点说，这个过程是一种社会的物质变换"①。在生产资料资本主义私有制的条件下，劳动力、资源环境都被过度商品化，出现价格背离价值、价值背离使用价值的问题，形成资本单向掠夺劳动力和资源环境的局面。

其三，人与自然之间物质变换的实现形式是多种多样的，劳动起到关键性的作用。宇宙万物都有其固有的属性和规律性，总是以其特有的方式进行物质变换活动。自然界的物质变换不仅有物理的、化学的、生物形式的能量转换，还有有机界与无机界的混合变换形式。人类也要参与地球生态系统的物质变换过程，同时也必须顺应自然界的运行规律。从人与自然的关系层面看，自然界不会自动自发地满足人类需求，劳动是人从自然界独立出来的基础，是人类从自然界摄取能量和信息的独特方式。劳动是塑形的活火，能够改变自然界的物质形态，是"人类生活得以实现的永恒的自然必然性"②。人与自然界的物质变换活动是否顺畅，主要取决于人对自然界的认识和把握程度，也就是取决于劳动的能力和水平。通过劳动，人类与自然之间建立了真正的联系，人的本质力量凝结为物质产品、精神产品。劳动不仅是人与自然相互联系的纽带和中介，而且是协调人与自然物质变换过程的关键。马克思认为，劳动过程既是人的本质力量的对象化过程，也是促进自然人化的过

---

① 《马克思恩格斯文集》第5卷，北京：人民出版社，2009，第125页。
② 《马克思恩格斯文集》第5卷，北京：人民出版社，2009，第56页。

程。社会领域的物质变换主要用来阐释商品之间的交换，具体通过生产、分配、交换、消费等社会再生产环节实现。"它们构成一个总体的各个环节，一个统一体内部的差别。"① 这四个环节本身是历史的产物，并不是简单的循环重复，在不同的时期具有不同的内容和表现形式。从简单流通到资本流通，商品的价值形态和使用价值形态因为交换发生变化。"交换的体系，从使用价值来看，是物质变换，从价值本身来看，则是形式变换。"② 在生产环节，劳动者的分工协作，实现了从原材料到劳动产品的物质转换；在消费环节，生产资料重新被分解为一般元素，生活资料转化为人类生命活动的物质内容。"原料不再保持自己的自然形状和自然特性，而是丧失了这种形状和特性。"③ 生产是起点，消费是终点，分配和交换是联结生产和消费的纽带。社会再生产的核心问题是社会总产品在实物上得到替换，在价值上实现补偿，因此必须促进生产、分配、交换、消费等环节衔接流畅。"资本价值通过它在自己的运动中经历的三个不同的阶段而创造出不同的形式：货币资本形式、生产资本形式和商品资本形式。"④ 在资本的挟制之下，商品关系趋向泛化，使得人与自然之间的物质变换活动要不断面对新的变数甚至是不可持续的严重威胁。

二 关于物质变换特征论述的空间维度及其生态意蕴

经过马克思恩格斯的创造性阐发，关于物质变换概念的使用已经超出生理学和农业化学的界限，在内涵和外延上都有所拓展，至今具有很大影响。理解马克思恩格斯的物质变换理论至少要从以下几方面着手。

其一，物质变换的内容具有渗透性。马克思恩格斯的物质变换理论指向自然生态系统与社会历史的共同演进，涵盖自然和社会双重维度。如前所述，物质变换过程涵盖自然界的物质变换、人与自然的物质变换以及社会历

① 《马克思恩格斯文集》第 8 卷，北京：人民出版社，2009，第 23 页。
② 《马克思恩格斯全集》第 31 卷，北京：人民出版社，1998，第 26 页。
③ 《马克思恩格斯文集》第 8 卷，北京：人民出版社，2009，第 14 页。
④ 《马克思恩格斯全集》第 50 卷，北京：人民出版社，1985，第 20 页。

史领域的物质变换等内容，辐射人、自然、社会之间的多层面互动关系。自然界作为人类活动的平台、条件以及要素不仅要承接人类活动的过程和结果，而且会对人类活动产生反作用。除了生产力、社会分工和财富分配的发展状况会对人类的生产、生活的分布状况产生支配性影响之外，自然界的山脉走向、水文循环、生物结构、气候变化也会参与其中。"一个工业民族，当它一般地达到它的历史高峰的时候，也就达到它的生产高峰……某些种族素质，气候，自然环境如离海的远近，土地肥沃程度等等，比另外一些更有利于生产。"[1] 生产方式深受环境变化的影响，财富创造的关键在于选择更便利、更充分的自然条件。无论是在自然界本身的物质变换还是社会历史领域的物质变换中，自然规律无时无刻不在发挥作用。自然界为人类社会发展划定了边界，只是有些时候是以隐性秩序的形式发挥作用，因而不易觉察。而且，地球生态系统是一个有机整体，三个领域的物质变换活动并不是简单的并列、平行关系，而是相互联系、交互作用的共存关系。同时，每个领域的物质变换既要遵循整个生态系统的运行规律，又具有各自的特点。其中，社会历史领域的物质变换体现着人的目的性、自觉选择性和主动创造性，并在人的实践活动中实现。人与自然之间的物质变换是联结自然物质变换和社会历史领域物质变换的纽带，体现了自然与社会协同演进的规定性。"马克思的物质变换理论关注的是，作为再生产的基本物质条件，大自然物质变换的自然生态过程是如何在社会物质变换的第二序列中介下重新组织起来的。"[2] 我们既要看到社会历史领域物质变换过程对自然界的依赖性，又要看到社会历史领域物质变换活动对自然界物质变换过程的支配性影响。这就要求人们在从事物质变换的实践活动中，既要遵循自然规律，也要遵循社会发展规律。

其二，物质变换的过程是有方向的。历史唯物主义认为，人类要维持自身的生存和发展，就需要与外界环境进行物质能量信息交换。基于能量守恒

---

[1] 《马克思恩格斯文集》第 8 卷，北京：人民出版社，2009，第 10 页。

[2] 〔日〕斋藤幸平：《全球生态危机背景下的马克思物质变换理论》，张健、郭梦诗译，《南京工业大学学报》（社会科学版）2020 年第 6 期。

定律和熵增定律可以判断，物质变换是一个双向互动过程。自然界的物质变换往往是自发进行的，同时也是有方向的。水由高处向低处流，溶质从高浓度区域向低浓度区域扩散。自然界的演进也是有方向的，从无机物到有机物、从简单到复杂、从低级到高级的演化是不可逆转的。人类文明的发展过程本身是不断超越自然必然性、从必然王国向自由王国飞跃的过程。随着生产力的发展和社会的进步，人类对自然界的利用能力、利用程度、利用方式必然有所不同。马克思从经济角度将外部自然条件分成生活资料富源和劳动资料富源两类。"在文化初期，第一类自然富源具有决定性的意义；在较高的发展阶段，第二类自然富源具有决定性的意义。例如，可以用英国同印度比较，或者在古代世界，用雅典、科林斯同黑海沿岸各国比较。"① 肥沃的土壤、渔产丰富的水域是生活资料生产的重要条件，是人类生存的前提和基础。瀑布、河流、森林、矿藏是生产资料生产的重要来源，是人类再生产的前提和基础。人与自然的物质变换由简单地、直接地从自然界索取生活资料，向不断扩大生产资料的创造与使用和间接获取生活资料的阶段发展。在这个过程中，人类对自然界的认识不断深化，对自然界的适应能力明显增强，因此能够在更大范围内、更深层次上与自然界进行物质变换。

如上，人与自然之间的物质变换在不同的历史时期呈现不同的特征。从社会领域看，基于生产力和社会分工的不断发展，物质变换在广度和深度上逐步拓展。商品交换大致经历了三个发展阶段，即物物交换（$W-W$），简单商品交换（$W-G-W$），发达商品交换（$G-W-G'$）。总体来看，随着社会的发展进步，商品交换的形式不断发生新的变化，并在时空范围上不断扩大。在 $W-W$ 运动中，一旦交换完成，社会劳动的物质变换随即达成。当货币取得了流通手段的职能，$W-G-W$ 成为劳动产品物质变换借以完成的形式，买和卖在时间和空间上能够分离，推动商品交换快速发展起来。随着货币硬化为储藏货币，"这一形式变换从物质变换的单纯中介变成了目的本身"②，资本增殖取代人的需要成为社会物质变换的主要引擎。资本主义社会以商品生

---

① 《马克思恩格斯文集》第 5 卷，北京：人民出版社，2009，第 586 页。
② 《马克思恩格斯文集》第 5 卷，北京：人民出版社，2009，第 153 页。

产和商品交换为必要条件，同时也带来商品交换的蓬勃发展。商品交换包含有形商品和无形商品的交换活动，推动了社会财富的快速累积，推动了世界文化的交流传播，并对整个人类文明的发展进步产生极大的促进作用。不过，商品交换的泛化也给经济社会带来负面影响，经济生产的无序性和盲目性延伸至资源环境，必然将人与自然的关系置于更加危险的境地，给人类社会的持续发展带来严重威胁。

其三，物质变换的空间尺度具有多层次性。理解空间往往就是理解尺度上的复杂关系，对权利关系和利益关系的分析必须与空间尺度结合起来。[①] 马克思恩格斯致力于探索自然界、人类社会、人类思维发展的普遍规律，既有整体性视野，又能从微观处着眼，囊括多层次空间尺度。具体而言，从空间尺度着眼，马克思恩格斯的物质变换理论包括三个方面：身体物质变换、城乡物质变换以及全球层面的物质变换。首先，马克思恩格斯以身体为起点探索物质变换过程。无论是身体内部还是身体与外界环境之间，都要不断地进行物质和能量的交换与转变，以支撑生命活动，实现自我更新。而且，人类具有自然与社会双重属性，除了要维持生物体的吃喝之外，还能以劳动为中介改造自然界，因而具有更普遍的适应性。马克思明确指出："一个种的整体特性、种的类特性就在于生命活动的性质，而自由的有意识的活动恰恰就是人的类特性。"[②] 劳动以身体为载体，是人的存在方式。劳动力成为商品是资本主义生产方式得以生成的前提条件，资本正是以奴役劳动为手段操控自然界、社会。其次，马克思恩格斯以城乡之间的物质变换为主要聚焦点。在工业革命以前，城市的功能和作用并不突出，农村作为国家经济的重心聚集着大量人口。工业革命以后，工业生产、人口、资源逐渐向城市聚集，原有城市不断壮大，新的城市中心拔地而起，城市取代农村成为经济社会生活的主要场所。一方面生产资料和劳动力向城市聚集，产生强

---

① 参见〔英〕诺埃尔·卡斯特利、〔英〕尼尔·M.科、〔英〕凯文·沃德、〔英〕迈克尔·萨默斯《工作空间：全球资本主义与劳动力地理学》，刘淑红译，南京：江苏凤凰教育出版社，2015，第 119 页。

② 《马克思恩格斯文集》第 1 卷，北京：人民出版社，2009，第 162 页。

大的生产能力；另一方面生产、生活资料集中消费之后的剩余物不能有效回归土地，进而产生人与自然的分离和对立。恩格斯在《反杜林论》中谈道，要消除空气、水和土地的污染，就必须消灭现代工业的资本主义性质，通过城乡融合，使城市生活居民的排泄物能够用作土地的肥料。[①] 最后，马克思恩格斯以全球层面的物质变换为总体性视野。马克思恩格斯以无产阶级和全人类的解放为己任，阐述共产主义取代资本主义的必然趋势。在前资本主义社会，各民族地区基本处于孤立隔绝、彼此分离的状态。随着资本主义生产方式的快速发展，各民族之间的交往趋向普遍化，现实人的活动逐步转化为世界性的活动。马克思曾多次论述发达资本主义国家对未开化或半开化国家的掠夺，并在一定程度上涉及资本主义生产方式在全球层面所造成的物质变换断裂。他在《资本论》中写道，"有必要对工厂劳动强制地进行限制，正像有必要用海鸟粪对英国田地施肥一样。同是盲目的掠夺欲，在后一种情况下使地力枯竭，而在前一种情况下使国家的生命力遭到根本的摧残"[②]。工业革命后，人口急速增加，对农业生产造成极大压力。海鸟粪由于富含氮和磷，成为欧洲资本主义国家争相掠夺的对象。在《化学在农业和生理学上的应用》一书中，李比希用实验数据比较准确地分析了农业生产中的物质变换活动，认为植物生长需要碳、氢、磷、钾、铵等矿质元素，并从中引出"返还定律"，尤其是阐述了对海鸟粪掠夺式开发的负面影响。"经过6—9年后，在欧洲，或英国，如果要养活所增长的人口，实际上依赖于进口铵的话，将会发生什么事呢？我们能在6年内进口1200万公担，9年内进口1800万公担的海鸟粪吗？我们完全知道，依靠海鸟粪，铵的来源很快要损耗殆尽。"[③] 李比希的观点对马克思恩格斯产生重要影响，马克思也因此提到海鸟粪问题。英国每年从秘鲁进口大量海鸟粪以补充土壤肥力，支撑农业生产。马克思恩格斯的物质变换理论涵盖国家与国

---

① 参见《马克思恩格斯文集》第9卷，北京：人民出版社，2009，第313页。
② 《马克思恩格斯文集》第5卷，北京：人民出版社，2009，第277页。
③ 〔德〕尤·李比希：《化学在农业和生理学上的应用》，刘更另译，北京：农业出版社，1983，第376页。

家层面的交往，体现世界历史的宏大视野。福斯特沿袭马克思恩格斯的物质变换理论的国际视野，深刻批判了生态帝国主义的破坏性影响。"在丧失了所有的硝石和多数海鸟粪这两种主要的出口资源之后，秘鲁经济在战争之后就崩溃了。"①

三 关于物质变换空间格局演变的论述及其生态意蕴

工业革命以后，物质资料生产方式的空间形态发生巨大变迁，经济社会发展的空间结构经历重组，带动整个社会的深刻变革。马克思恩格斯的生产方式理论所揭示的实质是人与人、人与自然以及自然与社会之间的特定有序关系，其中涉及劳动过程的空间性。同时，他们以资本主义生产方式为现实立足点，阐述了资本主义生产方式的空间变迁及其对人与人、人与自然以及自然与社会之间关系造成的深远影响。

工业区位选择的出发点体现人对自然的依赖性。马克思恩格斯认为，影响工业区位选择的因素是多重的，其在很大程度上取决于人对自然力的利用程度。具体而言，地理位置、土壤肥力、水源状况等构成影响工业区位选择的自然因素，原料燃料、消费市场、交通运输、科学技术等构成影响工业区位选择的经济因素，历史条件、风俗习惯、人口分布、政府政策等构成影响工业区位选择的社会因素。其中自然因素构成工业区位选择的前提和基础，原料燃料、消费市场、人口分布、历史条件等往往来自自然因素的衍生转化，是在自然因素的基础上形成的惯性延续和优势累积。在《1861—1863年经济学手稿》中，马克思着重阐述了地理位置在工业区位选择中的关键性地位，强调土壤肥力和位置是级差地租形成的前提条件。对殖民者来说，"首先具有决定意义的是位置，是位于沿海、靠近大河等等。美洲西部等地区的土地可以说要多么肥沃就有多么肥沃，但是移民自然而然会定居在新英格兰、宾夕法尼亚、北卡罗来纳、弗吉尼亚等地，总之，是东临大西洋的地

---

① 〔美〕约·贝·福斯特：《生态革命——与地球和平相处》，刘仁胜、李晶、董慧译，北京：人民出版社，2015，第217页。

区"①。由于土地是有限的，对优质土地的支配和占有意味着掌握更有利的生产条件，意味着产生更大社会财富的可能性。基于地理位置和土壤肥力而产生的利润是级差地租Ⅰ，基于生产技术、追加投资等产生的利润属于级差地租Ⅱ。距离消费市场、原料燃料产地越近，不仅容易降低劳动成本，而且有利于资本的快速流通。地理位置和土壤肥力对资本利润而言都非常重要，最优化的配置对资本增殖更加有利。"因为'位置'是一个随着经济发展历史地发生变化的条件，因为它随着交通工具的开发、新城市的兴建、人口的增长等等而必然不断改善，所以很明显。"② 地理位置表征着具体地域的自然条件的总和，关系着未来发展的潜力和可能性。

空间格局演变取决于人对自然力的利用程度。在原始社会，由于生产力水平极其低下，人类主要使用骨制和石制的器具，以采集和狩猎为生，对自然力保持宗教式的崇拜。在采集和狩猎过程中，人类通常结成规模相当有限的群落，在天然动植物资源比较丰富的地区过着流动群居的生活。随着自然环境的变迁，人类在反复适应生态环境的过程中逐渐掌握农耕技术，并开始定居生活，促进聚落规模明显扩大。传统农业社会主要以人力、畜力为原动力，以手工制农具为生产工具，依靠土地的直接产出来生存、繁衍。人类主要聚集在相对平坦、肥沃、温暖的区域，以充分利用适于农业发展的自然条件。物质的力量只能用物质的力量去改变，生产工具的巨大进步和科学技术的跳跃发展意味着人类对自然界的认识进一步深化，同时能够在更大的规模、更深的层次上利用自然力，必然带动生产、生活空间格局的发展变迁。自然力作为潜在的物质生产能力要转化为现实的生产力，必须依靠科学技术的发展进步。"正像人呼吸需要肺一样，人要在生产上消费自然力，就需要一种'人的手的创造物'。要利用水的动力，就要有水车，要利用蒸汽的压力，就要有蒸汽机。利用自然力是如此，利用科学也是如此。"③ 人类为掌握新的生产原动力汲汲探索，创造了璀璨的文明。在人类历史上，火的使用曾

① 《马克思恩格斯全集》第34卷，北京：人民出版社，2008，第346~347页。
② 《马克思恩格斯全集》第34卷，北京：人民出版社，2008，第348页。
③ 《马克思恩格斯文集》第5卷，北京：人民出版社，2009，第444页。

经使人类在饮食御寒方面取得重要突破，促进人类狩猎能力的提升，为人类摆脱气候和地域限制提供强大助力。在瓦特改良蒸汽机之前，工业生产主要以水力为动力，工厂选址主要局限于临近河流之地。在瓦特改良了蒸汽机后，机械化工具逐步取代了手工工具，蒸汽动力逐渐取代了人力、畜力、风力和水力，煤炭取代木材成为主要能源，推动工业取代农业成为主要生产部门。"这种原动机是在城市使用的，不像水车那样是在农村使用的，它可以使生产集中在城市，不像水车那样使生产分散在农村，它在工艺上可得到普遍的应用，在地址选择上不太受地点条件的限制。"① 伴随着人类对自然界性能和属性的新认识，生产发展不断获得新的动力支撑，并进一步增强人类空间选择的自由性。因此，人与自然之间的物质变换可以在更广阔、更深层的空间范围内进行，劳动、资源、技术、文化等因素的快速流动又为空间格局的演进增添强大动能。

空间集中给人与自然之间的物质变换过程带来巨大挑战。马克思恩格斯从空间集中的角度阐释了工业革命以后世界空间格局的变迁。随着科学技术的蓬勃发展和化石燃料的广泛应用，人口和产业逐步向城市集中。生产过程的空间集中，推动社会分工的深化，促进生产协作的发展，形成强大规模效应。这不仅促进人力、资源以及原材料的集中利用，带动生产成本的下降和劳动生产率的提高，而且推动了城乡之间的分离和对立。货币形式的发展，增加了交易的便利性，推动了商品交换规模的扩大。"随着大量人口和资本在一定的地点这样加速集中，大量资本也就集中在少数人手里。同时，由于生产地点和销售地点的相对位置随着交通工具的变化而发生变化，这些地点又会发生一些变化。"② 交通工具和交通设施日益完善，大大压缩了空间距离，增加了社会交往的时效性。城市越集中，社会基础设施越完善、交通环境越便利、市场越成熟，就越容易凝聚资本、技术和劳动力。"这就决定了大工厂城市惊人迅速地成长。"③ 旧的生产中心

① 《马克思恩格斯文集》第5卷，北京：人民出版社，2009，第434页。
② 《马克思恩格斯文集》第6卷，北京：人民出版社，2009，第278页。
③ 《马克思恩格斯全集》第2卷，北京：人民出版社，1957，第301页。

没落，新的生产中心崛起，集中式的空间格局取代了分散式的空间格局。随着空间集中趋强，原有的自然界限不断被突破，世界各地的联系越来越密切，形成不发达国家从属于发达国家、乡村从属于城市的局面。资本主宰下的空间格局服从于资本增殖目的，资本主导的空间集中要求最大限度地提高劳动生产率、最大化地降低劳动成本、最大化地开发利用资源和环境，必然给人与自然之间的物质变换过程带来新的挑战。恩格斯就曾实地考察且翔实记录了英国工业化、城市化进程中的环境污染问题，并在致康拉德·施米特的信中批判了工业革命的生态后果。生产、生活的空间集中与资源环境的开发利用存在一定矛盾和冲突，如何在空间集中的基础上确保人与自然之间物质变换过程的顺利进行，是摆在人类面前的重大时代课题。

第三节　空间生产理论之于生态文明建设的方法论意义

从根本上说，空间生产是生产力和生产关系之间矛盾运动在现代社会的重要表现形式，同时空间本身的发展变迁对生产力和生产关系的矛盾运动具有重大影响。马克思恩格斯在批判资本主义生产方式形成过程、本质属性和运行机制的过程中提出自然生产力和物质变换等重要思想，在研究生产力和生产关系空间运动的过程中加深了对自然界的认识，为揭示资本主义空间生产的生态悖论奠定理论根基。

一　坚持从具体到抽象和从抽象到具体的统一

马克思在《〈政治经济学批判〉导言》中对从具体到抽象和从抽象到具体相统一的方法做了比较精辟的论述，指出"从表象中的具体达到越来越稀薄的抽象，直到我达到一些最简单的规定。于是行程又得从那里回过头来，直到我最后又回到……一个具有许多规定和关系的丰富的总体了"①。从具体到抽象和从抽象到具体是辩证统一的，体现了马克思主义理论的独创性认识

---

① 《马克思恩格斯文集》第8卷，北京：人民出版社，2009，第24页。

路径，也是马克思主义政治经济学的基本方法，对于科学认识"社会-经济-自然复合生态系统"的本质规律具有重要意义。马克思坚持从具体到抽象以及从抽象到具体相统一的方法，厘定资本主义政治经济学的核心范畴，揭示资本主义经济运行的一般规律。众所周知，《资本论》的整体架构和论述脉络正是马克思运用从具体到抽象以及从抽象到具体相统一方法的典型范例。例如，马克思坚持从具体到抽象的方法，从纷繁复杂的资本主义经济现象中抽象出最简单的要素——商品，并从商品的二重性出发，发现劳动的二重性，创立了科学的劳动价值论，进而揭露了剩余价值的秘密。同时，马克思又运用从抽象到具体的方法，循序分析论述了剩余价值率转化为利润率、剩余价值转化为平均利润、价值转化为生产价格、剩余价值在资本家内部重新分配的过程。具体是抽象的基础，抽象是具体的综合。具体性中包含着抽象性，抽象是最广泛的具体。坚持从具体到抽象与从抽象到具体的统一，不仅有利于科学准确地把握马克思空间生产理论的基本原理，而且可以为有效解决现代化空间布局所关涉的生态问题提供科学指导。

坚持运用从具体到抽象的方法认识空间生产的本质。从具体到抽象的方法是指从具体的现实出发，透过纷繁复杂的表象概括提炼出事物本质。具体是现实的起点，也是直观和表象的起点。现实世界是相互联系的有机整体，不是单一维度的、孤立零散的、局部片面的现象联系，是人类在实践活动中所形成的人与人、人与自然以及自然与社会之间关系的总和。他运用抽象逻辑思维从具体现实中提炼出分工、货币、价值等具有决定意义的抽象的一般关系，并由此构建了政治经济学体系。空间范畴虽然不是马克思政治经济学批判中的核心范畴，却同样经历着从经验走向抽象的发展过程。回顾历史，自然空间的具象性和丰富性渐次展开成就了现实世界的多样性，但是在自然空间向社会空间转变的过程中，却出现了同质化、简单化的问题。马克思指出："具体之所以具体，因为它是许多规定的综合，因而是多样性的统一。"① 从具体到抽象是从抽象到具体的前提和基础，如果没有从具体到抽象的基础性作

---

① 《马克思恩格斯文集》第 8 卷，北京：人民出版社，2009，第 25 页。

用，所有的理论范畴都是空洞虚幻的。马克思在《资本论》中用较大篇幅阐释了工业革命之后空间表象的鲜明变化，诠释了资本空间生产的发展趋向。科学技术的发展推动空间关系的全面变革，人口从农村流动到城市，生产过程集中到城市，城市规模不断扩大，形成新的生产中心。而且，交通工具和交通设施的发展，改变了原料产地、生产中心、消费中心的位置关系，推动新的空间格局的形成和拓展。透过复杂冗繁的空间表象，可以层层剥离出其具体的普遍性，也就是抽象的共时性关系。资本主义空间生产的实质，就是通过整合劳动资料、劳动对象、劳动主体的共时性关系，进而千方百计地减少传统空间的障碍，促进剩余劳动时间的相对延长，推动劳动生产率的提高，进而实现利润增殖的目的。

从抽象到具体是指从抽象的规定性出发，再现客观世界丰富性和多样性的过程。抽象再现不是要回到起点，而是走向更高层次的具体。从抽象到具体体现意识的能动性，强调从主体角度把握客观世界的过程，即按照逻辑规则再现历史发展过程。如果没有抽象的指导，具体的实践过程就是盲目的过程，很难实现真正意义的发展。"从抽象上升到具体的方法，只是思维用来掌握具体、把它当做一个精神上的具体再现出来的方式。"① 马克思运用从抽象到具体的方法，揭示了物质生产转化为空间生产，分散孤立的空间格局转化为中心-边缘化的空间格局，进而形成劳动力奴役于资本家、农村从属于城市、东方从属于西方的世界格局。

从具体到抽象和从抽象到具体是互为前提、辩证统一的，共同构成从现实具体到思维抽象再到思维具体的发展过程。马克思主义认为，主观辩证法是客观辩证法在思维中的反映，二者在内容来源上都是客观的。人类之所以能够从具体的、现实的历史出发提炼出抽象的概念和范畴，一方面得益于认识能力的发展进步，人类能够利用抽象力形成关于具体普遍性的判断和认识，另一方面来源于客观世界自身的矛盾运动及其从低级到高级、从简单到复杂演进的必然结果。空间作为自然界、人类社会的存在形式之一，展现了

---

① 《马克思恩格斯文集》第 8 卷，北京：人民出版社，2009，第 25 页。

生产力和生产关系矛盾运动的基本维度。当然，空间生产的强大力量是在商品交换普遍发展的状况下展现的，可以说是资本主义体系的产物。"这个十分简单的范畴，在历史上只有在最发达的社会状态下才表现出它的充分的力量。"① 资本具有不断扩张和增殖的本性，其惯用的策略就是不断自我复制、自我强化，不断冲破传统边界的束缚，使整个社会的空间结构走向分化和失衡。"空间作为一种抽象的统治形式却牢牢地抓住具体的'地方'，并用尽手段赋予了原本互不相关、千差万别的'地方'以整体的功能。"② 从身体空间、城乡空间、区域空间到整个世界的空间格局都趋向等级化、碎片化、同质化的发展样态，推动资源环境的集中化、规模化利用。在社会空间的支配之下，自然界的多样性、复杂性、偶然性被片面地肢解为单一化的要素、零碎的部分，人与自然的关系呈现为单向度的发展态势。随着科学技术的蓬勃发展以及经济全球化复杂性不断升级，空间扩张以及空间的深度社会化日益成为资本主义体系自我突破的主要战略手段，空间生产成为资本积累的重要组成部分。

当然，伴随资本主义空间生产的深度演进，人与自然的关系方面出现了更多的矛盾和冲突。从某种程度上说，生态环境问题是资本主义空间体系运作的必然结果，空间生产给资源环境造成的威胁更加复杂、更加不确定。坚持运用从具体到抽象和从抽象到具体的方法，旨在更好地分析资本主义的新变化，批判资本主义扩张中的新问题，弄清楚空间生产与生态环境衰退之间的基础理论问题和客观现实问题。经过几百年的反复实践，一方面，资本主义社会的市场经济、基础设施、社会制度已比较成熟，生产力发展水平更是超越以往社会形态。尤其是资本主义的空间扩张已经发展到极致状态，在应对资本过度积累问题中发挥着越来越重要的作用。另一方面，资本空间化也带来了严重的环境污染问题。马克思明确指出："人体解剖对于猴体解剖是一把钥匙。"③ 坚持运用从抽象到具体和从具体到抽象的方法，切实厘清空间

---

① 《马克思恩格斯文集》第 8 卷，北京：人民出版社，2009，第 27 页。
② 刘怀玉：《现代性的抽象空间、矛盾空间和差异空间的生产——以黑格尔、马克思、尼采为研究视角》，《国外理论动态》2023 年第 1 期。
③ 《马克思恩格斯文集》第 8 卷，北京：人民出版社，2009，第 29 页。

资本化与资本空间化的运行逻辑和生态影响，有助于真正超越西方资本主义国家对外掠夺扩张、先污染后治理的现代化老路，积极探索人与自然和谐共生的现代化新道路。

二　坚持自然尺度与社会尺度的统一

马克思在《1844 年经济学哲学手稿》中写道："动物只是按照它所属的那个种的尺度和需要来构造，而人却懂得按照任何一个种的尺度来进行生产，并且懂得处处都把固有的尺度运用于对象；因此，人也按照美的规律来构造。"① 通过比较人与动物在构筑住所空间方面的本质区别，马克思提出了人类生产的两种尺度。"种的尺度"主要指自然界的本质和规定性，强调生产活动必须尊重、体现自然界的规律性，即自然尺度。"固有的尺度"主要指人类的本质和规定性，强调体现人类的主观意图和标准，即主体性尺度。马克思一贯反对抽象地谈论价值标准，主张从现实的社会历史进程出发把握人类的利益需要和价值标准。② 所谓"固有的尺度"，是在说明人的类本质特征时提到的，而不是针对某个人或某个阶级的利益和需求，因此"固有的尺度"也是指社会历史的尺度。进入工业社会以后，人类所面对的客观世界具有更强的波动性、复杂性、模糊性、不确定性和不对称性，自然界千姿百态、人类社会扑朔迷离，各种横向联系、纵向联系千缠万绕。同样，人类作为主体的认知水平、情感态度、价值观念也在不断发生变化，不同阶层群体的利益诉求和行动逻辑经常存在分歧和对立。因此，对人类而言，不仅认识和把握客观世界是一项非常具有挑战性的事业，而且如何突破自身局限，统筹不同层次主体的利益关系冲突，以形成科学判断，也是困难重重。恩格斯在《反杜林论》中指出："事实上，世界体系的每一个思想映象，总是在客观上受到历史状况的限制，在主观上受到得出该思想映象的人的肉体状况和精神状况的限制。"③ 主观认识与客观世界之间经常存在矛盾冲突，发生"分裂""碰撞"

---

① 《马克思恩格斯文集》第 1 卷，北京：人民出版社，2009，第 163 页。
② 参见池舟人《价值论中的社会历史尺度》，《浙江学刊》1987 年第 4 期。
③ 《马克思恩格斯文集》第 9 卷，北京：人民出版社，2009，第 40 页。

也是常态。人们能否坚持人与人、人与自然、自然与社会的统一，是空间重塑活动能否成功的重要标尺。理解和运用马克思恩格斯的空间生产理论，必须统筹把握两个尺度的辩证关系，在构筑生产空间、交通空间、居住空间、交往空间等的过程中都要体现两个尺度的共同要求。

坚持自然尺度与社会尺度的统一，必须尊重自然界的基础性和前提性地位。动物只能按照直接的肉体的需要进行生产，说到底是一种本能活动，其所活动的空间范围主要取决于生物行为的可达性。它们只能依靠遗传本能和自然选择盲目地适应客观世界，不能通过文化符号实现传播、传承。动物的生产尺度具有单一性、被动性，在适应自然界的能力方面也具有相当大的局限。即便如此，动物的本能活动并不是可有可无，它们对栖息空间也有各种需求，具有对阳光、空气、捕食、运动以及和同类交往的需要，甚至有爱清洁的习惯，能够"为自己营造巢穴或住所"[1]。除此之外，植物也有特定的生长规律，需要适宜的光照、水分、温度等条件，需要土壤滋养。自然界万物的运动变化都遵循着自然规律，都有其生长的空间条件和空间轨迹。人的普遍性和自由性就在于既可以按照内在需要的尺度进行生产，又可以按照客观世界的尺度进行生产。蜜蜂按照蜜蜂的标准筑巢，蜘蛛会按照蜘蛛的标准结网。人的标准当然不能等同于客观世界的标准，问题的关键是在人与自然界的物质变换过程中，在同化和掌握自然力的实践活动方面，人的理解和实践能否与客观世界真正契合。在利用自然力的过程中，要充分考量自然资源的储量、再生时间和开采条件等情况，以确保生产活动的持续性和稳定性。在人与自然之间的物质变换过程中，要充分考量生态系统的运行效率、自我调节能力，以确保人与自然界之间物质变换过程的和谐顺畅。在进行空间扩张的过程中，要统筹考量劳动生产效率、工业区位选择、生产力布局、区域分工等与动植物生存的关联性，进而确保动植物生存空间的完整性，维护生态系统的平衡性。

坚持自然尺度与社会尺度的统一，必须满足社会整体的需要和利益。马

---

[1] 《马克思恩格斯文集》第 1 卷，北京：人民出版社，2009，第 162 页。

克思恩格斯的经典著作曾经涉及个体主体、群体主体和社会主体等多个层次的问题，且重点论述了不同阶级主体、空间主体（城乡主体、国家主体）的利益差异和矛盾冲突及其在观念层次上的分歧。社会尺度并不单指某个区域群体或某个阶级群体的需要和利益，而是指向每个人的自由全面发展以及整个社会的发展进步。社会历史的发展是多种因素共同作用促成的，"最终的结果总是从许多单个的意志的相互冲突中产生出来的"①。尽管人类社会发展渗透着人的目的意识，但是社会发展的进程是不以某个人或某个群体的意志为转移的，衡量社会发展进步的价值标准也是客观的。空间重构是否合理，归根结底要看是否有利于个体能动性和创造性的发挥，是否有益于人类的生存和发展。人的积极性和创造性的发挥不仅依赖一定的物质条件和物质手段，而且与人的科学文化素质、身心状况的发展程度有莫大关系。人的主观需要是指体现人的类本质的自由自觉活动的需要，不是被奴役、被误导的需要。因此人的空间活动，不仅要满足人的基本生存需要，而且能够满足人的心理需要、审美需求，使精神需求有安放之处。当然这里提到的需要更多的是一种理论界定的需要，从应然需要走向实然需要应当具备充分的现实条件。在生产资料资本主义私有制的条件下，总是有一部分群体凭借生产资料的所有权恣意占有或支配另一部分群体的劳动成果。"在这里，社会上一部分人向另一部分人要求一种贡赋，作为后者在地球上居住的权利的代价，因为土地所有权本来就包含土地所有者剥削地球的躯体、内脏、空气，从而剥削生命的维持和发展的权利。"② 在资本主义社会，这种支配性权力在很大程度上表现为空间层面的支配性关系，具体通过不平衡的城乡结构、区域结构、全球化结构等展现出来。在空间权力的支配下，劳动发生异化，人的生产活动退化为维持肉体生存的手段。"人又退回到洞穴中居住，不过这洞穴现在已被文明的污浊毒气所污染，而且他在洞穴中也是朝不保夕，仿佛这洞穴是一个每天都可能离他而去的异己力量。"③ 动物的空间活动是片面性的，

① 《马克思恩格斯文集》第10卷，北京：人民出版社，2009，第592页。
② 《马克思恩格斯文集》第7卷，北京：人民出版社，2009，第875页。
③ 《马克思恩格斯文集》第1卷，北京：人民出版社，2009，第225页。

人类的空间实践具有普遍性和全面性。当人类丧失了固有的特性与本质，人的空间生活环境和样态也只能片面或者畸形发展。以马克思的空间生产理论为指导，树立正确的思想和价值评判标准，在规划、评估、形塑空间结构的过程中，必须坚持以尊重每个人的发展空间为出发点，以人类社会发展的整体利益为根本价值导向。

"按照美的规律来构造"，即坚持主观与客观的和谐统一、坚持合目的性与合规律性的统一。理解和运用马克思恩格斯的空间生产理论，是能够而且切实按照美的规律进行空间实践的前提。人的空间实践活动就是将自然界改造成适宜人的目的需要的空间格局，对象化的世界作为人的空间实践活动的产物是人的本质力量的确证和展现。空间建构不仅是一个社会批判过程，而且是一个主动选择的过程。目前，中心-边缘化的空间结构、集聚性的空间结构更多的是为资产阶级增殖利益服务的，对自然万物发展空间的考量是不够充分的。在未来社会发展过程中，人类有能力、有责任将空间建构的尺度和标准与客观世界运行发展的尺度和标准统一起来，做到既尊重自然界的属性和规律，又体现人的普遍性和自由性。坚持两个尺度相统一，要求人类用人与自然和谐统一的原则统筹城乡格局、区域格局、全球化空间格局，至少是不能损伤生态系统功能和结构的完整性、协调性。

三　坚持空间革命节奏、力度与生态系统可承受程度的统一

在《共产党宣言》中，马克思恩格斯深刻地阐述了资本主义社会在空间形塑方面的突出表现。一是资本具有强大的空间塑造能力，改变了整个世界的空间结构。它按照自己的面貌改造人们的出行方式，降低空间运行成本，改变人和大陆、海洋的空间关系。二是资本加快了社会的运转速度，加快了空间流动的节奏。资本的本性是逐利，而运动是增殖的必要条件。资本循环是生产过程和流通过程的统一，只有相应地完成生产剩余价值和实现剩余价值的条件准备，才能最终实现从 G 到 G' 的跳跃。它格外看重速度、效率，崇尚暂时性、瞬时性，保持对节奏的极致追求。鲍曼指出："加速运动意味着

更为广大的空间，而且加快这一运动是扩大空间的唯一方式。"① 当然，鲍曼就此推断出空间本身的优势或意义的丧失是片面的。哈维则指出，空间障碍的崩溃并不等于空间意义的丧失，劳动力、资源环境、基础设施等方面的空间差别越微小越发有意义。② 对于资本而言，只有不断追求较高的劳动生产率，才能不被淘汰，甚至获得超额剩余价值；资本家只有不断加快资本循环和资本周转，才能节省预付资本，减少固定资本损耗，获取更高的利润；只有不断加快消费，庞大的商品堆积才能跳跃成货币，生产过剩的状况才能得到缓解。在瞬时节奏的主导下，社会空间结构也加速调整和变迁。"资本按其本性来说，力求超越一切空间界限。因此，创造交换的物质条件——交通运输工具——对资本来说是极其必要的：用时间去消灭空间。"③ 换句话说，资本通过操纵节奏、速度，改变整个时空。生产、生活在加速中前进，资源消耗、环境污染在瞬时完成，衰败和枯竭也就不远了。列斐伏尔以马克思的社会批判方法为基础，从节奏分析入手，批判日常生活的异化问题，反过来也促进我们对马克思恩格斯空间生产理论的理解。以马克思恩格斯的空间生产理论为指导，必须坚持空间革命节奏和力度的统一，回归人的属性和真正需要，维护生态系统的平衡和稳定。

必须坚持以人的节奏为出发点和落脚点来把控空间革命的节奏、力度。节奏是生命的运动形式，在时间和空间中展开，"表现为有规律的时间，受理性法则的支配，却又与人类活着的、肉体的、身体等最不理性的东西密切关联"④。人的身体是活的有机体，是物理场、生物场、社会场相互作用而组成的一种复合场，承载着多重节奏。从自然属性看，人的身体的构成部分具有互补性，在生理、心理上都有承受极限，具体体现在体温、心跳、分辨气

① 〔英〕齐格蒙特·鲍曼：《流动的现代性》，欧阳景根译，北京：中国人民大学出版社，2018，第194页。
② 参见〔美〕戴维·哈维《后现代的状况：对文化变迁之缘起的探究》，阎嘉译，北京：商务印书馆，2003，第368页。
③ 《马克思恩格斯全集》第30卷，北京：人民出版社，1995，第521页。
④ Henri Lefebvre, *Rhythmanalysis: Space, Time and Everyday Life*, translated by Stuart Elden and Gerald Moore, New York：Continuum, 2004, p.9.

味等方面。从社会属性看，人的身体兼具主动性和受动性，在与社会结构的交互作用中实现从低级到高级、量变到质变的发展，呈现阶段性、规律性。然而，空间生产的加速运转，不仅以身体的机能退化为代价，而且造成自然界的崩溃和社会的无序。恩格斯在《英国工人阶级状况》一书中，用大量案例讲述机器的高效运转对工人时空的挤压，工人要长时间、不间断地重复单调枯燥的工作。同时，他也深刻批判了资本主义工业化、城市化所带来的环境问题，如水体污染、空气污染等。"桥底下流着，或者更确切地说，停滞着艾尔克河，这是一条狭窄的、黝黑的、发臭的小河，里面充满了污泥和废弃物……桥以上是制革厂；再上去是染坊、骨粉厂和瓦斯厂，这些工厂的脏水和废弃物统统汇集在艾尔克河里，此外，这条小河还要接纳附近污水沟和厕所里的东西。"① 人的身体是运动着的肉体和意识的载体，是自然与社会之间相互作用的基点。"确切地说，身体创造了空间指的是在身体与其他空间之间，身体在空间中的分布与它对空间的占用之间，有着直接的关系。"② 资本主义社会的空间生产是以对身体节奏的规训为开端，进行不同空间层次、不同空间尺度的支配和控制。在资本逻辑的宰制之下，空间的生产节奏呈现线性增长态势，身体的节奏与自然界的节奏都不得不从属于生产的节奏、工具理性的节奏，呈现动荡不安的状态。我们在这里强调回归人的属性、人的节奏，是指要适应身心发展的规律，顺应人的自由全面发展的方向要求。在空间结构重塑过程中，要按照生命的属性、特征和发展需求，推行适宜的节奏和韵律，使空间结构能够适度流动并充满生机。

必须坚持空间革命节奏、力度与自然界可承受程度的统一。自然界的山峦起伏、江海奔腾、季节更迭、花开花落，以及人类活动的空间演进、形态变迁都是有节奏的。马克思恩格斯曾经深刻批判资本运动对人与自然之间物质变换过程的诸多影响，在一定程度上触及自然节奏和社会节奏的矛盾冲突。在人类文明的演进过程中，每一次空间秩序的调整都有自然力的直接或间接参与。同样，空间秩序的调整往往也会对人与自然之间的物质变换过程

---

① 《马克思恩格斯全集》第 2 卷，北京：人民出版社，1957，第 331 页。
② 〔法〕亨利·列斐伏尔：《空间的生产》，刘怀玉等译，北京：商务印书馆，2022，第 250 页。

产生这样或者那样的影响，产生这种程度或那种程度的影响。没有生态系统的支撑，就不可能有空间变革的顺利推进。反过来说，推进空间结构的调整必须充分考虑生态系统的承受程度。空间不只是距离，且具有可塑性、多层次性。"将自然理解为基本'原地不动'是一种诡计，它暗示了对一种基础、所有这一切的一种固定底线、科技和文化的全球移动性可以大显身手的一个稳定场地的渴望。"① 一方面，自然界具有客观性，自然万物的繁衍生息都有自己的空间条件、空间轨迹，其运行规则都是不以人的意志为转移的，总是按照特定的节奏发挥作用。另一方面，自然地域空间是有边界的，其资源存量、回收吸纳能力、自我调节能力都是有限的，对人类生产、生活具有重要影响。在一定时期一定历史条件下，生态系统的承载力、自我更新能力都是相对稳定的，所能支撑的人口数量和生产生活的频率、规模都是有限的。考虑到自然界的客观性和有限性，人类的空间变革必须与自然界的演进节奏相适应，否则就可能遭到自然界的报复。在人类社会的演进历程中，采集狩猎文明持续了数十万年，农业文明持续了约 1 万年。在这个漫长的时间跨度里，不同层次的聚落群体犹如繁星散布于地球之上，与自然界融为一体。大气中的二氧化碳浓度相对稳定，长期保持在 280ppm 左右。然而，在工业现代文明持续不过数百年的时间里，由于大量砍伐森林、消耗化石燃料，二氧化碳的浓度成倍增加，造成全球气候变暖。工业化进程加快，城市疯狂扩张，林地、草地、湿地等被挤占的现象司空见惯。显而易见，人类文明的演进节奏是不断加快的，尤其是工业社会以后的演进速度远远超过自然界的演进速度。自然界现有的空间演化进程难以适应资本主义的空间扩张、空间集聚，不足以支撑资本主义社会的资源消耗和生产生活排泄，进而引发资源枯竭、环境污染、生态退化等一系列问题，导致生态危机。在《资本论》中，马克思论述了资本规模扩张对自然界的破坏性影响。"在伦敦，450万人的粪便，就没有什么好的处理方法，只好花很多钱用来污染泰晤士河。"② 人类被喻为一种强大的地质力量，正在以前所未有的速度改变地球

---

① 〔英〕多琳·马西：《保卫空间》，王爱松译，南京：江苏教育出版社，2013，第 135 页。
② 《马克思恩格斯文集》第 7 卷，北京：人民出版社，2009，第 115 页。

上的山川河流，改变整个地球的景观面貌。鉴于以上所述，人类在空间实践活动中，必须积极主动地认识、适应自然万物的运行节奏，促进社会节奏与自然节奏相契合，最大限度地避免城市无序扩张、全球不平等格局对自然界的负面影响。

第五章
空间解放的生态指向：马克思恩格斯的
资本主义空间批判与超越

资本是一种社会关系，通过连续不断的运动占有和支配活劳动，以实现价值增殖的根本目的。在生产资料资本主义私有制的条件下，无论是空间剥夺、空间扩张、空间集聚还是空间分异都不过是资本逻辑的空间布局，始终遵循着利润最大化的原则。马克思恩格斯全面考察资本主义制度的形成和发展过程，深刻地剖析了资本主义形成过程中对农民阶级和被压迫民族国家的空间掠夺，犀利地批判了资本逻辑对空间界限的僭越、对全球空间的扭曲以及对自然界的颠覆性影响。随着经济全球化的迅猛发展，金融资本取得绝对统治地位，虚拟经济与实体经济相脱离，空间问题和空间化趋势更加凸显，资本空间化和空间资本化成为信息化时代资本自我调适的重要着力点。尽管相对于马克思恩格斯所处的时代而言，空间结构已然发生了剧烈的变化，但是马克思恩格斯的资本主义空间批判理论依然闪耀着真理的光辉，为我们科学分析和正确把握当代资本主义的新趋向和新特征提供理论武器。

第一节　马克思恩格斯关于资本空间逻辑的生态批判

任何社会形态都不能离开具体的时空结构，同时也会对空间结构有所建构。资本主义的形成和发展内含空间逻辑的表达，同时也对世界空间秩序产生深刻而广泛的影响。资本逻辑既是一种增殖逻辑、扩张逻辑，也是一种支配逻辑和控制逻辑。资本逻辑主导下的空间结构、空间格局归根结底是为利润增殖服务的，因此必然呈现为一种不平等、不平衡的结构形态，对人与人、人与自然以及自然与社会之间的关系产生负面影响。

一 关于空间私有的生态批判

综上所述，空间运动是资本运动的基本维度，资本空间扩张逻辑无非是资本主义基本矛盾的空间化形式。资本主义空间生产囊括资本主义发展过程中的多种矛盾冲突，展现资本主义制度的本质和资本主义发展的新变化，并衍生出贫富差距扩大、环境污染等诸多问题。马克思恩格斯以剖析资本主义基本矛盾为重点，对资本主义社会中的空间剥夺、空间扩张、空间区隔等现象进行辩证分析，同时深刻地批判了资本主义社会中出现的空间异化问题及其所产生的生态后果。

在马克思恩格斯看来，资本不是一种物，而是一种支配性的社会关系形式，必须不断"吮吸"活劳动，以最大限度地占有剩余价值，最快速度地获取剩余价值。基于逐利性的驱动，资本主义生产不仅需要廉价的能源资源供给，而且必须在不断扩大的规模上进行，因而也就需要更大的空间以容纳资本主义生产力和生产关系的新变化。也就是说，只有建构顺畅的空间化体系，保障生产要素的自由流动，才能为资本主义再生产的顺利进行创造条件。"资本一方面要力求摧毁交往即交换的一切地方限制，征服整个地球作为它的市场，另一方面，它又力求用时间去消灭空间。"① 不仅自然空间内部的资源成为资本攫取的对象，而且自然空间本身也不断遭到资本的侵扰。资本的空间运动与自然空间的区域化形态存在不可调和的矛盾冲突，被清洗的不仅仅是印第安人。一部资本主义的历史，就是一部血腥、残酷、野蛮、恐怖的屠杀史，资本所到之处山川草木皆受屠戮。空间私有化趋势既可以为开拓市场和原材料产地提供便利，又可以为商品输出或转移过剩资本提供可能。在工业化、城镇化、全球化迅速发展的时代背景下，人类活动的领地从二维、三维向多维空间延伸，从实体空间向虚拟空间迈进，资本地理扩张已经达到或者接近自然地理环境的极限，尤其是平均利润率呈下降的态势，推

---

① 《马克思恩格斯文集》第 8 卷，北京：人民出版社，2009，第 169 页。

动资本空间扩张形式也出现了新的变化。"对自然的支配（domination）与对自然的取用（appropriation）。这个冲突在空间中展开：在被支配的空间与被取用的空间中。"① 对自然空间而言，每一次资本空间结构的调整往往蕴藏着一种更深层次的侵扰力量。地球生态系统经过数十亿年的演进才形成今天的模样，资本空间扩张不仅打乱自然界的演进节奏，而且压制其他生物的生存空间，破坏生态系统的结构和功能。

马克思恩格斯全面阐述了资本主义形成发展过程中的空间私有化过程及其对生态环境的破坏性影响。其一，资本主义形成以空间掠夺为前提，不断挑战自然界的边界。在马克思看来，资本原始积累是资本主义生产的历史基础，不是田园诗式的东西，而是以掠夺为主要手段，充满血腥与残暴的历史过程。在这个过程中，直接的生产者与生产资料相分离，转化为可以自由支配自己的劳动力，并且也只能靠出卖劳动力的无产阶级；货币迅速集中在少数人手中，并转变为资本。劳动者和生产资料由空间分散走向空间集聚，通过协作产生强大的生产力，这为生产资料的节约创造条件。劳动力转化为商品，货币转化为资本，对传统的空间权力、空间关系、空间资源造成巨大冲击，引发空间结构的深刻变革。具体而言，西方殖民者的原始积累主要包括以下途径：一是通过掠夺本国农民获得原始资本和廉价劳动力，为资本主义经济发展准备条件；二是操纵世界秩序，通过殖民掠夺、劫掠金银、贩卖奴隶，使财富或商品、资源不断地流向宗主国。资本主义的形成是以残酷暴力为基础的，通过空间掠夺获得充足劳动力、廉价原材料和广阔市场，给被掠夺人民造成难以磨灭的创伤，给人与自然的关系造成颠覆性影响。其二，资本积累以空间占有为必要条件，不断挑战生态系统的平衡性。资本积累是剩余价值的资本化，资本积累的实质是资本家用无偿占有的剩余价值榨取更多的剩余价值。追逐利润是资本与生俱来的本性，资本只有在不断更新运动中才能实现价值增殖。要维持资本运动的连续性，产业资本的三种职能形式必须在空间上能够并存，在时间上能够继起；要确保社会再生产的顺利进行，

---

① 包亚明主编《现代性与空间的生产》，上海：上海教育出版社，2003，第54页。

社会总产品必须在价值上得到补偿，在实物上得到替换。"资本按其本性来说，力求超越一切空间界限。"[1] 空间扩张是资本循环、资本周转的基本条件，伴随着空间扩张而来的是资本规模的扩大、资本权力的膨胀。在工业革命的推动之下，资本主义体系通过空间扩张摧毁一切封建羁绊和壁垒，不断把落后的国家和地区卷入国际分工和国际贸易体系，以获取更广阔的增殖空间。从圈地运动到帝国主义，"尽管他们表达方式各不相同，但共同关心的关键问题都不是对土地的简单占有，而是土地所能产生的相对价值"[2]。为了攫取更多的利润，必须占有更广阔的市场，这样才能实现商品到货币的惊险跳跃；必须掠夺更多的原材料，这样才能使社会总产品在价值上得到补偿、在实物上得到替换，使社会再生产顺利进行。

资本主义生产方式与自然界之间存在不可调和的矛盾冲突，资本扩张的无限性与生态系统的有限性是根本相悖的。原始社会实行生产资料公有制，人们共同生产、共同享有对空间的所有权、使用权。原始社会末期，出现了私有制和阶级，社会利益逐步分化为个人利益与公共利益，人们主要通过先占、抢夺、交换等形式获得空间支配权。由于生产力水平很低、生产规模很小，人类的空间行为对生态环境的影响还是比较有限的。当然，争取空间产品的直接目的起初是获取相应的使用价值，到了资本主义社会则演变成为占有而占有。在空间商品化、资本化的过程中，资本主义的基本矛盾外化为空间使用和占有的对立。从空间私有到空间扩张、空间分工到空间分异、空间集聚到弹性积累，生产资料资本主义私有制规律体现为空间占有规律。大多数自然空间和生态产品具有公共属性或者准公共产品特征，价值难以衡量、难以实现，以至于生态成本并不能及时得到补偿，生态价值难以实现保值增值。在生产资料私有制的条件下，竞争成为主导性的社会关系，有关公共物品的分享精神和分享机制变得稀缺。"当我们把越来越多的有限生态系统变成原材料、垃圾填埋场或人类的生活空间、人造物品仓库时，它们的栖息场

---

① 《马克思恩格斯全集》第 30 卷，北京：人民出版社，1995，第 521 页。

② 〔加〕埃伦·米克辛斯·伍德：《资本主义的起源：学术史视域下的长篇综述》，夏璐译，北京：中国人民大学出版社，2016，第 120 页。

所必然会逐渐消失。"① 私有权就是一种排他性的占有权、支配权，只有掌控私有权才能获取相应的利润或者利益。"在这里，社会上一部分人向另一部分人要求一种贡赋，作为后者在地球上居住的权利的代价，因为土地所有权本来就包含土地所有者剥削地球的躯体、内脏、空气，从而剥削生命的维持和发展的权利。"② 当占有的价值取向取代了生存的价值取向，空间之于人类的意义也不再是生存逻辑的实现，而是帮助人们获取更多的利润，随之而来的是永无止境的空间扩张。私有化的生产形式难以精细化地预判社会需求的动态变化，容易造成产品过剩，导致货币流动受阻，引发经济危机。对于资本而言，只有不断扩张才能维持资本主义扩大再生产的连续性，才能使生产社会化与生产资料资本主义私有制之间的矛盾得到暂时缓解。在垄断资本主义和现代科学技术的交互作用下，工业化、城市化飞速发展，空间占有形式进一步升级，人与自然的关系日趋紧张。总之，公地悲剧的实质是生产资料私有制条件下公共资源的悲剧，资本主义制度本身存在生态缺陷，无法从根本上解决生态环境问题或者化解生态危机。

二　关于资本空间化与空间资本化的生态批判

所谓资本空间化是指资本逻辑借助空间使自身转变成为现实的社会存在的过程，并在生产、分配、交换、消费等环节都有所呈现。③ 在资本逻辑的主导下，劳动者、生产资料、市场之间的空间关系不断整合，尤其是空间集聚和空间集中作为资本集聚和资本集中的必要条件，成为加速资本积累、提高资本有机构成的重要途径。马克思指出："资本越发展，从而资本借以流通的市场，构成资本流通空间道路的市场越扩大，资本同时也就越是力求在空间上更加扩大市场，力求用时间去更多地消灭空间。"④ 空间资本化指空间

---

① 〔美〕赫尔曼·E. 戴利：《超越增长：可持续发展的经济学》，诸大建等译，上海：上海译文出版社，2006，第260~261页。
② 《马克思恩格斯文集》第7卷，北京：人民出版社，2009，第875页。
③ 参见张梧《资本空间化与空间资本化》，《中国人民大学学报》2017年第1期。
④ 《马克思恩格斯文集》第8卷，北京：人民出版社，2009，第169页。

本身成为资本的新形态，是资本主义生产发展到一定阶段的产物。伴随着全球化的深入发展，空间的能动性、丰富性得以充分释放，在资本增殖中的作用更加突出，呈现出时间空间化的特权优于通过时间消灭空间的趋势①。空间不单是作为生产场所或生产条件，空间本身的生产成为经济社会发展的主导形式。马克思在揭示人类社会形态的历史演变时，明确阐述了从"狭小的范围内和孤立的地点上发展"到"普遍的社会物质变换、全面的关系、多方面的需要以及全面的能力的体系"②的社会关系变革，在一定程度上涉及关于空间资本的分析。一种新的空间生产形式，代表着一种新的社会关系。除了空间集聚效应之外，以现代信息技术和交通运输体系的蓬勃发展为基础，资本可以利用空间地理的机动性，最大限度地整合各种分散地理空间，发掘各种零散空间联系，多举措盘活市场和资源，在更深层次上形塑空间秩序，以在更大程度上缓解资本过度积累的危机。"灵活积累很有代表性地利用了广泛的表面上应急的地理环境，并把它们重建为它自身全面逻辑的内部构成因素。"③资本逻辑向生产空间、生活空间、生态空间全面渗透，形成一种空间幻象。当然，资本空间化与空间资本化是同一过程的两个方面，都是资本逻辑主导下的空间异化问题，体现了目的和手段具体的历史的统一。④相较于空间集聚，弹性积累模式极具灵活性，给资本主义发展带来新的活力，但是也推动了资产阶级对劳动者和自然界的掠夺，强化了发达国家对发展中国家的控制和盘剥，使资本主义经济危机的表现形式更加复杂、更加隐蔽、更加难控。除了空间中的生产，空间本身也被生产出来。从资本空间化到空间资本化，资本世界的生存法则就是奴役人、掠夺自然，同时资本对自然界的改造能力大幅度提高、改造规模大幅度扩大，给生态环境带来的负面影响是

---

① 参见〔美〕戴维·哈维《后现代的状况：对文化变迁之缘起的探究》，阎嘉译，北京：商务印书馆，2003，第340页。
② 《马克思恩格斯文集》第8卷，北京：人民出版社，2009，第52页。
③ 〔美〕戴维·哈维：《后现代的状况：对文化变迁之缘起的探究》，阎嘉译，北京：商务印书馆，2003，第368页。
④ 参见庄友刚、仇善章《资本空间化与空间资本化：关于空间生产的现代性和后现代性话语》，《山东社会科学》2013年第2期。

超乎想象的。资本逻辑主导的空间生产以及资本生产的空间化是资本家获取剩余价值的重要方式，是资本主义体系自我救赎的重要途径。它按照利润增殖的需要，在不同规模、不同层面塑造不平等的空间结构，对劳动者和自然界的掠夺更加深入彻底，使得人口、资源和环境失衡的问题更加严峻。

　　空间地理扩张及其生态后果。空间地理扩张主要是指侵占或控制新的土地，具体表现在数量和规模方面的增长和扩大，是资本原始积累阶段以及自由竞争时期比较常见的空间扩张形式。马克思恩格斯犀利地批判了殖民主义扩张给殖民地人民带来的严重损失，揭露了资产阶级为牟取暴利而不择手段的本质。以新航路的开辟为起点，西方资本主义加速进行版图扩张，最终推动世界历史的形成。早期资本主义的地理扩张是残暴的，对生态环境的影响也是直接的、残酷的。"葡萄牙人第一次航海到马德拉群岛时是在一四一九年。从那以后，葡萄牙人就在岛上进行殖民活动。他们烧毁岛上大片森林。据说大火延烧了达七年之久。"[①] "从法国人占领阿尔及利亚开始到现在，这片不幸的国土一直是不断的流血、掠夺和强暴横行的场所。"[②] 一方面，劳动力、能源资源等生产要素源源不断地从殖民地或半殖民地国家向宗主国转移，另一方面随着殖民者到来的不只是枪炮、钢铁，还有病菌和其他外来生物。无论是社会组织形式、自然地理形态，还是区域内植物、动物的种类和数量都发生极大程度的改变，而且这种改变已经不只是肉眼可见的生命形式的改变。"欧洲人动作很快，立刻尽可能地将新世界改头换面，打造成旧世界的模样。"[③] 19 世纪末 20 世纪初，西方资本主义国家相继迈入帝国主义阶段，在全球范围内建立了不平等的秩序格局，使亚非拉绝大多数地区丧失主权。帝国主义国家在崛起过程中建立了新的世界体系，意味着对其他个体或群体所生活和拥有的土地进行谋划、占领和控制。[④] 帝国

---

① 辛生：《北大西洋诸岛》，北京：海洋出版社，1980，第 77 页。

② 《马克思恩格斯全集》第 16 卷，北京：人民出版社，2007，第 281 页。

③ 〔美〕艾尔弗雷德·W. 克罗斯比：《哥伦布大交换：1492 以后的生物影响和文化冲击》，郑明萱译，北京：中信出版集团，2018，第 56 页。

④ 参见〔美〕爱德华·W. 萨义德《文化与帝国主义》，李琨译，北京：生活·读书·新知三联书店，2016，第 6 页。

主义不仅是战争的策源地，而且是日常生活的刽子手，恣意干扰自然界的运行秩序，给当地生态系统带来严重的威胁，甚至是带来致命的损害。简而言之，空间地理扩张给世界生态环境带来广泛的负面效应。

空间集中扩张及其生态后果。马克思恩格斯深刻地阐述了空间集中所带来的强大力量，同时也批判了因为空间集中所带来的诸多隐患。在农业社会，农村是经济增长发生的主要场域，此间生产力的分布状况是基本符合自然资源的分布原则的。尽管前现代欧洲城市有时也会扩张，但是其所承担的功能更多地体现在政治军事方面，所要应对的危机主要是如何防止战争，进而维护现存结构的稳定性。"由于它的总体结构，它不是着眼于巨大的发展，而是着眼于它的自我限定。"① 工业革命以后，城市在数量、规模以及分布的地区等方面发生了根本性变化。资本主义社会化大生产以分工协作为基础，以组织化、规模化的生产形式为优势，创造了强大的生产力，极大地改变了整个世界的自然地理面貌。相对于小生产方式而言，社会化大生产不仅优化了生产工序，推动了劳动力要素的分工和协作，而且促进了生产的专业化，带动了科学技术的进步，推动了劳动效率的提高。它所建构的空间结构形式是一种典型的集中式形式，以生产资料、工作场所、劳动力要素的空间集中为鲜明特征。生产活动的空间集聚要求生产场所、交通条件、市场设施、原料产地、政策环境与之相匹配，推动了传统城市的瓦解，加速了城市与农村的分化。"生产资料越是大量集中，工人就相应地越要聚集在同一个空间，因此，资本主义的积累越迅速，工人的居住状况就越悲惨。"② 资本主义生产的集中和扩张引发城市社会结构和空间布局的深刻变化，同时也必然加大对自然界的开发力度，给自然生态环境造成巨大压力。"大城市人口集中这件事本身就已经引起了不良后果。伦敦的空气永远不会像乡村地区那样清新，那样富含氧气。"③ 而城乡之间的分离和远距离贸易，不仅增加了运输成本，

---

① 〔德〕约阿希姆·拉德卡：《自然与权力：世界环境史》，王国豫、付天海译，保定：河北大学出版社，2004，第173页。
② 《马克思恩格斯文集》第5卷，北京：人民出版社，2009，第757页。
③ 《马克思恩格斯文集》第1卷，北京：人民出版社，2009，第409页。

而且使得土地营养成分不能顺利返还，造成人与自然之间物质变换的断裂。从简单协作、分散的手工工场、集中的手工工场到集中化大生产，生产组织形式的空间集中、集聚化态势日益增强，并进一步强化了资本对自然界的掠夺和干扰能力，带动资源的集中消耗和废水、废气、废物的集中排放。受水力动力的限制，起初的工厂选址主要集中在河流和山谷附近。在《英国工人阶级状况》中，恩格斯以艾尔克河为例揭露了资本主义工业所造成的河流污染问题。制革厂、染坊、骨粉厂和瓦斯厂等产生的废弃物毫无节制地向艾尔克河排放，导致河水和沿岸区域臭气熏天。[①] 工业革命以后，化石能源取代人力、畜力成为主要动力来源，生产要素逐步向重工业和制造业集聚。与水力相比，化石能源开发利用所衍生的利益更易于分割，为资本主义空间重构提供便利。"煤炭之所以能够胜出是因为它更适合资本对雇佣劳动力的剥削，而煤炭的可移植性使资本家能够将生产转移到拥有充足劳动力供应的大城镇。"[②] 从根本上说，资本主义主导的规模化生产是服从资本增殖逻辑的，其所建构的空间结构形式与自然界的分散性、非线性布局形态存在矛盾冲突。规模化的生产方式往往要求特定资源或原材料的单向供给，并催生单一化的作业模式，给生态系统的多样性和稳定性带来破坏性影响。空间集中扩张的速度和规模不断挑战生态系统的进化速度和演替规律，导致能源枯竭、环境污染，造成全球气候变暖、破坏生态系统的平衡稳定。

空间弹性扩张及其生态后果。从本质上看，空间弹性扩张是资本主义自我调节的重要表现。马克思明确指出，任何一种社会形态，"它所能容纳的全部生产力发挥出来以前，是决不会灭亡的"[③]。空间弹性扩张有助于扩大流通范围、丰富流通方式，进而为资本主义的发展提供更多回旋余地。"一旦与大工业相适应的一般生产条件形成起来，这种生产方式就获得一种弹性，一种突然地跳跃式地扩展的能力，只有原料和销售市场才是它的限制。"[④] 而

---

① 参见《马克思恩格斯全集》第2卷，北京：人民出版社，1957，第331页。

② Paul Burkett, "An Eco-Revolutionary Tipping Point?", *Monthly Review*, Vol. 69, No. 1, 2017, p. 10.

③ 《马克思恩格斯文集》第2卷，北京：人民出版社，2009，第592页。

④ 《马克思恩格斯文集》第5卷，北京：人民出版社，2009，第519页。

且，马克思认为相对人口过剩是调节和满足不同时期资本对劳动力需要的产业后备军。由于阶级意识和民族意识的觉醒，赤裸裸的奴役和掠夺已经"穷途末路"，身体界限和工作日界限为绝对剩余价值的生产划定边界。在现代信息技术的推动下，货币、语言、交通网络等快速发展，传统的时间和空间结构形式发生突破性变革。资本主义空间扩张方式发生新的变化，生产过程和劳动关系趋向灵活、弹性、多样，后福特主义生产方式逐渐盛行。在劳动力市场构成方面，临时雇佣工人的数量有引人注目的增长，在雇佣时间、雇佣期限、雇佣条件方面存在较大的灵活性和不确定性，实为资本主义生产后备军中的隐性人员。与劳动力市场结构的弹性转变相适应，生产过程也更加灵活多样。在集中化、规模化、标准化的中心生产线外围，地理位置分散的小规模生产形式繁荣起来，"转包"成为生产链条合作的重要形式。空间弹性扩张推动组织形式和管理形式的碎片化运行，"把任务打散，分布到空间里，为的是使生产中的效益最大化，使流动的摩擦最小化"[1]。弹性雇佣、数字监控不仅有利于强化资本对个体劳动者和分散空间的控制能力，而且在很大程度上规避了用工风险，降低了可变资本的投入。一旦新的生产组织形式、技术条件、积累模式为大工业生产所采纳，其就会释放强大的生产能力。资本主义空间生产唤起强大的支配力量，勾勒出不平衡地理发展景观，使各种生物的、文化的差异都还原为同质化的商品化形式[2]。在资本主义发展的新阶段，弹性积累战略向各个领域全面渗透，同时推动人与自然之间的矛盾冲突在更深层次、更大规模上集聚。对于生态系统而言，弹性是指面对偶然、剧烈的干扰时通过自我调节实现持续运作的能力，而这也是生态系统可持续发展的支柱。[3] 如果任由资本掠夺和挥霍资源环境、干扰生态系统的物质循环和能量流动，其必然威胁生态系统的平衡和延续，人类也将因此承受相应的后果。

---

① 〔美〕戴维·哈维：《后现代的状况：对文化变迁之缘起的探究》，阎嘉译，北京：商务印书馆，2003，第 332 页。
② 参见〔美〕大卫·哈维《希望的空间》，胡大平译，南京：南京大学出版社，2006，第 79 页。
③ 参见〔英〕杰拉尔德·G. 马尔腾《人类生态学：可持续发展的基本概念》，顾朝林等译校，北京：商务印书馆，2021，第 205 页。

空间区隔及其生态后果。从过去到现在，资本始终在追求均质性、统一性和强制的连续性的空间模式，并意图通过政治政策在均质化的空间中进行空间区隔，实现一部分人统治另一部分人的目的。① 在马克思恩格斯看来，空间区隔问题不仅出现在地理大发现、殖民地、世界历史等宏观层面，而且体现在劳动者身体、工厂、居住空间等微观层面。在这里，阶级不平等、性别不平等问题投射到空间层面，使空间成为被区别对待的工具和符号。资本主义体系建构了不平等的空间分工形式，实际上也只有不平等的分工体制和交换形式，才能维系资本在生产和分工中的主导地位，为资本主义扩张提供廉价的资源、充足的劳动力和广阔的市场。资产阶级的金碧辉煌和劳动者的凄惨暗淡形成鲜明对比，空间被当作佐证无产阶级贫困境遇的主要参照因子。在《英国工人阶级状况》中，恩格斯用大量事实展现了工人阶级的悲惨状况，揭露了资本对妇女、儿童的深层剥削。他们每天要在污浊、潮湿、闷热的工厂里工作十几个小时，其中棉纺织工人还要忍受浓密的纤维屑，印染工人要时常吸入氯气，煤矿工人只能在煤屑中喘息，骨骼畸形、肢体残缺，肺病、眼病都是比较常见的问题。工人居住的区域往往肮脏、破烂、潮湿、拥挤，不分男女乱七八糟地睡在一起，街道上的粪便、死水随处可见，四周弥漫着污浊的空气。贫穷总是遭遇瘟疫，又引发酗酒、道德堕落、偷窃犯罪等各种问题，形成恶性循环。"每一个大城市都有一个或几个挤满了工人阶级的贫民窟。的确，穷人常常是住在紧靠着富人府邸的狭窄的小胡同里。可是通常总给他们划定一块完全孤立的地区，他们必须在比较幸福的阶级所看不到的这个地方尽力挣扎着活下去。"② 随着生产力的发展、社会的进步，工人阶级的生产环境、生活环境都有所改善，但是资本主义国家实行空间区隔的策略没有改变。在当代资本主义国家，富人区与穷人区之间存在明显的界限，地域被打上种族、阶层、历史的烙印。这种空间本质上是反共同体的，

---

① 参见〔法〕亨利·列斐伏尔《空间与政治》，李春译，上海：上海人民出版社，2015，第56~57页。

② 《马克思恩格斯全集》第2卷，北京：人民出版社，1957，第306页。

造成了一种拥有无限可能的幻觉。① 空间区隔破坏自然界的整体性和连续性，割裂人与自然的有机联系。空间符号化是空间区隔的重要标志，"通过符号所浮现的，是一个持续被征服的、被提炼的、抽象的自然，一个挽救于时间和焦虑中的自然"②。由于空间本身具有连续性和流动性，生态环境问题也不可能是孤立的、静止的，而是跨区域性的，甚至是全球性的。空间区隔不可能让统治阶级从自己的行为后果中脱身，如果生态问题不能得到有效解决，资产阶级的安危也必然受到影响。③

三 关于不平衡空间格局的生态批判

资本主义空间生产所塑造的物质能量流动形式都是单向性的，必然以牺牲劳动者、乡村、发展中国家的利益为代价，对自然界来说也是巨大的压力和挑战。马克思恩格斯坚持总体性原则，以资本主义生产方式为研究对象，并从身体、城乡以及全球化三个层面对资本主义空间生产的生态后果展开深度批判。

从空间分工到不平衡发展致使生态系统日趋失衡。空间分工以自然地理空间为基础，受制于社会实践的发展水平和所有制的结构形式，体现阶级力量的对比，内含权力结构、利益关系等多方面内容，是本国以及国际阶级关系冲突的表现形式。在前资本主义社会，各文明区域处于离散分布的状态，彼此隔绝孤立，交往也是偶然和有限的。自然环境的差异性和自然产品的多样性为社会分工的形成和发展奠定自然基础，催生了支配性与被支配性的社会关系结构。马克思恩格斯在《共产党宣言》中犀利地批判了资本主义社会在城乡、区域、国家之间所形成的单向性的、不平衡的空间格局。英国殖民者侵略印度绝不是为了帮助印度挣脱封建枷锁，发展资本主义；

---

① 参见〔英〕斯蒂芬·迈尔斯《消费空间》，孙民乐译，南京：江苏教育出版社，2013，第117页。
② 〔法〕让·鲍德里亚：《物体系》，林志明译，上海：上海人民出版社，2019，第68页。
③ 参见〔美〕贾雷德·戴蒙德《崩溃——社会如何选择成败兴亡》，江滢、叶臻译，上海：上海译文出版社，2011，第450页。

美国策划"颜色革命"也不可能是为了践行真正的自由民主，实质是借机制造矛盾，拓宽资本主义的霸权体系。帝国主义一方面侵占、掠夺大量社会财富，造成庞大的商品堆积；另一方面加强对劳动力和自然界的双重掠夺，造成人与自然的双重贫困，"造成一个无法弥补的裂缝，于是就造成了地力的浪费，并且这种浪费通过商业而远及国外"①。在生产资料私有制和强制性社会分工的作用下，人类竭尽全力对自然掠夺和索取，造成不可逆的生态后果。

资本主义不平衡空间格局表现为对身体空间的盘剥。关于身体空间盘剥的批判作为马克思恩格斯空间批判理论的基本内容，充当着历史起源以及权力纠葛的基本线索。马克思主义认为，身体空间是自然界长期演化的产物，并非纯粹的物理空间实体，兼具自然属性与社会属性，是能动性的载体形式。人类以身体为空间尺度介入客观世界，建构生产、生活的现实世界。人在空间里生存，而且在进行空间活动之时，头脑中已经形成一种空间图式。②人类的身体不仅能够体验空间存在、空间方位，形成空间认知，而且能够通过身体进行空间生产，事实上人类体验空间的器官也是在身体的空间实践活动中产生的。"那些能成为人的享受的感觉，即确证自己是人的本质力量的感觉，才一部分发展起来，一部分产生出来。"③人类具有动作思维、形象思维和抽象思维，能够驾驭生产工具，不仅可以对具体空间进行再现，而且可以建构抽象的空间形式，因此人类建构的空间范围远远超过身体器官的自然界限。身体空间是空间生产的基础，是促进自然空间向社会空间转化的桥梁。马克思一贯重视身体的主体性地位和革命性意义，强调劳动力成为商品是货币转换为资本的前提，人的感性活动是全部社会生活的基础，人的全面发展是社会主义建设的根本目标。

资本家以身体空间为着力点，以剥削雇佣劳动为基础，占有剩余价值，

① 《马克思恩格斯文集》第 7 卷，北京：人民出版社，2009，第 919 页。
② 参见〔美〕段义孚《空间与地方：经验的视角》，王志标译，北京：中国人民大学出版社，2017，第 29 页。
③ 《马克思恩格斯文集》第 1 卷，北京：人民出版社，2009，第 191 页。

进行资本积累。剩余价值是雇佣劳动者在剩余劳动时间创造的，延长剩余劳动时间是资本家的惯用伎俩，而身体极限与道德极限是工作日延长的主要瓶颈。"时间是人类发展的空间。"① 在资本增殖逻辑的支配下，资本家千方百计掠夺身体空间，压缩必要劳动时间，增加剩余劳动时间。在矽土尘埃密布的磨光陶器的工房里，在纤维屑漫天飞舞的纺织厂中，在玻璃厂房的高温环境中，在潮湿而封闭的煤矿里，到处可见辛苦作业、承受繁重劳动的无产阶级。为了提高劳动生产率，资本家强迫劳动者以机械化模式进行重复性、高负荷的劳作，导致劳动者发育紊乱、骨骼变形、疾病丛生。劳动者的居住环境狭窄、肮脏、拥挤、空气不流通，到处是臭气熏天的死水洼和垃圾堆，所谓的精神生活就是到酒馆里买醉，到赌场里掷骰子。不仅生产空间的劳动条件恶劣，生活空间的状况也一样糟糕，劳动者经历着肉体与精神的双重摧残。从全球范围看，发达国家通过推行规模化、单一化的粮食种植等方式，掠夺第三世界国家资源，导致饮食工业化。高糖、高脂肪、低纤维膳食盛行，对生物进化过程构成干扰，破坏身体的生物基础，导致人体微生物群落结构失衡和功能丧失，对身体机能造成严重影响。随着资本主义福利制度的发展，劳动者的生产和生活条件都有所改善，但是资本主义的剥削形式更加隐蔽，影响范围更加广泛，剥削程度更加彻底。建设福利国家是资本自我调整的重要举措，但是从根本上看福利国家并没有取得预期的效果，甚至在某种程度上加速了"公民社会"的灭亡。② 现代资本主义社会加强对工人身体的零碎化切割，"劳动力的'集体身体'被分解成有关技巧、权威、智力和体力功能等许多等级"③。这种空间肢解形式，导致人类整体机能的下降和片面发展，并激发了工人阶级的内部竞争。身体空间的不平等，催生了城乡、区域、国家之间的不平衡发展格局，阻滞经济社会的持续健康发展。

---

① 《马克思恩格斯文集》第3卷，北京：人民出版社，2009，第70页。
② 参见〔法〕安德列·高兹《资本主义，社会主义，生态：迷失与方向》，彭姝祎译，北京：商务印书馆，2018，第21页。
③ 〔美〕大卫·哈维：《希望的空间》，胡大平译，南京：南京大学出版社，2006，第100页。

资本主义不平衡格局表现为城乡物质变换断裂。对城乡物质变换断裂的批判是马克思恩格斯空间批判理论的着力点，展现为历史唯物主义的内在批判理路。在工业革命的推动之下，城市空间作为生产力和人口集聚的主要场所，成为资本积累的主要载体。随着生产资料、劳动力不断向城市集聚，住房拥挤、交通堵塞、环境污染等城市问题日渐增多。工人区和资产阶级的生活区总是被严格分开，空间资源也在代际传递，贫富分区成为阶层固化的重要内容。毫无疑问，资本主义生产方式强化了城市与农村、工业与农业、工人与农民的分离与对立，进一步推动城市空间的快速膨胀，加剧农村的贫困。"它一方面聚集着社会的历史动力，另一方面又破坏着人和土地之间的物质变换，也就是使人以衣食形式消费掉的土地的组成部分不能回归土地，从而破坏土地持久肥力的永恒的自然条件。"[①] 城乡之间的远距离运输使得土地的产物很难有效返回，导致生态系统物质循环过程的断裂，造成地力衰竭。伦敦人的粪便、生活污水和工业废水肆意排入泰晤士河，造成严重污染。腐败的自然界成为人们生活的要素，长期饮用被污染的河水，导致病菌传播，最终影响人们身体健康乃至生命安全。

资本主义生产方式确立了城市空间的优势地位，乡村则意味着分散与隔绝，处于从属地位。对照工业的集聚性优势，农业往往生产周期长、利润率低，要承受来自市场与自然的双重风险，因此处于弱势地位，具有较强的不确定性、不稳定性。在机器大工业的推动下，城乡分离所产生的物质变换断裂已经扩展到全球层面，殖民地国家只能任由宗主国抢夺自己的土地、资源，以支持殖民国家的工业化。[②] 在国际资本的挟制之下，很多发展中国家只能加强对农业的掠夺，通过砍伐森林、开垦荒原、围湖造田等形式扩大耕地面积，提高农作物产量，挤占生态空间；通过大量使用地膜、农药、化肥、激素等农资提高生产效率，缩短动植物的生长周期；通过推广单一化、规模化、产业化的农作物种植和畜禽养殖模式，提高农业产量，增加资本收

---

① 《马克思恩格斯文集》第 5 卷，北京：人民出版社，2009，第 579 页。

② 参见〔美〕约·贝·福斯特《生态革命——与地球和平相处》，刘仁胜、李晶、董慧译，北京：人民出版社，2015，第 160 页。

益。"资本主义农业的任何进步，都不仅是掠夺劳动者的技巧的进步，而且是掠夺土地的技巧的进步，在一定时期内提高土地肥力的任何进步，同时也是破坏土地肥力持久源泉的进步。"① 掠夺性的开发模式催生了浪费性的生产方式、生活方式，从过度加工、过度包装、长期储存到远距离运输，从奢侈性消费、挥霍性消费、炫耀性消费到一次性消费，必然要求资源环境的无限供给。资本主义生产方式盲目干扰自然规律的作用形式，破坏农业的生产环境，损害生物多样性，走向一条不可持续的发展道路。另外，农业生产的落后状态制约了农民消费水平的提高，导致庞大的商品堆积，阻碍社会再生产的顺利进行。总之，资本主义私有制必然驱动城乡空间的分离，而城乡分异又进一步推动资本主义基本矛盾的激化。

资本主义不平衡格局表现为全球空间秩序的失衡。全球层面物质变换失衡，是马克思恩格斯空间批判理论的重要论域，体现马克思主义的世界历史视野。"资本按其本性来说，力求超越一切空间界限。"② 新航路的开辟和西方殖民主义的产生和发展以血腥的方式促进交往的普遍化，开启世界历史的大时代。在工业革命的推动之下，资本主义生产方式不断进行地理扩张，狭隘的地域社会分工发展为国家间的分工与合作，世界交往不断深化拓展。当然，资本主义生产方式所主导的国际分工是垂直式的分工，由此建立的世界空间格局是一种不平衡的空间格局。马克思指出："一种与机器生产中心相适应的新的国际分工产生了，它使地球的一部分转变为主要从事农业的生产地区，以服务于另一部分主要从事工业的生产地区。"③ 资本主义国家所推行的自主贸易，实质是发展中国家丧失了对经济政策的自主选择权。"你们也许认为生产咖啡和砂糖是西印度的自然禀赋吧。200 年以前，跟贸易毫无关系的自然界在那里连一棵咖啡树、一株甘蔗也没有生长出来。也许不出 50 年，那里连一点咖啡、一点砂糖也找不到了，因为东印度正以其更廉价的生产得心应手地跟西印度虚假的自然禀赋竞争。而这个自然禀赋异常富庶的西

---

① 《马克思恩格斯文集》第 5 卷，北京：人民出版社，2009，第 579~580 页。
② 《马克思恩格斯全集》第 30 卷，北京：人民出版社，1995，第 521 页。
③ 《马克思恩格斯文集》第 5 卷，北京：人民出版社，2009，第 519~520 页。

印度，对英国人说来，正如有史以来就有手工织布天赋的达卡地区的织工一样，已是同样沉重的负担。"① 广大亚非拉国家被卷入世界资本主义体系，成为西方发达资本主义国家的原料产地和消费市场。为了缓解内在矛盾冲突，谋求利润的快速增殖，资本必须不断寻找原料、市场，并不择手段地推进过剩生产能力的转移。"资本主义生产的动力意味着种植园主、矿主、殖民体制和许多其他人被迫消耗维持地区商品繁荣的生命之网。"② 在民族解放运动的冲击之下，赤裸裸的殖民掠夺不能见容于国际社会，资本积累和掠夺方式都出现了新的变化。资本主义生产方式逐步打破民族地域隔阂，推动空间格局的碎片化、均质化发展，使得各元素表现为抽象的量化形式，由此能够进行商业化的交换。③ 资本按照自身的需要塑造不平衡的经济和权力等级体系，使控制和盘剥成为常态化的操作模式，并在国际范围内复制，形成同质化、等级化的空间格局。资本主义的控制由国内扩张到国外，由物质层面拓展到精神层面，由政治军事扩展到日常生活，形成全方位的盘剥模式。

19 世纪末 20 世纪初，西方资本主义进入帝国主义阶段，生产社会化、生产国际化、金融全球化、贸易全球化程度加深，资本的空间扩张形式向纵深发展。发达国家凭借经济、科技方面的优势牢牢占据产业链的高附加值环节，而发展中国家则处于产业链的低端，从事高污染、高能耗、劳动密集型、低附加值的加工制造以及单一化、规模化的农作物种植和畜牧养殖。从殖民体系的赤裸裸掠夺到不平衡发展战略的全面扩散，资本积累的实质是掌控对生产、分配、交换和消费的支配权力，使财富源源不断向少数资本家聚集。如果撇开资本主义经济社会秩序的干扰，动植物的生长和进化过程经常自发地贯彻着节约的法则，在功能、结构、形态方面与周围环境相适应，按照最合宜的形式协同演进，使资源能够得到较好的利用，使损耗消耗能够尽快得到修复。然而，资本毫无节制地活动，所塑造的世界图景违背了自然界

---

① 《马克思恩格斯文集》第 1 卷，北京：人民出版社，2009，第 757~758 页。

② 〔美〕杰森·摩尔：《地球的转型：在现代世界形成和解体中自然的作用》，赵秀荣译，北京：商务印书馆，2015，第 6 页。

③ 参见包亚明主编《现代性与空间的生产》，上海：上海教育出版社，2003，第 55 页。

的演进节奏和演进规律。它肆意改造自然地理样态、物质变换和能量流动过程，使得生产空间、生活空间、生态空间相互分离，造成能源资源和环境的巨大浪费。帝国主义国家不仅将资本主义社会的生态体制强加给其他国家和地区，导致全球化和本土化矛盾尖锐，而且凭借经济和政治方面的优势，使成本可以在空间上和时间上实现外部化，使生态环境的破坏性影响范围限制在社会边缘性群体中。[①] 资本空间扩张打乱自然界的演进节奏，压制其他生物的生存空间，干扰生态系统的运行过程，造成不可估量的生态后果。

综上所述，资本以身体实践为基础，促进物理空间、社会空间以及精神空间的深刻变革，推动身体空间、城乡空间以及全球化空间的重塑。马克思恩格斯从微观、中观、宏观等不同层面对资本主义空间逻辑的生态后果展开深度批判，为破解现代生态难题提供方向引领。以空间重构为着力点全面推进生态环境治理体系和治理能力现代化，不是要单纯地约束主体的活动空间，而是以空间格局为支点全面协调人与自然的物质变换关系，探索生产发展、生活富裕、生态良好的发展道路，致力于形成人与自然和谐共生的现代化格局。

第二节　马克思恩格斯的"两个和解"思想的
空间维度及其生态指向

迄今为止，资本主义的形成与发展大致经历原始积累、自由资本主义、垄断资本主义与全球化等阶段，并历经多次危机和复苏，而每一次变革和调整都伴随着空间结构的重塑和空间格局的重组。资本空间化和空间资本化使资本主义得到喘息之机，然而每一次危机的调整又集聚着更深层次的矛盾，潜藏着更大规模的破坏力。"资本一方面具有创造越来越多的剩余劳动的趋

---

① 参见〔德〕乌尔里希·布兰德、〔德〕马尔库斯·威森《资本主义自然的限度：帝国式生活方式的理论阐释及其超越》，郇庆治等编译，北京：中国环境出版集团，2019，第28页。

势，同样，它也具有创造越来越多的交换地点的补充趋势。"① 空间问题和人与人、人与自然以及自然与社会之间的关系问题是紧密联系在一起的，空间解放必然是人的解放、自然的解放的题中之义。经文本考察可以发现，马克思恩格斯的著作中包含着大量关于劳动异化、货币拜物教、金钱价值观、环境污染等问题的批判，其中不乏空间层面的深刻分析。"如果地球是某种生成的东西，那么它现在的地质的、地理的和气候的状况，它的植物和动物，也一定是某种生成的东西，它不仅在空间中必然有彼此并列的历史，而且在时间上也必然有前后相继的历史。"② 马克思恩格斯以无产阶级乃至全人类的彻底解放为己任，其所追求的自然的真正复活必然建立在资本主义空间生产的废墟之上。在马克思恩格斯的阶级斗争、劳动价值、自然生产力、社会有机体等理论中蕴藏着从空间分工、空间资本化到空间解放的逻辑线索，为探索人的自然主义和自然的人道主义相统一的发展道路提供思想智慧。

人的解放是马克思恩格斯全部思想的主题和宗旨，并贯穿于整个思想体系的方方面面。在《〈黑格尔法哲学批判〉导言》中，马克思阐发了人的解放的核心思想，"是以宣布人是人的最高本质这个理论为立足点的解放"③。在《神圣家族》中，马克思恩格斯阐发了人的解放的依靠力量的观点，即无产阶级自己解放自己。在《德意志意识形态》中，马克思恩格斯阐发了人的解放的具体道路是历史的现实的过程。在《共产党宣言》中，马克思恩格斯阐发了人的解放的根本条件和根本目标分别是消灭资本主义私有制、实现人的自由全面发展。当然，马克思恩格斯所描述的人的解放的未来图景，建立在顺应"社会-经济-自然复合生态系统"空间演变规律的基础上，贯穿着空间逻辑，渗透着空间层面的要求。从主体维度看，人的解放蕴含着人与自身、人与自然以及自然与社会三重方面的解放。三个层面的解放是辩证统一的，它们统一于现实的、具体的、历史的

---

① 《马克思恩格斯文集》第8卷，北京：人民出版社，2009，第88页。
② 《马克思恩格斯文集》第9卷，北京：人民出版社，2009，第414页。
③ 《马克思恩格斯文集》第1卷，北京：人民出版社，2009，第18页。

实践活动中。

一 人的解放论的空间维度及其生态指向

马克思恩格斯认为，人的解放是以身体为基础的空间性展开，是摆脱地域局限的历史过程。在不同的时代环境和所有制条件下，个体或群体所占据的物理空间和活动边界是不同的，个体之间、群体之间往往会建立不同的空间联系，在不同的空间尺度中形成不同的空间布局。当然，"个体行为空间的形成也受个体所在群体、个人在社会网络中的位置、个人所处的生命周期阶段以及与其潜在出行目的地有关的空间位置的影响"[①]。在以人的依赖关系为基础的社会形态中，生产力水平十分低下，人对自然界的很多现象是"懵懂无知"的，个体只能联合起来适应自然环境。氏族作为人类共同生活、共同劳动的基本单位，呈现血缘和地域合一的状态；除了建立在生理基础上的性别和年龄分工之外，还有依托自然地理环境差异而形成的地域分工。人们的活动只能在孤立分散的地域范围内进行，所获取的生活资料限于体力可达的空间内容。人们在狭窄的空间范围内只能建立狭隘的联系，人的发展状况处于"原始丰富性"阶段。"在发展的早期阶段，单个人显得比较全面，那正是因为他还没有造成自己丰富的关系。"[②] 以人的依赖性为基础的阶段是人的发展的第一个阶段，个体作为依附性的个体，必须保持对原始共同体的绝对服从才能争取到生存和繁衍的机会。

在以物的依赖性为基础的社会，几次工业革命推动生产力大踏步前进、跨越式发展，推动产业结构和劳动力结构向更高形态演变。基于生产工具、交通工具的系统变革，人类活动的空间范围不断拓展，使地区之间相对孤立和相互隔绝的发展状况走向终结，开启人类历史向世界历史转变的新篇章。在资本主义私有制条件下，资本家拥有对生产资料的支配权，劳动者与其生产资料相分离。"对于通过劳动而占有自然界的工人来说，占有表现为异化，

---

① 〔美〕雷金纳德·戈列奇、〔澳〕罗伯特·斯廷森：《空间行为的地理学》，柴彦威、曹小曙、龙韬等译，北京：商务印书馆，2013，第238页。
② 《马克思恩格斯文集》第8卷，北京：人民出版社，2009，第56页。

自主活动表现为替他人活动和表现为他人的活动。"① 资本主义生产方式导致了人格的扭曲、人性的丧失，但也创造了巨大的生产力，为向合乎人性的人的复归奠定基础。马克思认为，"正是以建立在交换价值基础上的生产为前提的，这种生产才在产生出个人同自己和同别人相异化的普遍性的同时，也产生出个人关系和个人能力的普遍性和全面性"②。西方国家率先进入了资本主义社会，确立了不平等的国际贸易体系，形成落后国家或边缘地区依附发达国家或中心地区的世界格局。"单个人随着自己的活动扩大为世界历史性的活动，越来越受到对他们来说是异己的力量的支配（他们把这种压迫想象为所谓世界精神等等的圈套），受到日益扩大的、归根结底表现为世界市场的力量的支配。"③ 在全球化时代，资本主义基本矛盾不断外溢，必将带来更大规模的破坏，孕育更深层次的危机。以物的依赖性为基础的阶段是人的发展的第二个阶段，个体获得的相对独立性，不过是一种形式上的独立、外在的独立。集体创造的应当共享的资源，却以商品化和货币化的形式为资本所圈占。④ 个体作为相对独立的利益主体，为物化的社会关系所钳制，只能屈从于虚假的共同体。

第三个阶段是人的全面发展阶段，也是自由个性不断彰显的阶段，即共产主义阶段。马克思恩格斯在《共产党宣言》等著作中描述了共产主义社会的基本特征：在高度发达的生产力基础上将消除支配、奴役性质的社会关系，人们共同占有生产资料、共同享有劳动成果，个人将获得真正的独立性和个性。当个体的主体性力量得到确证、潜力得到充分释放、丰富性得到全面实现、精神境界和道德修养得到系统提升，个体就可以在更广阔的空间范围内生存和发展。自由人联合体是真正的共同体，人与人、人与自然以及自然与社会之间将建立普遍性、全面性的联系，"每个人的自由发展是一切人

---

① 《马克思恩格斯文集》第1卷，北京：人民出版社，2009，第168页。
② 《马克思恩格斯文集》第8卷，北京：人民出版社，2009，第56页。
③ 《马克思恩格斯文集》第1卷，北京：人民出版社，2009，第541页。
④ 参见〔美〕戴维·哈维《叛逆的城市：从城市权利到城市革命》，叶齐茂、倪晓晖译，北京：商务印书馆，2014，第79页。

的自由发展的条件"①。共产主义社会将消除地域和民族的隔阂，城乡之间、工农之间、脑力劳动与体力劳动之间的差别也将消失，各地区各民族紧密联合在一起，所形成的世界格局将兼具差异性和公平性。从原始丰富性、形式上的独立性到自由个性，个体解放将逐步实现；从孤立而隔绝的活动空间、普遍而片面的交往格局到自由人联合体，地域性的个人转变为普遍性空间视阈中的个人。人的解放是人的自由全面发展，包含时间上的解放、空间上的解放，是逐步摆脱各种地域限制和外在必然性束缚，从必然王国走向自由王国的过程。

人的解放是人的本质的复归过程。人的本质是丰富的、多层次的，具体体现在人的个性、需要、品质、能力、社会关系等各个方面。人的全面发展不仅包括体力、智力的发展完善，而且包括兴趣爱好、意志信念、道德品质的全面发展与提升。在思想道德素质和科学文化素质不断进步的基础上，人才能摆脱外在必然性的束缚，人的自由个性才能逐步实现。马克思在《论犹太人问题》中写道："任何一种解放都是把人的世界和人的关系还给人自己。"② 人的本质不是抽象的规定性，而是指向历史的具体的规定性，因此脱离特定的社会关系状况以及人的存在状态空谈人的本质是毫无意义的。人总是处于各种各样的社会关系当中，人所面对的现实世界是建立在实践基础上的人化自然和人类社会的统一体。对象化自然是纳入人类活动范围的自然，并作为人的作品和现实确证人的本质力量。人以什么样的方式对待自然，自然就会以什么样的姿态回馈人类。在前资本主义社会，人的内在的精神力量和物质力量并未充分发展和释放，只能屈从于自然界的支配，在非常有限的时空范围内施展。在资本主义生产资料私有制的条件下，劳动者与生产资料和劳动产品相分离，人的本质力量转化为异己的物的力量。在商品拜物教、货币拜物教的影响下，人的占有欲、享受欲被无限放大，骄奢淫逸、挥霍享乐日益盛行。在崇尚私欲的病态社会里，人的个性被扭曲，出现畸形发展态

---

① 《马克思恩格斯文集》第 2 卷，北京：人民出版社，2009，第 53 页。
② 《马克思恩格斯全集》第 1 卷，北京：人民出版社，1956，第 443 页。

势。个性的发展直接关乎人与自然的关系状态，人对物质产品的占有欲望必然导致对自然界的无限索取和贪婪占有。个性的发展与社会的发展密切相关，自由的个性的形成需要平等自由、丰富多样的社会生活环境。"共产主义是作为否定的否定的肯定，因此，它是人的解放和复原的一个现实的、对下一段历史发展来说是必然的环节。共产主义是最近将来的必然的形态和有效的原则。"①届时，人们将告别物质匮乏的状态，摆脱低级欲望、低级趣味的羁绊，以新的精神状态开创美好未来。随着"人的本质力量得到新的证明，人的本质得到新的充实"②，人的主体性将得到高度完善和全面释放，向上、向善、向美将成为内在的、自觉的精神追求，到那时人的发展也就不再需要大量虚假的、外在的东西来填充，更不需要物质资源的高度消耗来支撑。

人的本质并不是抽象的事物，人的本质的复归也不是乌托邦式的幻想，人的本质复归的根本途径是革命性的实践，发达的生产力、普遍性的社会交往以及承载新型自然联系和社会联系的世界性空间格局等共同构成实现人的彻底解放的现实条件。随着社会生产力的发展和科学技术的进步，社会必要劳动时间会越来越短，人们将拥有更多的自由时间和自由空间来发展完善自我，使个体的创造潜能得到充分释放，使个体的丰富性得到真正呈现。自由时间和自由空间是实现人的全面发展的根本条件，是衡量人的解放程度的重要标准和尺度，指向人的解放的广度和深度。共产主义是崇高的社会理想，也是一种现实运动。只有结合具体的历史的现实状况，遵循自然界与人类社会的演进规律，才能推动共产主义目标愿景顺利实现。"我们要求人们不要突然离开现实的、有机的国家生活，而重新陷入不现实的、机械的、从属的、非国家的生活领域。"③只有从客观现实的、不断演变的自然关系和社会关系出发，才能创造人的解放的现实条件。人的本质的复归是自觉进行的，不仅仅意味着扬弃私有财产，而且强调精神达到自由和自主的状态，能够不

---

① 《马克思恩格斯文集》第1卷，北京：人民出版社，2009，第197页。
② 《马克思恩格斯文集》第1卷，北京：人民出版社，2009，第223页。
③ 《马克思恩格斯全集》第1卷，北京：人民出版社，1995，第334页。

为物化世界所困，真正按照生存需要处置社会财富和资源环境。所有人共存于地球之上，理应共同享有对地球空间的各项权利，共同履行各项责任，以与自然、社会实现更高层次的时空交融。

二 自然复活论的空间维度及其生态指向

在马克思看来，人的解放与自然的解放是辩证统一的，自然的解放是人的解放的前提和基础。人首先是自然界的一部分，从生理结构的角度看，人的头脑、血、肉是属于自然界的；从生理需求看，人有吃喝、繁殖、睡眠等基本欲求；从生理机能看，人体具有新陈代谢的功能，人体的细胞、组织、器官和系统等能够相互协调、相互配合，维持复杂的生命活动。马克思恩格斯的解放理论本身囊括了人的解放、自然解放的双重维度，强调人的自然属性和社会属性的统一、自然史与人类史的有机统一。马克思认为，人类能够自觉地把握必然性和规律性，能够摆脱自然规律和自然力量的盲目支配，在人与人、人与自然以及自然与社会之间建立新的联系。他在《1844年经济学哲学手稿》中明确写道，"社会是人同自然界的完成了的本质的统一，是自然界的真正复活，是人的实现了的自然主义和自然界的实现了的人道主义"[①]。人与人、人与自然以及自然与社会之间的关系都是人类生存和发展的基本关系维度，彼此相互影响、相互制约、相互渗透，并不是简单的一一对应关系。从本质上看，生态环境问题是社会问题，自然界在社会发展中"复活"，也会体现人与人的和解。当然，"与大部分其他社会问题相比（比如战争和堕胎问题），环境问题本身的地方性和实时性更加突出"[②]。生态环境损害涉及事物系统的内在空间建构，生态环境问题的解决也必然包含社会空间秩序的相应变革与调整。虽然人与自然的和解必须经由人与人的和解来实现，但是这并不代表人与自然的和解会因为人与人的和解而自动实现。马克思所描绘的共产主义社会是"人和自然界之间、人和人之间的矛盾的真正解

---

① 《马克思恩格斯文集》第1卷，北京：人民出版社，2009，第187页。
② 〔美〕约翰·R.洛根、〔美〕哈维·L.莫洛奇：《都市财富：空间的政治经济学》，陈那波等译，上海：格致出版社、上海人民出版社，2016，第213页。

决，是存在和本质、对象化和自我确证、自由和必然、个体和类之间的斗争的真正解决"①。可见，人与自然之间的矛盾和其他问题一样具有相对独立性。同样，人与自然的矛盾冲突的化解也依托一种更加积极主动的举措。

自然界的复活首先是人和自身自然的和解。人通过实践活动作用于自然界，既会改变自身自然，也会改变周围自然环境，进而创造人的现实的对象世界。"所谓人的肉体生活和精神生活同自然界相联系，不外是说自然界同自身相联系，因为人是自然界的一部分。"② 自然界是人的无机身体，人类需要时刻与自然界保持直接的联系，以获取生命活动的物质能量。在不同历史条件下，受社会制度、生产力发展水平以及思想认知程度的制约，人与自然的交互状况呈现不同的特征。在原始社会，生产力水平极其低下，人类深受寒冬酷暑、猛兽袭击、蚊虫叮咬等困扰，衣食住行难以保障，人的物质生活和精神生活处于野蛮蒙昧的状态。进入封建时代以后，人类对自然的认识能力、改造能力都有所提升，通过农业生产能够拥有相对稳定的生活来源。但是，农民的生活状态仍是很被动的，一方面，农业生产对自然环境依赖性仍然较强，存在很多不确定性因素；另一方面，阶级利益趋向分化，农民被牢牢地束缚在土地上，不仅要忍受地主阶级的经济剥削和政治压迫，而且精神生活被禁锢的程度也很严重。在资本主义发展初期，工人阶级获得对身体的形式上的支配权，能够自由支配劳动力。但从实质上看，工人阶级从属于资本，工人阶级的生活长期处于受压迫、受奴役的状态。在《英国工人阶级状况》中，恩格斯用大量客观事实描述了劳动者恶劣的工作状况、生活状况，深刻批判了资本主义制度对生态环境的破坏性影响及其对劳动者身体的残酷迫害。随着生产力的快速发展，劳动者的生活也有很大幅度的改善，但是资本逻辑的主导地位并未改变，劳动者被支配的状况仍然持续。而且，资本与国家权力相结合，不断扩张、不断膨胀，形成对经济生活、政治生活、观念生活全面操纵的态势，导致人与人、人与自然以及自然与社会关系的全面异化。事实上，无论是被束缚在土地上还是被禁锢在机械化的生产线上，都不

① 《马克思恩格斯文集》第1卷，北京：人民出版社，2009，第185页。
② 《马克思恩格斯文集》第1卷，北京：人民出版社，2009，第161页。

能达到作为人的活动场域的发展需要，只会产生闭塞的界限、畸形的结构。"我们现在假定人就是人，而人对世界的关系是一种人的关系"①，应当建构更符合人性的空间结构。只有到了共产主义社会，在生产力高度发达的基础上，消灭人剥削人、人压迫人的制度，建立高度和谐的社会关系、自然关系，人的物质生活、精神生活才能得到可靠保障。在此基础上，人的本质能力将得到全面发展，将具备对自我的科学认知和客观评判能力、对客观世界的深刻理解和充分觉察能力，进而能够真正实现对自身生命活动和实践活动的自主支配。

自然界的复活包括人与外部自然的和解。一般来说，动物是以自然界赋予的本能消极地适应自然界，其活动的时空范围主要取决于自身的躯体结构，往往是相对固定且有限的。相反，人能够制造工具和使用工具，对自然的认识和改造早已超出身体的尺度范围。显然，马克思着重阐述人在自然界中的特殊性，主张"复活"自然界，不仅包括人与自身自然的和解，而且包括人与外部自然的和解。而且，人与外部自然的关系更能体现人的自觉能动性，更能彰显人的本质和优势。虽然基于特定的考察对象和考察目的，马克思重点突出人的社会属性，但并未否定或者忽视人的自然属性。自然作为财富之母、作为人类生存和发展的摇篮和载体，其运行规律是不以人的意志为转移的。人类的生态足迹一旦超过自然界的承载力，就会破坏生态系统的平衡，对人类的实践活动产生反制作用。人类对自然界的认知和把握经历着否定之否定的发展过程，自然界的复活将跨越漫长的历史周期。人类从依附自然、支配自然到顺应自然，从祛魅到复魅，体现自我超越和对外部必然性超越的统一。"你对人和对自然界的一切关系，都必须是你的现实的个人生活的、与你的意志的对象相符合的特定表现。"② 当人的本质力量得以真正实现，人与自然的关系将具有新的意义。人类将"靠消耗最小的力量，在最无愧于和最适合于他们的人类本性的条件下来进行这种物质变换"③。人与自然

---

① 《马克思恩格斯文集》第 1 卷，北京：人民出版社，2009，第 247 页。
② 《马克思恩格斯文集》第 1 卷，北京：人民出版社，2009，第 247 页。
③ 《马克思恩格斯文集》第 7 卷，北京：人民出版社，2009，第 928～929 页。

的和解蕴含着马克思恩格斯在处理人与自然关系方面的核心价值追求，即按照美的规律来建构人与自然的关系，使客观世界演化为人的"类生活"场所。美的规律是人类生产、生活的最高准则，强调主观尺度和客观规律的和谐统一。美的规律与自由创造紧密相连，映射人与自然命脉相系、休戚与共的血肉联系。人能够自觉地作用于外部自然，能够按照美的最高标准和尺度形塑人的思想和行为，能够选择最佳的活动尺度和规模，使人类社会的空间需求、空间尺度、空间秩序与自然界的空间秩序和演替规律相适应，形成人与自然共生共荣的良好态势。

三　社会解放论的空间维度及其生态指向

人的本质是一切社会关系的总和，人们从事的实践活动都是在社会关系中进行的。经济基础决定上层建筑，社会解放是人的解放的中心环节，人的全面发展有赖于生产劳动和社会关系的根本变革。马克思恩格斯所强调的社会解放，主要是指受压迫阶级冲破旧式分工的压迫，挣脱旧式社会关系的奴役，能够自由自主地从事劳动并获得相匹配的劳动报酬。马克思恩格斯所倡导的人的解放是一种彻底的解放：不是某部分人的解放，涵盖资产阶级的解放、劳动者的解放，指向全人类的解放；不是某部分权利的解放，涉及宗教解放、政治解放、思想解放，指向一切领域的解放。当然，人的解放是一个历史过程，离不开社会的发展进步，取决于社会实践活动的广度和深度，在不同的历史时期呈现不同的特征和表现形式。

劳动解放是人类解放的基础和前提。在马克思主义理论体系中，劳动范畴处于核心地位。恩格斯指出："劳动是整个人类生活的第一个基本条件……劳动创造了人本身。"[①] 人在劳动中结成各种各样的社会关系，劳动的性质和内容是社会关系发展状况的重要反映，劳动解放是社会解放的重要内容。劳动是历史唯物主义的起点范畴，劳动发展史是理解历史唯物主义的关键密钥。劳动是最基本、最重要的实践活动，是人类存在的最基本方式，是人类文明

---

① 《马克思恩格斯文集》第 9 卷，北京：人民出版社，2009，第 550 页。

演进的重要杠杆和力量源泉；劳动是塑形的活火，劳动的过程是对客观世界的塑形和构序过程。马克思恩格斯所主张的劳动解放是指劳动成为自主自觉的行为，人能够体面地劳动、自由地劳动。劳动不再是奴役人的手段，而是真正成为生活的目的。具体可以从劳动的性质、劳动的过程、劳动的工具、劳动的结果等方面考察。

在前资本主义时期，劳动使人超越了动物的本能，逐渐转移到物质生产形式的实践活动上来。不过，此间人类对自然界的依赖程度较深，生产和生活所需要的产品在很大程度上仰仗自然界的直接馈赠，个体劳动、自在劳动是主要的劳动形态。自然环境为人类生产、生活提供资料，对人类的劳动布局具有决定性影响。到了资本主义社会，随着机械化大生产的飞速发展，劳动的社会化程度大幅度提高，人与人之间的社会联系也更加复杂多变。由于生产资料为资产阶级所掌控，强制性的分工违背了劳动者的意愿，劳动者在劳动中感受到的是痛苦而不是愉悦。人们刚剪断了氏族部落的血缘脐带、砸碎了封建制度的枷锁，却又被套上了资本主义制度的无形锁链。劳动不再是为了满足人的基本需要，而是为了最大限度地创造利润。劳动的主导性作用日益突出，劳动对象的数量和种类不断增加和拓展，对自然界的干扰范围也是不断扩大。劳动异化导致个体的活动空间相对缩小，造成人的片面发展。异化性质的劳动分工和劳动关系转变为不平等的自然关系、社会关系，成为个人发展的桎梏。在所有资产阶级统治的空间地域，封建的、宗法的和田园诗般的关系被破坏，家庭关系层面温情脉脉的面纱被撕毁，人与人、人与自然以及自然与社会之间的关系变成冰冷的金钱关系。① 资本主义不断形塑空间格局，肆意侵扰空间边界，使原料产地、消费市场等所有的空间关系都变得不安稳。它永不停息地运动，其变革空间的频率和节奏超过了自然界的限度。事实上，在马克思看来，私有制与异化劳动相互作用造成社会的全面异化，新的文明形态应当建立在自主劳动的基础上。"只有在现实的世界中并使用现实的手段才能实现真正的解放。"② 自主的劳动是自由自觉的创造性活

① 参见《马克思恩格斯文集》第2卷，北京：人民出版社，2009，第34页。
② 《马克思恩格斯文集》第1卷，北京：人民出版社，2009，第527页。

动，必须建立在发达的物质手段和物质力量的基础上，不再受物质财富所
困。只有缩短工作日，劳动者才能有更充裕的时间发展自我、完善自我，劳
动者才能真正成为劳动过程、劳动成果的支配者。同时，人类可以更自由地
更充分地探索自然界，以不断发现自然界新的属性，以更合乎人性、更合乎
生态的方式建立人与自然的联系，不必无休止地占有空间、掠夺资源环境。
"在共产主义社会里，任何人都没有特殊的活动范围，而是都可以在任何部
门内发展，社会调节着整个生产。"① 显然，空间实践的自主性、能动性、创
造性是人的自由自觉性的重要体现。劳动是人与自然物质变换的中介，劳动
的解放必然带来人与自然的良性互动。自主的劳动不仅意味着劳动需要的自
主，而且意味着劳动能力的自主。人类出于对自然规律的深刻认识和把握，
能够科学调控劳动的广度和深度，使人与自然的物质变换在适宜的空间规模
和空间范围内进行。

经济解放是人类解放的关键。生产力是社会发展的最终决定力量，真正
的解放必须建立在生产力高度发达的基础之上。马克思恩格斯在《德意志意
识形态》中指出："如果没有这种发展，那就只会有贫穷、极端贫困的普遍
化；而在极端贫困的情况下，必须重新开始争取必需品的斗争，全部陈腐污
浊的东西又要死灰复燃。"② 只有生产力得到高度发展，人类社会才能创造充
分的物质产品来支撑全体成员的生存和发展需要；只有生产力得到高度发
展，共同体才能摆脱自然界的奴役；只有生产力得到高度发展，人们才能突
破地域局限，开拓真正的世界历史，在更广阔的空间范围内优化资源配置。
在自然经济时代，由于生产力水平低下、物质财富比较匮乏，人类被迫与艰
苦的自然环境作斗争，尽管终日劳作，却仍在温饱的边缘挣扎。在商品经济
时代，生产力水平大幅度提高，物质产品有所增多，但是统治阶级通过各种
手段掌控社会资源，造成社会资源的不平等分配，使得大批劳动者游离于劳
动成果之外。尤其是资本主义制度的兴起和扩张，使社会的不平等问题加
重。就资本主义国家而言，生产资料由资产阶级掌控，无产阶级在经济上处

① 《马克思恩格斯文集》第 1 卷，北京：人民出版社，2009，第 537 页。
② 《马克思恩格斯文集》第 1 卷，北京：人民出版社，2009，第 538 页。

于被奴役、被剥削的地位，因此只能靠出卖劳动力为生，不得不被资本玩弄于股掌之中，并趋向贫困化。就资本主义世界经济体系而言，发达资本主义国家凭借雄厚的经济技术优势，占据国际分工体系和利益格局的支配地位，塑造并强化了不平等的国际经济秩序，并依靠这种经济霸权不断吞噬全球财富，造成南北经济差距不断扩大。在殖民主义、帝国主义的长期掠夺和剥削下，发展中国家的人口及资源等物质财富大量流失，有的甚至债台高筑，陷入贫困陷阱。到了共产主义社会之后，全体成员的根本经济利益一致，产品经济将成为主要的经济形式，创造集体财富的一切源泉将充分涌流。生产力的高度发展将使人类生存和发展的物质需求得到根本保障；重新建立个人所有制，将使社会财富真正普惠社会共同体的全体成员。物质领域的解放是人类解放的根基，充裕的物质条件、强大的物质生产能力将推动人类最终从支配他们的社会关系、自然关系中解放出来。

政治解放是人类解放的必要环节。政治是经济的集中表现，政治发展对经济基础具有强大的反作用，对经济社会生活的方方面面都有重大影响。自有阶级社会以来，人们不断变革和调整政治关系、政治结构和政治活动，推动政治制度和政治观念的发展演变，促进政治文明成果不断积累。政治解放是社会发展进步的重要内容，是人类解放的必经阶段。当然基于时代条件的发展变化，不同时期不同阶级的政治诉求、政治态度往往是不一样的。资产阶级的政治解放是指打破封建专制特权，使国家摆脱宗教方面的钳制，使市民社会从政治国家的窠臼中解放出来，对整个自然界进行革命改造，建立资产阶级专政的历史过程。当然，马克思曾犀利地指出，"局部的纯政治的革命，毫不触犯大厦支柱的革命，才是乌托邦式的梦想"①。从根本上说，资产阶级的政治革命体现了历史的进步性，但是其实质是市民社会革命，是资产阶级的政治解放运动，不是全人类的解放。资产阶级高扬"自由、平等、博爱"的旗帜，实际维护资产阶级的专有利益，资产阶级政权是建立在对无产阶级和自然界双重剥削压迫的基础之上。资产阶级革命将人类从封建主义的

---

① 《马克思恩格斯文集》第 1 卷，北京：人民出版社，2009，第 14 页。

束缚中拯救出来，赋予社会成员以公民的身份，同时也使公民变成单向度的
人，导致类本质同人相异化，造成个人力量与社会力量的分离和对立。在
《法兰西内战》中，马克思在总结巴黎公社经验的基础上，揭示了人类解放
的政治规律，阐释了无产阶级政治解放的历史使命，即消除一切剥削阶级。
"公社的真正秘密就在于：它实质上是工人阶级的政府，是生产者阶级同占
有者阶级斗争的产物，是终于发现的可以使劳动在经济上获得解放的政治形
式。"[1] 无产阶级不会掌握现成的国家政权，而是将建立工人阶级领导的新型
的国家政权，打造真正的共同体。无产阶级代表整个人类的利益，只有无产
阶级掌握国家政权，阶级压迫的工具才能转变为解放人的工具，按照人民的
意志管理国家事务。人民的自治组织将国家权力作为服务于生命的力量，而
不是控制人、征服人的力量。"工人革命的第一步就是使无产阶级上升为统
治阶级，争得民主。"[2] 无产阶级取得社会权力后，就会逐步消除生产资料私
有制，使社会化生产资料转变为公共财产。[3] 在生产力高度发达的基础上，
人民将掌握公共管理的权力，使按计划生产成为可能。随着政治解放的实
现，阶级、国家以及所有阶级性质的空间边界都将走向消亡，按照利益界限
分割自然界的动机将彻底消失。人们将真正按照可持续发展的原则规范生产、
生活布局，而不是盲目地以高度组织化的社会空间消弭多样化的自然空间。

第三节　诗意栖居的生态化指向

马克思恩格斯的解放理论是建立在深刻批判资本增殖逻辑基础上的，揭
示了资本空间化和空间资本化所造成的无产阶级贫困和生态贫困问题。他们
在人类探索文明发展道路的实践之中，证成了人的自由全面发展的空间要
义，阐述了人类的深层价值诉求和最高实践目标。显然，马克思恩格斯的解
放理论并非乌托邦式的设想，而是存在于现实运动之中。海德格尔说过，人

---

[1] 《马克思恩格斯文集》第 3 卷，北京：人民出版社，2009，第 158 页。
[2] 《马克思恩格斯文集》第 2 卷，北京：人民出版社，2009，第 52 页。
[3] 参见《马克思恩格斯文集》第 3 卷，北京：人民出版社，2009，第 566 页。

是应该诗意地栖居在大地上的，"诗意创造首先使居住成为居住。诗意创造
真正使我们居住"①。这里借用海德格尔的言论，旨在更生动、更形象地描绘
人的解放和自然复活的空间意境。以马克思恩格斯的解放理论为指导，深刻
把握历史发展大势，实现诗意栖居的美好目标，必须推动空间思维、空间主
体、空间规模以及国际战略的生态化形塑。

一　空间思维的生态化形塑

理念是实践的先导，思想是实践的指南。马克思恩格斯认为："人们是
自己的观念、思想等等的生产者，但这里所说的人们是现实的，从事活动的
人们，他们受着自己的生产力的一定发展以及与这种发展相适应的交往（直
到它的最遥远的形式）的制约。"② 要实现诗意栖居的美好目标，必须突破
传统思维的局限，改变违背自然规律的思想认知、思维方式和价值理念，牢
固树立尊重自然、顺应自然和保护自然的理念，培育多样化、有机性、共享
式的空间思维。

要积极培育和践行多样化的空间思维。马克思在《资本论》中写道，
"人所处的自然环境的变化，促使他们自己的需要、能力、劳动资料和劳动
方式趋于多样化"③。在漫长的演化进程中，地球生态系统经历了从简单到复
杂、从低级到高级的转变，形成相对稳定的生态综合体。自然界的丰富性是
超乎人类想象的，自然界的复杂性是人类无法完全模拟的。多样性是自然界
的生命力和活力所在，也是自然界能够为人类生存和发展提供各种形式物质
能量的基础保障。多样性也是人类文明的基本样态和基本属性，不同民族、
不同国家的发展历程往往各有特点，形成多样化的发展道路。内容与形式是
辩证统一的，生命种类及其运行方式的多样性、社会有机体及其运行机制的
复杂性都必然通过空间结构的多样性、空间布局的多样性展现出来。然而，
资本钟情于标准化的生产方式、生活方式，总是试图建构同质化的空间结构

---

① 〔德〕海德格尔：《诗·语言·思》，彭富春译，北京：文化艺术出版社，1991，第187页。
② 《马克思恩格斯全集》第3卷，北京：人民出版社，1960，第29页。
③ 《马克思恩格斯文集》第5卷，北京：人民出版社，2009，第587页。

和发展模式。每一种有效的增长模式都被快速复制，引发重复性建设，导致产品结构趋同、产业结构趋同、城乡结构趋同、区域结构趋同、生产力布局趋同等一系列问题。和实生物，同则不继。单一化的空间结构往往孕育着对立、冲突和区隔，很有可能将生命系统、社会系统引向没落。资本主义疯狂的自我复制，不仅造成生态问题的累积扩散，而且形成内在的制约力量。"自然世界的简单化与社会和个体的简单化形影相随，而生态系统的均质化与社会环境及构成它的所谓个体的均质化结伴而生。人对人支配与自然支配观念的密切联系，并不仅仅停留在观念水平上；它最重要的特征是，一种主导性的自然即一种无机的自然，取代了人类曾经极其崇敬地看待的有机自然。"① 随着同质化生产模式向自然领域的延伸，这不仅造成资源浪费，而且造成物种结构、景观结构趋同，威胁整个生态系统的平衡和延续。换言之，每一层次的生命实体及其运行轨迹都是独特的，多样性的种类、多样性的景观和多样性的环境相互依赖、不可分割，展现为千姿百态的空间形态。要积极培育和践行多样化的空间思维，不仅要适应生态系统结构和功能的多样性，而且要尊重个体需要的多样化、社会关系的多样化，自觉推进空间结构的多样化、空间布局的多样化。在未来的空间实践中，要自觉地将多样性的思维融入国土空间规划、城市空间规划以及经济社会发展规划的指导思想、价值理念和目标任务之中；要自觉地打造具有多样形态、多元化内容、多样化功能和多样化规模的空间结构、空间布局。

要积极培育和践行有机性的空间思维。马克思认为自然界和人类社会都是生成性的，人类社会的发展也是一个自然历史过程。他指出："大地创造说，受到了地球构造学即说明地球的形成、生成是一个过程、一种自我产生的科学的致命打击。"② 自然界万事万物相互联系、彼此啮合，在存在方式、目标功能方面具有一致性，共同推动整个世界的蓬勃发展。一般来说，非有机体在受到外力伤害时是无法自我更新、自我恢复的。与之相对，有机体并

① 〔美〕默里·布克金：《自由生态学：等级制的出现与消解》，郇庆治译，济南：山东大学出版社，2008，第 145 页。

② 《马克思恩格斯文集》第 1 卷，北京：人民出版社，2009，第 195 页。

非离散形态的分布结构，能够进行自我更新、自我修复。其中，生命有机体能够通过新陈代谢活动，实现自我更新、自我修复；社会有机体能够通过有目的、有意识的实践活动，实现自我调整、自我更新、自我修复、自我发展。生命有机体的生长发育以及社会有机体的存在和发展都涉及多种空间关系维度，包含大量动态演化过程。具体来说，各实体之间的空间关系是多种多样的，如存在拓扑关系、顺序关系等。各种各样的空间关系镶嵌于生命有机体和社会有机体的运动过程中，形成有序的地球圈层结构。有机体以空间结构为主要动力牵引，引领各部分、各要素和各环节的运动方向，并对生态系统的功能产生极其重要的影响。人类改造自然的活动能否达到预期效果，在很大程度上取决于生态系统结构功能的完整性，取决于人类对生态系统格局的适应性。然而，机械的、形而上学的思维方式主要承认力学运动，习惯以孤立静止的观点把握客观世界，导致人们对客观世界空间结构的曲解，形成很多错误的认知，产生很多不当的做法。在形而上学思维的影响下，一部分人一部分地区盲目地追求生产空间的建构规模和扩张速度，肆意地干扰自然界的演进过程、演进速度，给生态系统造成破坏性影响。我们这里提出培育和践行有机性的空间思维，是指坚持从全局性、系统性、动态性、开放性的角度把握"社会-经济-自然复合生态系统"的空间结构，从生成、过程的角度把握自然生态系统与社会生态系统的交互过程，力求最大化地减少自然生态系统的排异反应。为此，要充分发挥人类的自觉能动性，深刻把握空间结构孵化发展的客观规律，努力建构充满活力、和谐有序的空间结构。

要积极培育和践行共享性的空间思维。在马克思恩格斯所设想的共产主义社会中，人们共同生产、共同享有劳动成果，每个人的自由发展是一切人自由发展的条件。马克思在《哥达纲领批判》中指出，社会主义社会是"一个集体的、以生产资料公有为基础的社会"①。自有阶级社会以来，私有化的体制和理念逐步向身体、物质产品、精神生活、空间产品等领域全面扩

① 《马克思恩格斯文集》第3卷，北京：人民出版社，2009，第433页。

散，对自然生态系统和社会生态系统产生广泛影响。在私有制社会中，高度褒扬竞争性的生存方式，在一定程度上有利于激发人的创造意识，推动人类文明的发展进步。不过，私有权具有排他性，是一种支配权，以奴役和剥夺他人的劳动成果为必要条件，默许对自然空间的随意处置。在私有制思想的推动下，为了占有而占有的思维占据主导地位，追逐空间、掠夺空间、占有空间、囤积空间的思想和行为日益盛行，于是产生了空间拜物教。统治阶级凭借生产资料所有权和政治层面的控制权，在空间资源分配中占据支配地位，广大劳动者只能局限于逼仄的生存空间之中。社会失序使得自然空间出现异化的态势，使得自然界的生命力走向衰弱。如果一味地按照私有化的思维处置空间资源、空间环境，那样不仅违背公共资源的基本属性，而且有悖于公平正义的伦理准则，最后只能加剧自然与社会的分离。"只有社会有机体的各种构成要素处于共生的、均衡的和协调的状态中，社会的正常运转才能获得保证"①。新的社会联系需要新的社会空间，良好的生活质量、生活方式依赖对污染问题的解决以及对自然和环境的尊重。按照马克思恩格斯的论断，要消除商品拜物教、货币拜物教和空间拜物教，必须从共生性的角度出发，着力培育共治共享共荣的发展思维，保证所有成员平等参与、平等发展的权利，使全体成员能够共享空间资源、空间产品，形成互利共赢、携手共进的良性循环。

二　空间主体的生态化形塑

空间特权建立在一部分人损害另一部分人利益的基础上，其产生的根本原因是生产资料私有制，直接原因是空间的稀缺性与人类对空间的需求不断增加的矛盾冲突。恩格斯指出，"只要被压迫阶级——在我们这里就是无产阶级——还没有成熟到能够自己解放自己，这个阶级的大多数人就仍将承认现存的社会秩序是唯一可行的秩序"②。在这种逻辑的驱使下，谁掌控了空间和资源，谁就掌握了支配权；谁掌握的空间和资源越多，谁就有更主动的话

---

① 张云飞：《唯物史观视野中的生态文明》，北京：中国人民大学出版社，2014，第 512 页。

② 《马克思恩格斯文集》第 4 卷，北京：人民出版社，2009，第 192 页。

语权，就能获得更大的支配性优势。"在空间与地点的关系上，能构成一种一部分人趋于一致而另一部分人被歧视的功能。"① 在现实空间场域，"不可调和的差异或者不平等的权力关系则可能意味着差异正以正式和非正式的形式逐渐显露出来"②。要想打破权力过度集中、少数人垄断权力的局面，避免权力的滥用所引发的生态环境问题，最根本的是废除私有制，将空间处置的权力交给自由人联合体，真正按照全体成员的共同利益、共同意志引导各种力量，进而达到优化空间结构、优化空间布局的目标。从本质上看，主体性是一种能力，更是一种担当、一种责任。人类可以按照任何尺度和需要改造自然界，但并不意味着人可以恣意妄为，人类有能力而且应当为自己的行为划定边界。同时，人类也能够通过生产实践实现主体意识的觉醒，促进主体性力量的回归。但是，人的主体性的觉醒并不是一下子就能实现的，需要经过漫长的历史演进过程，需要经过深刻的自我改造。我们要从类本质的角度去理解人的主体性，按照类主体的需要、本质、价值取向来把握人的主体性；我们要在实践中重塑人的主体性，在主体与主体的关系模式中重构人与人、人与自然以及自然与社会之间的关系。"对马克思来说，最原始的人和对历史性变革最重要的人是群体而不是个体，在许多场合我们必须承认这一事实"③。人民群众是历史的创造者，是社会变革的主体力量，能展现强大的物质变革力量。要实现诗意栖居的美好目标，必须充分尊重和依靠人民群众的力量，凝聚人民群众的思想智慧。

生态环境的质量状况关乎人民群众的共同福祉，关系着人类文明发展的延续性。生态环境问题不是暂时性、局部性的问题，而是全局性的重大问题，其中所涉及的空间关系错综复杂、盘根错节，不是某一个群体、某个机构或者某个区域能够独立解决的。政府作为决策者、管理者，拥有行政强制

---

① 〔法〕让·鲍德里亚：《消费社会》，刘成富、全志钢译，南京：南京大学出版社，2014，第38页。

② 〔英〕格雷厄姆·霍顿、〔英〕戴维·康塞尔：《区域、空间战略与可持续发展》，朱献珑、谢宝霞译，南京：江苏凤凰教育出版社，2015，第51页。

③ W. Peter Archibald, *Marx and the Missing Link*："*Human Nature*", London：Palgrave Macmillan, 1989, p. 133.

执行权，具有社会管理和公共服务的职能，能够通过自上而下的管理方式引导资源配置，在国土空间整治和生态修复方面起着主导作用。不过，受信息不充分、信息不对称以及其他因素的影响，政府不能总是掌握所有信息，不能保障并充分尊重每个人的发展特性。单纯依靠政府统筹空间规划和空间资源配置，很容易衍生配置低效、配置失衡等问题。市场是目前最有效的资源配置方式，能够较好地激发人的创新意识，提高空间资源的配置效率。但是市场具有盲目性、自发性，单纯依靠价格机制、供求机制、竞争机制引导空间规划、空间资源配置，容易出现市场波动，造成私有化分割，引发空间分配不公、资源浪费等问题。社会组织是非营利性、自治性的组织机构，能够较好地贴近实际、反映人民期盼，在政府、企业和个人之间起着媒介和桥梁作用。不过，由于力量薄弱，缺乏充足资金，社会组织很难长期发挥稳定的支撑作用。维护空间结构的总体性、多样性，促进生态系统的良性循环和永续利用，符合共同体所有成员的根本利益。在不同国家、不同地区，伴随着不同的传统和环境，国家层面的政策应当因空间的潜在性、现实性变化而有所不同，而不应假定普遍的适应性。[1] 促进空间主体的生态化形塑，必须建立多元主体协同运行机制，健全公共问题决策机制，将强制性的力量、自由化的力量和自发性的力量凝聚起来，形成国土空间整治与生态环境修复的强大合力。

生态系统是一个有机整体，在空间上相互关联、不可分割，体现了连续性和非连续性的统一。山脉平原、河流湖泊、丘陵湿地都有自己的空间结构和空间跨度，其分布和走势总是遵循一定规律。"山水林田湖是一个生命共同体"，山上山下、地上地下、上游下游、左岸右岸、干流支流彼此命脉相系。如果行政权力配置不恰当，会导致对生态系统的错位管理，相当于人为割裂生态系统构成要素的有机联系，损伤生态系统的结构功能，改变生态系统的正常运转轨迹。"国家权力的空间并不仅仅是被'领域容器'所'塞满'；相反，是通过在不同制度位置和一系列地理范围内进行的监管项目和

---

① 参见〔英〕多琳·马西《空间、地方与性别》，毛彩凤、袁久红、丁乙译，北京：首都师范大学出版社，2018，第160~161页。

社会政治斗争，积极地产生和改变国家的空间性。"① 鉴于此，必须以更大的格局和更广阔的思路优化空间组织体系，切实将生态学原理引入组织机构的设置和规划中，让生态理念更好地融入价值理念、绩效评价、制度设计、政策执行等各个方面，让有利于节能减排、低碳环保的理念、目标、任务能够更好地落实。在权力的配置中，要充分考虑生态系统的整体性、稳定性和连续性，坚持完善权力结构和运行机制，合理配置决策权、监督权和执行权，不断提升生态治理效能，确保国土空间生态修复工作有序推进。促进空间主体的生态化形塑，必须坚持权利和义务相一致的原则。由于历史与现实等多重因素影响，经济布局与区域资源环境的承载力并不能很好地匹配。一般来说，经济资源最密集、经济发展程度最高的区域，也是资源消耗最高的区域，不得不依靠资源跨域调配。一些经济发展落后、自然资源比较丰富的区域，则主要承担涵养水源、防风固沙和保护生物多样性等生态屏障功能。显然，长期以来，不同区域在资源环境开发利用方面的付出和收益是不对等的，如果任由此种情形延续，则容易损害一些区域进行生态环境修复的积极性。有鉴于此，要综合运用立法、行政、司法等手段，打破城乡、区域之间的空间壁垒，建立健全跨部门跨区域跨流域联动机制，促进资源环境的一体化修复和协同治理。要建构完善的权责体系，坚持生态环境保护与收益、生态环境损害与赔偿相一致的原则，确保所有成员能够共同享有开发利用生态产品和空间资源的权利，同时共同承担国土空间整治和生态环境修复的责任和义务。

三　空间规模的生态化形塑

经过长期历史实践，人类创造了身体空间、区域空间以及全球化空间等不同规模、形态的空间结构。无论哪一种规模层次的空间结构，都不能离开自然界的直接或间接参与，同时也必然要求贯彻人与人、人与自然以及自然

---

① 〔美〕尼尔·博任纳：《新国家空间：城市治理与国家形态的尺度重构》，王晓阳译，南京：江苏凤凰教育出版社，2020，第95页。

与社会相统一的发展原则。

自工业社会以来，随着社会分工的专业化、精细化，集聚发展逐步成为空间演化的基本形态。实践证明，空间集聚在资源配置中具有强大优势，适度的空间集聚可以促进人口红利集中释放，能够较好地集结思想智慧、创新要素，推动生产力快速发展；适度的空间集聚可以产生规模效应，优化生产过程，缩小流通空间，促进各种生产要素协同发力，推进自然资源集中利用、循环利用，推动生产力持续发展。马克思指出，"协作可以与生产规模相比相对地在空间上缩小生产领域。在劳动的作用范围扩大的同时劳动空间范围的这种缩小，会节约非生产费用（faux frais），这种缩小是由劳动者的集结、不同劳动过程的靠拢和生产资料的积聚造成的"①。在采集狩猎社会、农耕社会，由于人口、资源、环境要素的离散分布，各个生产单位、生活单位的地理位置相距甚远、空间跨度过大，这使得交往合作的空间可达性、便利程度都处于较低水平，使生产力的发展速度和发展程度严重受限。进入工业社会以后，随着科技的不断进步和工业化的迅猛发展，生产要素加速集聚，生产规模持续升级，不断挑战生态系统的临界点、平衡点，引发一系列负面效应。也就是说，生产实践的空间规模并不是越大越好，生产规模超过一定限度就会产生边际递减效应，出现规模不经济现象。例如，就现有大城市发展状况而言，由于规模过大，长距离通勤成为普遍现象，引发交通拥堵、碳排放量增加、资源浪费等各种问题。而且，生产、生活的过度集中，必然导致各种废弃物的急剧增加，给生态系统的消纳带来严峻挑战，引发空气污染、资源枯竭等诸多环境问题。社会空间的盲目扩张往往是以侵扰自然生态系统为代价的，高强度的人类活动和土地资源的无序利用势必导致人地关系日益紧张、生态环境日益脆弱。

促进空间规模的生态化形塑，既要尊重自然规律，又要尊重社会规律，即综合考量人类活动的强度、深度、广度和生态系统的空间容量，努力寻求自然空间与社会空间的平衡点，统筹考量人的生态需要和社会需要，合理控

---

① 《马克思恩格斯文集》第5卷，北京：人民出版社，2009，第381~382页。

制空间规模、空间密度，着力减少或消除社会空间对自然空间的侵扰，全面推进自然生态系统、社会生态系统的融合发展。从目前来看，人类建立了许多生态系统并镶嵌成斑块状景观，一般说来，所建构的斑块越小说明切割越严重，所呈现的破碎化负面效应就越大，边缘正效应就越小。① 因此，在空间结构的调整和优化过程中，必须将维护生态系统整体性摆在更突出的位置，避免人类活动的碎片化切割，促进生态系统的平衡稳定。城市扩张问题是"我们未来城市文化的中心问题，解决这问题的关键，是要建设一个更为有机的世界，这世界必须重视所有活的有机物和人类属性"②。其一，要不断优化大城市的空间规模和空间结构，着力增强大城市的辐射带动效应。大城市作为经济中心、政治中心、文化中心，构成经济社会发展空间格局的主干，为自然生态系统与社会生态系统的交互活动提供载体支撑。要想从根本上扭转城市空间无序蔓延的发展态势，需要以构筑生态安全屏障为前提，以优化城市群内部空间结构为突破口，全面提升城市的功能和品质。要从产业关联、市场关联的角度出发，注重空间之间的相互联动和反馈机制，积极打造产业带、城市群、经济圈，不断完善供应链、产业链和价值链，切实增强区域同频共振效应。其二，要不断挖掘中小城市的潜能和活力，着力增强经济社会发展的韧性、弹性。中小城市是连接城市和农村的桥梁，是统筹自然空间与社会空间的重要支点。要积极探索中小城市的高质量发展路径，切实发挥其在产业承接、生态衔接、要素对接等领域的特殊作用，为自然生态系统与社会生态系统的良性互动创造条件。其三，要建设宜居宜业的和美乡村，为形成人与自然和谐共生的空间格局奠定坚实基础。要坚持塑形铸魂并举，加强农业农村基础设施建设，提高农村公共服务水平，集中解决农村建设用地闲置荒废、低效利用等普遍问题，推动乡村生产生活生态空间布局逐步优化。

---

① 参见〔美〕尤金·P. 奥德姆《生态学——科学与社会之间的桥梁》，何文珊译，北京：高等教育出版社，2017，第 48 页。

② 〔美〕刘易斯·芒福德：《城市发展史：起源、演变与前景》，宋俊岭、宋一然译，上海：上海三联书店，2018，第 524 页。

四　国际战略的生态化形塑

资本按照增殖的需求改造人与人、人与自然以及自然与社会的空间关系，意在扫清影响利润增加的一切空间障碍，因此国际空间格局也难逃被肢解被分化的命运。马克思深刻阐述了资本主义通过生产力的发展、开展国际贸易等方式来获取支配自然的力量的过程。"美洲金银产地的发现，土著居民的被剿灭、被奴役和被埋葬于矿井，对东印度开始进行的征服和掠夺，非洲变成商业性地猎获黑人的场所——这一切标志着资本主义生产时代的曙光。"① 起初，不平等的对外贸易是资本主义形成的基础，后来这种不平等的对外贸易成为资本主义生产方式本身的产物。"投在对外贸易上的资本能提供较高的利润率，首先因为这里是和生产条件较为不利的其他国家所生产的商品进行竞争。"② 也就是说，"比较富有的国家剥削比较贫穷的国家"③。资本主义不平衡发展战略将人类社会的不平等秩序强加给自然空间，肆意破坏生态系统的形态结构和有机联系，使人与人、人与自然以及自然与社会之间的矛盾冲突不断激化。资本主义模式的快速复制和强化，推动生态问题的扩散和恶化，给整个人类的延续和发展带来前所未有的威胁。先进的空间媒介、专业化的国际分工使得空间距离相对缩小，使得世界的联系越来越紧密，使得在国际生态环境领域开展合作和交流变得更加迫切。广大发展中国家在国际舞台上的地位和作用日益凸显，成为全球供应链、产业链、价值链的重要节点，竞争力和影响力不断提升。在新的历史方位，如何调整国际战略，更好地推动国际空间秩序重建，真正建设持久和平、普遍安全、共同繁荣、开放包容、清洁美丽的世界，是摆在全人类面前的重大理论和实践问题。

要推动国际战略的生态化形塑，必须采取更加积极主动的举措保护国家生态安全。生态环境问题关系到国家的安全利益，关乎国家的主权独立和完

① 《马克思恩格斯文集》第5卷，北京：人民出版社，2009，第860~861页。
② 《马克思恩格斯文集》第7卷，北京：人民出版社，2009，第264页。
③ 《马克思恩格斯全集》第35卷，北京：人民出版社，2013，第112页。

整，在国际政治中的权重不断提升，因为生态环境问题所引发的国际冲突有增无减。生态帝国主义并不是一个新问题，是帝国主义逻辑在生态环境领域的渗透，体现为发达国家对发展中国家的资源掠夺、污染转移等行为。随着国际关系、国际环境的发展变化，生态帝国主义不断变种，其扩张方式更加隐蔽、更具威胁性。在新的历史条件下，生态帝国主义的典型表现形式主要有资源掠夺、毒垃圾出口、污染转移、生物病毒战等。从掠夺和占有伊拉克的石油，推行单一作物种植制度、逃避对全球气候变暖的责任，到针对第三世界的生物剽窃，生态帝国主义的影响是相当广泛的。"尽管从遥远土地掠夺资源的行为在人类历史上一直存在，但资本主义的起源和持续发展取决于更进一步的生态开发和不平等的生态交换。"① 综合国际国内的安全形势，要准确把握国际生态形势的新变化新特征，科学预判未来的生态环境风险，从世界发展大势和国内发展大格局的高度全面提升国家生态安全的战略地位。要积极借鉴其他国家在生态环境法领域所取得的发展成果，不断完善生态环境领域的涉外立法，积极促进国内环境法与国际环境法的衔接转换，着手健全生态风险防控和应急管理体系，不断丰富对外斗争和应对国际生态风险的策略手段，努力构建全方位、全链条、全要素的生态环境治理模式。

要全面提升全球生态环境治理的能力和水平。要推动国际环境法的研究、应用和发展，建设性引领全球环境治理领域的议题设置、规则制定和管理标准，积极引导多边会议、国际公约的协商和谈判，不断增强中国在全球环境治理体系中的话语权和影响力。要积极履行《生物多样性公约》《联合国气候变化框架公约》《联合国防治荒漠化公约》等全球生态环境公约，自觉承担合理的国际生态环境治理责任，着力探索关于冰川融化、气候变暖、海洋污染、生物多样性锐减等突出环境问题的有效解决方案，全力维护生态系统的安全稳定。要以构建人类命运共同体为方向引领，让绿色发展理念全面融入"一带一路"建设的各个过程和各个方面，统筹推进绿色基础设施、绿色能源、绿色交通、绿色产业、绿色贸易、绿色金融、绿色科技、绿色标

---

① John Bellamy Foster, Brett Clark, Richard York, *The Ecological Rift: Capitalism's War on the Earth*, New York: Monthly Review Press, 2010, p. 345.

准和应对气候变化等绿色发展重点领域合作，加快构建"一带一路"绿色发展格局①。要坚持真正的多边主义，自觉贯彻落实共商共建共享原则，积极参与全球治理体系改革，不断深化国际环境法律法规、环境战略、环境技术等领域的交流与合作，有效凝聚绿色低碳发展的共识与合力，着力构建公平合理、合作共赢的全球环境治理体系。

---

① 参见《国家发展改革委等部门关于推进共建"一带一路"绿色发展的意见》，《财会学习》2022 年第 14 期。

第六章
新时代中国空间实践的生态策略：建设人与自然和谐共生现代化的必由之路

2021 年 4 月，习近平总书记在中共中央政治局第二十九次集体学习时强调，要"形成节约资源和保护环境的空间格局"[①]，明确将优化国土空间格局作为推动绿色低碳发展的重要抓手。2023 年 7 月，习近平总书记在全国生态环境保护大会上明确将"健全国土空间用途管制制度"作为健全美丽中国建设保障体系的重要举措，并提出"为子孙后代留下山清水秀的生态空间"的战略目标。[②] 如前所述，空间本身不是静止和固化的容器，而是充满了复杂性、不确定性。它植根于生产力与生产关系的矛盾运动中，在人与自然关系的演变中发挥着极其重要的作用。工业革命以后，人与自然的关系之所以陷入空前紧张的状态，既有历史积累的因素，也有来自空间层面的影响，生产力布局、城镇化发展、区域分工等对生态环境的影响都是不容忽视的。中国共产党人坚持学习和运用辩证唯物主义和历史唯物主义的世界观和方法论，不断深化对人与自然之间空间秩序的理解，积极探索破解现代生态难题的空间方法，进一步丰富和发展了生态文明建设的思路和方法。在全面建设社会主义现代化国家的关键时期，要提高政治站位，保持战略定力，从人与自然和谐共生的高度谋划国土空间整治与生态保护和修复，统筹考量不同空间尺度下生态系统的结构、功能和过程，努力开创美丽中国建设新局面。

---

① 《习近平著作选读》第 2 卷，北京：人民出版社，2023，第 463 页。
② 《二十大以来重要文献选编》上，北京：中央文献出版社，2024，第 513、515 页。

第一节　构建人与自然和谐共生现代化空间格局的历史考察

考察生态环境保护的空间轨迹与发展方向，理解空间格局重塑的地位作用、发展战略，有利于总结国土空间开发利用与生态文明建设的历史经验，深刻把握促进人与自然和谐共生的内在规律和本质要求，以形成更加科学有效的解决方案，进而统筹推进高质量发展和高水平保护。

一　国土空间整治与生态系统修复：从要素耦合到系统优化

国土空间整治与生态系统修复是关系到国民经济和社会发展全局的战略问题。"国土空间是指国家主权和主权权利管辖下的地域空间，包括陆地、陆上水域、内水、领海、领空等。"[①] 按照调整优化空间结构的布局看，可以将国土空间划分为城市空间、农业空间、生态空间和其他空间四种类型。[②] 国土空间的综合性与生态系统的复合性应当匹配，生态系统内部各要素、各环节、各系统的相互作用关系往往呈现为全空间的架构形式。构建人与自然和谐共生的现代化格局，要尊重国土空间的基础性地位和复合性属性，科学把握经济社会发展与人口资源环境的共时性关系，使建设生态文明的理念能够落到实处。新中国成立70多年来，中国共产党人勇于探索、不断实践，逐渐认识到国土空间整治与生态环境修复的一致性，推动国土空间格局持续优化。

从总体进程看，自1949年新中国成立到改革开放前为国土空间整治与生态系统修复的孕育萌芽阶段。新中国成立初期，百废待兴、百业待举，各项政策举措都处于"初创"阶段，恢复国民经济，充分实现政治独立才是头等大事，现代意义上的国土空间整治、生态环境治理并未真正开始，很多工作是以要素化的形式开展。无论是国土空间整治还是生态环境保护事业，都是以潜在的形式推进，二者之间的关系主要属于个别要素的耦合。由于生产

---

①　任旺兵等：《主体功能区约束性指标体系研究》，北京：中国计划出版社，2017，第1页。
②　参见《全国主体功能区规划》，北京：人民出版社，2015，第20页。

力水平比较低，人民生存和发展所面临的形势非常严峻，所有与国土空间相关的活动都是以土地利用和资源开发为核心，并未充分尊重土地的生态属性，对土地利用的外部效应更是考量不足，进而影响了土地的持续性利用。

从改革开放起到党的十八大召开之前为国土空间整治与生态系统修复的探索发展阶段。一般来说，"国土整治是指对国土进行开发、利用、治理、保护等活动，以及为此而进行的国土调查、监测、科研、规划、立法、管理等工作"[①]。探索国土空间整治的主要目的是统筹经济社会与人口资源环境协调发展，涵盖开发、利用、治理、保护等多个环节，涉及时间上的持续性和空间上的连续性。在西方，现代意义上的国土空间整治可以追溯到 20 世纪 20 年代，相比较而言，中国的国土空间整治是从 20 世纪 80 年代才正式开始的，起步较晚。1981 年 4 月 2 日，中共中央书记处第 97 次会议作出决定："国家建委要同国家农委配合，搞好我国的国土整治。建委的任务不能只管基建项目，而且应该管土地利用，土地开发，综合开发，地区开发，整治环境，大河流开发。"[②] 改革开放以后，各类空间规划不断调整完善，为经济发展、城镇建设、区域布局、环境保护等提供重要支撑。中共中央书记处对环境保护工作提出重要意见，"关于国土保护问题，我们不能光是停留在城市的环境保护、'三废'治理这些问题上。要考虑中国近一千万平方公里的国土保护问题"[③]。不过，国民经济和社会发展规划、土地利用规划、城乡发展规划、区域规划、环境保护规划等发展并不同步，呈现多头管理、彼此分立的局面，尚未真正形成统一的国土空间规划。土地利用规划、城乡发展规划、环境保护规划等皆从属于国民经济和社会发展规划，服务于工业化建设的发展历程，各规划之间在时间进度、内容要求、空间参数等方面并不一致，关于经济社会与人口资源环境协调发展的要求难以深入贯彻执行，国土空间整治的前提性和基础性地位亟待全面确立。随着经济社会不断发展，土

---

① 《中国大百科全书·环境科学》编委会：《中国大百科全书·环境科学》，北京：中国大百科全书出版社，2002，第 118 页。

② 国家计委国土地区司编《国土工作大事记：1981~1994》，北京：改革出版社，1995，第 1 页。

③ 董兆祥、彭小华主编《中国改革开放 20 年纪事》，上海：上海人民出版社，1998，第 168 页。

地利用规划内容不断更新，政策理念也不断进步，但是执行力有待增强。归根结底，人们对经济发展本身的认识存在偏颇，乃至对国土空间整治的理解过于局限，不足以推动人地关系矛盾的彻底解决。

由于缺乏统一的、权威的国土空间规划统领，各规划之间对象交叉、边界模糊、体系混乱，严重影响空间规划的实施和管理。20 世纪 90 年代，我国提出经济体制改革的新目标是建立社会主义市场经济体制，极大地释放了经济社会活力，推动经济热度快速攀升。在改革开放浪潮的席卷下，扩张式的发展占据主流，重国土空间开发的理念仍然起着主导作用，而关于资源环境保护的战略布局并没有很好地推行，"圈地热"此起彼伏。乡村工业用地、各种工业开发区和工业园区以及房地产开发项目强势占地，造成大量耕地和生态用地流失。在国土空间布局中，重数量增长和规模扩张的发展理念长期占据主导地位，工业化和城镇化加快推进，土地资源的有限性与国土开发、城市发展之间的矛盾冲突不断累积，空间治理亟待完善、空间结构亟待优化。党和国家逐步认识到国土空间整治的必要性和重要性，在政策和法规上都有所呈现，但是更倾向于保护耕地、缓解人地之间的矛盾冲突、保障粮食安全，对国土空间开发中所涉及的生态环境问题认识不足。国土空间整治与环境保护在概念的内涵和外延方面，都存在密切的耦合关系，但是在实践中二者并未实现相互衔接、相互促进。

改革开放后的很长一段时间，一些地方和部门片面追求速度和规模，积累了很多结构性的矛盾冲突。21 世纪初期，国土资源部印发《关于国土规划试点工作有关问题的通知》等文件，决定在深圳、天津开展国土规划试点工作。2010 年 9 月，全国国土规划纲要编制工作领导小组第一次会议在北京召开，通过了《全国国土规划纲要编制工作方案》。2010 年 12 月，国务院印发中国第一个国土空间开发规划，即《全国主体功能区规划》。推进形成主体功能区，就是要根据不同区域的资源环境承载能力、现有开发强度和发展潜力等进行空间布局，划定专门的生态环境功能区，追求经济社会与人口资源环境协调发展。这一主体功能区规划是国土空间规划的基础性内容，为开启国土空间整治与生态环境修复新阶段提供方向引领。

党的十八大以来，党中央以前所未有的决心和力度推动生态文明建设，并将优化国土空间格局作为建设生态文明的重要任务，提出一系列新思路、新举措，推动国土空间整治与生态环境修复向系统性、综合性层面发展。2013 年 11 月，《中共中央关于全面深化改革若干重大问题的决定》提出，要"建立空间规划体系，划定生产、生活、生态空间开发管制界限，落实用途管制"，进一步明确了完善自然资源监管体制、国土空间用途管制的发展要求。① 2015 年 9 月，中共中央、国务院印发《生态文明体制改革总体方案》，提出构建"以空间治理和空间结构优化为主要内容，全国统一、相互衔接、分级管理的空间规划体系"。② 2017 年 10 月，党的十九大报告多次提到"国土空间"这一关键词，强调"构建国土空间开发保护制度，完善主体功能区配套政策，建立以国家公园为主体的自然保护地体系"。③ 2019 年 5 月，自然资源部发布《中共中央 国务院关于建立国土空间规划体系并监督实施的若干意见》，提出逐步建立"多规合一"的国土空间规划体系，意在充分发挥国土空间规划的基础性作用，整体谋划新时代国土空间开发保护格局，解决规划类型过多、内容重叠冲突、审批流程复杂、周期过长、地方规划朝令夕改等问题，实现国土空间开发保护更高质量、更有效率、更加公平、更可持续。④ 国土空间是生态文明建设的空间载体，推动国土空间整治和生态环境修复是实现人与自然和谐共生现代化的必要路径。党和国家从建设生态文明的高度推动国土空间整治，体现了二者在理念、制度乃至技术层面的密切相关性。大力推进生态文明建设，要坚持国土空间整治的整体性、连续性、协同性，推动"多规合一"改革，强化国土空间规划对各专项规划的指导、约束作用；要坚持国土空间治理的长效性，从部门、领域、层级和地区治理转向全域全空间治理；要坚持空间功能的复合性，严格用途管制，确保各类功能有效发挥；要坚持空间结构、空间尺度的协调性，明确空间开

---

① 参见《十八大以来重要文献选编》上，北京：中央文献出版社，2014，第 541 页。
② 《中共中央 国务院印发〈生态文明体制改革总体方案〉》，北京：人民出版社，2015，第 5 页。
③ 《十九大以来重要文献选编》上，北京：中央文献出版社，2019，第 37 页。
④ 参见《十九大以来重要文献选编》中，北京：中央文献出版社，2021，第 70~71 页。

发边界、管护边界，确保空间活动的有序性、可持续性。

二　土地利用与环境保护：从粗放利用到节约集约利用

土地本身既是一种生产要素，又是一种重要的自然资源。一直以来，党和国家非常重视土地问题，但是由于社会历史条件限制，更多地关注土地作为生产资料的基本功能，如土地的所有权、水土保持、耕地保护等内容，而没有充分考虑土地利用对生态环境的广泛影响。1950 年 6 月，中央人民政府颁布《中华人民共和国土地改革法》，使新解放区 3 亿多农民获得土地。1956 年底，在中国共产党的领导下我国基本完成三大改造，实现生产资料所有制形式的转变，从根本上解决了"为谁生产"的问题。在土地管理上，中国学习苏联建立了高度集中的计划经济体制，通过行政计划对土地要素进行集中配置。为缓解粮食和就业压力，中央和地方政府将移民垦荒运动作为发展国民经济的重要任务，动员青壮年向边疆移民。1956 年，中共中央提出《一九五六年到一九六七年全国农业发展纲要（草案）》，强调"国家应当有计划地开垦荒地，扩大耕地面积"①。不过，由于没有经验，我国生产建设出现了急躁冒进的倾向，甚至违背客观经济规律掀起大规模开展经济建设的高潮，对土地资源配置产生不利影响，造成大量土地低效利用、损毁浪费。尤其是"文化大革命"期间，经济秩序比较混乱，关于土地管理方面的探索基本处于停滞状态。

改革开放后，中国逐步从计划经济向市场经济转变，对土地管理和利用的方式取得重要进步，尤其是发布了一系列关于土地管理和利用的政策法规，推动土地管理和利用走上规范化、法治化轨道。20 世纪七八十年代，城乡建设用地盲目扩张的问题日趋严重，对农业用地造成很大冲击，引起党中央、国务院的高度重视。1986 年 3 月，中共中央、国务院发出《关于加强土地管理、制止乱占耕地的通知》，强调开展土地乱象整治，引导土地依法依规节约利用，确定保护耕地是我国必须长期坚持的一项基本国策。同年《中

---

① 中华人民共和国国家农业委员会办公厅编《农业集体化重要文件汇编》上册，北京：中共中央党校出版社，1981，第 533 页。

华人民共和国土地管理法》正式出台，开启耕地保护、土地管理的法治化历程。1988 年我国宪法修正案增加"土地使用权可以依照法律的规定转让"的内容，为市场介入土地资源配置提供法律保障。1993 年 2 月，国务院办公厅印发《全国土地利用总体规划纲要（草案）》，围绕土地资源利用现状、土地资源利用潜力、土地利用的目标和方针、土地利用的总体规划方案等内容展开，明确了保护耕地、改善生态环境的目标要求。这一阶段实现土地利用规划从无到有的转变，确定以耕地保护为主的建设目标，为国土空间整治和生态环境保护提供重要依据。截至 1996 年底，"我国大部分省、自治区、直辖市完成了省级土地利用总体规划的编制工作，地（市）、县级规划分别完成了 64% 和 75%，乡级规划编制工作也普遍开展"[①]。这一时期的规划以解决人地关系冲突为主要任务，在土地利用目标和方针中都提到改善生态环境的诉求，具体指向防治水土流失、减少自然灾害等任务。[②] 1997 年 4 月，中共中央、国务院印发《关于进一步加强土地管理切实保护耕地的通知》，提出"对农地和非农地实行严格的用途管制"[③]。1998 年修订的《中华人民共和国土地管理法》将土地利用总体规划作为专章，提出国家实行土地用途管制制度，将保护和改善生态环境、保障土地的可持续利用作为编制土地规划的重要原则，强调城市总体规划、村庄和集镇规划应当与土地利用总体规划相衔接，明确城市、农村建设规划与土地利用规划的从属性关系，突出了土地利用规划的统领性地位。[④] 1999 年 4 月，国务院批准《全国土地利用总体规划纲要（1997—2010 年）》，提出将保护生态环境作为促进土地利用方式、土地利用结构和布局、土地产出率和综合利用效益转变的前提和基础，进一步明确促进土地持续利用的发展任务。[⑤] 在土地利用的总体目标中，明

① 田春华：《着眼未来的事业——我国土地利用规划工作 30 年历程回顾》，《中国国土资源报》2009 年 1 月 12 日。

② 参见《国务院办公厅关于印发〈全国土地利用总体规划纲要（草案）〉的通知》，《中华人民共和国国务院公报》1993 年第 8 期。

③ 国土资源部、中共中央文献研究室编《国土资源保护与利用文献选编：1979—2002 年》，北京：中央文献出版社，2003，第 167 页。

④ 参见《中华人民共和国土地管理法》，《中国土地》1998 年第 8 期。

⑤ 参见周江编著《城市土地管理》，北京：中国发展出版社，2007，第 329 页。

确将生态环境保护作为限制性要素，体现国土空间规划与生态文明建设理念的衔接融合。2008 年 10 月，国务院印发《全国土地利用总体规划纲要（2006—2020 年）》，系统阐明国家土地利用战略，明确提出加强土地生态建设、优先保护自然生态空间等指导原则，进一步突出了环境保护在土地开发利用中的重要地位。① 然而，在 GDP 绩效观的影响下，房地产、工厂、交通等建设用地持续增量扩张，导致耕地的数量有所下降。"据统计，1957 年至 1996 年，我国耕地年均净减少超过 600 万亩；1996 年至 2008 年，年均净减少超过 1000 万亩；2009 年至 2019 年，年均净减少超过 1100 万亩。"② 传统的土地利用方式主要是从资源要素层面理解土地，片面聚焦土地在物质生产方面的能力，更多地关注保护耕地的管理目标，没有充分权衡人与土地的互动共生关系，尤其是对土地在构建资源节约型、环境友好型社会中的特殊地位认识不到位，对土地管理和整治的力度不足，因此各种违规违法占用土地、过度或无序开发土地的问题总是屡禁不止。

党的十八大以来，党和国家高度重视节约集约利用土地，坚持并落实最严格的耕地保护制度，严格划定并守住 18 亿亩耕地保护红线，推动资源利用方式根本转变。2014 年，国土资源部发布《节约集约利用土地规定》，明确提出将通过规模引导、布局优化、标准控制、市场配置、盘活利用等手段实现节约集约利用土地，进而促进生态文明建设。③ 2017 年，国务院印发《全国国土规划纲要（2016—2030 年）》，强调推进国土集聚开发、分类保护和综合整治，主张深入实施区域发展总体战略、主体功能区战略和三大战略（即推动"一带一路"建设、京津冀协同发展、长江经济带发展战略），着力构建高效规范的国土开发开放格局、安全和谐的生态环境保护格局、协调联动的区域发展格局。④ 2019 年，第十三届全国人民代表大会常务委员会第

---

① 参见《全国土地利用总体规划纲要（2006—2020 年）》，《人民日报》2008 年 10 月 24 日。
② 本报调研组：《耕地问题调查》，《经济日报》2022 年 2 月 14 日。
③ 参见《中华人民共和国自然资源法律法规全书（含土地、矿产、海洋资源）》，北京：中国法制出版社，2019，第 95 页。
④ 参见《国务院关于印发全国国土规划纲要（2016—2030 年）的通知》，《中华人民共和国国务院公报》2017 年第 6 期。

十二次会议通过《中华人民共和国土地管理法》修正案，明确将"提高土地节约集约利用水平""保护和改善生态环境"等作为编制土地利用总体规划的原则，要求"城市总体规划、村庄和集镇规划，应当与土地利用总体规划相衔接"，强调"江河、湖泊综合治理和开发利用规划，应当与土地利用总体规划相衔接"[①]。从资源节约开发利用到土地节约集约利用，生态文明建设的指导思想正在融入土地利用管理的各个环节、各个方面，促进土地利用理念、技术方法、发展目标的整体转变。

三 城镇规划与环境保护：从增量扩张到结构优化

城镇化是空间实践的重要内容，关涉人口、资源、环境、土地等诸多要素的发展。中国的城镇化历经艰难曲折，不断创新发展，在不同的阶段有不同的特点。新中国成立后，我国确立了高度集中的计划经济体制，按照"先生产、后生活"的方针，举全国之力优先发展重工业。在重点工业项目建设的带动下，城市化进程开始起步。其中苏联援助的 156 个项目主要分布在哈尔滨、沈阳、太原、成都等城市；60~70 年代的三线建设也带动了一批内地城市如六盘水、攀枝花、十堰等的发展。这些城市的功能布局不断完善，逐渐成长为新中国经济社会发展的重要载体，并在促进沿海和内地经济协调发展方面发挥着重要作用。不过，住房建设、基础设施建设欠账很多，城乡之间的人口迁移受到户籍制度的严格控制，其发展过程总体落后于工业化的发展状况。据统计，改革开放之前的 30 年，乡村人口占全国总人口的比重由 89.36%下降到 82.08%，仅仅下降了 7.28 个百分点。[②]

改革开放后，我国的经济结构从以重工业为主转向以轻工业为主，并带动城市布局的发展变迁。同时，随着生产力的快速发展，有大量的农村劳动力迁移至城市，推动城镇化建设的进一步发展。城市作为地域经济中心、政治中心、科技中心、文化中心，占地面积和人口规模不断扩张。为进一步明

---

① 《中华人民共和国土地管理法：最新修正本》，北京：中国民主法制出版社，2019，第 20~22 页。

② 参见武力主编《中华人民共和国经济史》，北京：中国经济出版社，1999，第 1487~1488 页。

确城市的规模和发展方向，1989年12月七届全国人大第十一次常委会通过
《中华人民共和国城市规划法》，不仅提出保护和改善城市生态环境，防止污
染和其他公害等要求，而且强调"城市总体规划应当和国土规划、区域规
划、江河流域规划、土地利用总体规划相协调"[1]。统观城市化演进过程中的
一系列政策方针，城市规划和环境规划、城市建设和环境保护趋向融合。然
而，要把正确的政策理念转化为可操作、可执行的策略，还面临很多问题、
还要走很长的路。1981~2011年，城区人口由14400.5万人上升到35425.6
万人，城市建设用地面积由6720.0平方公里增加到41805.3平方公里。[2] 这
一时期的城市扩张大多实施增量模式，以占用大量土地为必要条件，从中心
地区向四周或外围无限扩张，像"摊大饼"一样。土地资源是有限的，粗放
式的城市扩张模式不断被复制，城市污染、气候变暖等问题不断加重。1995
年，党的十四届五中全会提出实现经济体制从传统的计划经济体制向社会主
义市场经济体制转变、经济增长方式从粗放型向集约型转变这两个具有全局
意义的根本性转变。2005年，党的十六届五中全会通过的关于"十一五"
规划的建议中提出，"提高城镇综合承载能力，按照循序渐进、节约土地、
集约发展、合理布局的原则，积极稳妥地推进城镇化"[3]。显而易见，按照科
学发展观的要求，党和国家将节约能源资源摆在更加突出的位置，密切关注
城市化建设中的土地节约集约利用问题。

　　党的十八大之后，我国经济发展进入新常态，单纯依靠建设用地外延
扩张拉动经济增长的时代已经结束。城镇化建设逐步进入新的周期，从增
量扩张转向存量提质改造和增量结构调整并重，更加注重城市的有机更
新。换言之，随着土地要素的瓶颈制约日益严重，优化城镇结构成为经济
发展和社会进步的重要推动力。党和国家坚持以人民为中心的发展思想，
强调走好中国特色新型城镇化道路，着力构建城市发展新格局。2014年，中

---

[1] 《中华人民共和国城市规划法》，《城市规划》1990年第2期。

[2] 参见中华人民共和国住房和城乡建设部编《中国城市建设统计年鉴（2011年）》，北京：中国计划出版社，2012，第43页。

[3] 《十六大以来重要文献选编》中，北京：中央文献出版社，2006，第1072页。

共中央、国务院专门印发《国家新型城镇化规划（2014—2020 年)》提出，要推动城镇发展方式的转变，切实提高城镇综合承载力和可持续发展的水平。①该规划中提到走新型城镇化道路必须坚持的七条基本原则，其中有两条明确涉及生态环境保护的内容，即"优化布局，集约高效""生态文明，绿色低碳"。党的十九大明确指出，要"以城市群为主体构建大中小城市和小城镇协调发展的城镇格局"②，更加注重城市规模的多元化形塑。党的二十大指出，"推进以人为核心的新型城镇化……打造宜居、韧性、智慧城市"③，进一步明确了新型城镇化的发展方向和思路。我国在城镇化建设中逐步融合生态文明建设的理念，意在提升城市发展质量，增强城市发展的持续性。总之，要实现更高水平的城镇化，既要统筹地理空间承载能力、气候条件，又要考量资源的有限性、环境的脆弱性等因素，即贯彻科学而审慎的原则。

四　区域发展与环境保护：从均衡、非均衡到协调发展

区域经济布局是国土空间布局的重要组成部分，区域经济协调发展是经济社会高质量发展的有力支撑。资源环境构成区域发展的自然基础，区域内部以及区域之间的关系状况也会对经济社会发展、资源环境利用状况产生深远影响。新中国成立以来，基于国家战略目标任务的演变，区域发展格局几经变迁，大致经历了均衡—非均衡—协调发展的演变过程。

"一五"计划到"五五"计划时期的主要任务是集中力量发展重工业，以增强国家综合实力和加强国防建设，提高人民的生活水平，使区域格局趋向均衡化。其中"一五"计划时期，苏联援建的 156 个项目主要配置在东北地区、中部地区和西部地区，在很大程度上是为了协调沿海和内地的关系，改善生产力布局不平衡的状况。第二个五年计划的主要任务是继续巩固推进以重工业为中心的工业化建设，不过受"左"倾思维影响出现了急躁冒进的

---

① 参见《十八大以来重要文献选编》上，北京：中央文献出版社，2014，第 888 页。
② 《十九大以来重要文献选编》上，北京：中央文献出版社，2019，第 23 页。
③ 《习近平著作选读》第 1 卷，北京：人民出版社，2023，第 26～27 页。

做法，尤其是 1958～1960 年的"大跃进"运动给国民经济带来重大损失。
"三五"计划至"五五"计划期间，由于受到"文革"冲击，国民经济发展
总体较为缓慢，区域经济布局也受到影响。改革开放后，区域经济发展经历
了从均衡发展向非均衡发展战略的转变。1982 年，第五届全国人大五次会议
通过的"六五"计划明确提出，"要积极利用这些地区的现有基础，充分发
挥它们的特长，带动内地经济进一步发展"[①]。1988 年，邓小平同志提出
"两个大局"的战略构想，明确从区域布局的角度推动"先富带后富"。东
部地区抓住战略机遇，实现率先发展，吸引资金、人才、技术集中，成为全
国经济社会增长的"龙头"。同期，党中央将对外开放确立为基本国策，逐
步形成经济特区—沿海开放城市—沿海经济开放区—内地的对外开放新格
局。回顾历史，在改革开放初期实施非均衡发展战略，有利于充分发挥东
部沿海地区的区位优势、产业优势，促进资源环境、生产要素的集中利
用，形成较高的劳动生产率，创造大量的经济社会财富，带动国家综合国
力的快速提升。然而，非均衡式发展战略与资源环境的分散性分配格局存
在较大偏差，集中式的生产必然要求资源环境的集中供给以及废弃物的集
中排放，这给东部沿海地区的资源环境带来较大压力。从中西部地区调配
资源，会因为远距离运输而带来更多的消耗。由于长期实行非均衡区域发
展战略，资源环境开发利用的规模和程度已经超过或者临近地域空间的承
载力。

20 世纪 90 年代以来，中国区域发展战略开始由非均衡发展转向协调发
展。1999 年，党的十五届四中全会作出实施西部大开发战略的决定。之后，
又陆续提出振兴东北老工业基地、促进中部地区崛起等战略。2005 年，党的
十六届五中全会提出"继续推进西部大开发，振兴东北地区等老工业基地，
促进中部地区崛起，鼓励东部地区率先发展"[②]，进一步明确了中国区域发展
总体战略。2006 年，十届全国人大四次会议审议通过《中华人民共和国国

① 《中华人民共和国国民经济和社会发展第六个五年计划》，《中华人民共和国国务院公报》
  1983 年第 9 期。

② 《十六大以来重要文献选编》中，北京：中央文献出版社，2006，第 1071 页。

民经济和社会发展第十一个五年规划纲要》，提出把资源环境承载能力、发展基础和潜力作为形成区域协调发展格局的基础，并在具体战略中提出保护自然生态的重要要求。如在推进西部大开发战略中指出，要"加强青藏高原生态安全屏障保护和建设"；在振兴东北老工业基地的战略中提出，"加强黑土地水土流失和东北西部荒漠化综合治理"；在鼓励东部地区率先发展战略中提出，"加强生态环境保护，增强可持续发展能力"；等等。①而且，"十一五"规划明确将推进形成主体功能区作为促进区域协调发展的重要内容，体现区域经济协调发展理论的创新性发展。2007年，党的十七大报告提出："科学发展观，第一要义是发展，核心是以人为本，基本要求是全面协调可持续，根本方法是统筹兼顾。"②在这些战略的指引下，资源配置、生产要素流动都在渐进发展变化。2007～2008年，西部地区、中西部地区和东北地区的经济发展逐步加速，并先后超过东部地区的增长速度。③除了经济增长速度之外，中部、东北、西部等地区的基础设施条件、自然生态也有所改善，但是东西部之间的差距仍然很大，不容小觑。

党的十八大以来，以习近平同志为主要代表的中国共产党人将促进区域经济协调发展摆在更加重要的位置，在战略部署、政策完善、互动机制方面提出很多新思路、新举措。中国进一步将推动区域协调发展作为经济发展的重要目标，进一步将完善和落实主体功能区战略作为促进区域协调发展的重要内容，进一步将资源环境的承载力作为促进区域协调发展的前提性参量。"十三五"规划纲要对拓展蓝色经济空间和改善生态环境作出部署。"十四五"规划和2035年远景目标纲要中将"扎实推进黄河流域生态保护和高质量发展"专设一节进行系统阐述。《中共中央 国务院关于建立更加有效的区域协调发展新机制的意见》提出2020年建立与全面建成小康社会相适应的区域协调发展新机制、2035年建立与基本实现现代化相适应的区域协调发展

---

① 《中华人民共和国国民经济和社会发展第十一个五年规划纲要》，《人民日报》2006年3月17日。
② 《十七大以来重要文献选编》上，北京：中央文献出版社，2009，第11~12页。
③ 参见科学发展观丛书编委会编《统筹区域协调发展》，北京：党建读物出版社，2012，第91页。

新机制、本世纪中叶建立与全面建成社会主义现代化强国相适应的区域协调发展新机制等目标，并将建立区域战略统筹机制、健全市场一体化发展机制、深化区域合作机制、优化区域互助机制等作为促进区域协调发展的主要路径。① 党的二十大明确提出："深入实施区域协调发展战略、区域重大战略、主体功能区战略、新型城镇化战略，优化重大生产力布局，构建优势互补、高质量发展的区域经济布局和国土空间体系。"② 为了构建高质量的区域经济发展格局，党中央提出并实施了"一带一路"建设、京津冀协同发展、长江经济带发展、粤港澳大湾区建设等诸多重大战略。立足新起点，党和国家除了注重发挥区域比较优势，缩小区际发展差距外，还将生态环境保护和修复作为促进区域协调发展的基础内容，积极打造绿色发展新高地。

第二节　构建人与自然和谐共生现代化空间格局的困境与超越

新中国成立 70 多年来，中国共产党在正确处理人与自然关系方面进行了坚持不懈的探索，在理论和实践方面均取得重要成果。从植树造林、环境保护、可持续发展、科学发展观到生态文明，关于人与自然关系的认识逐步升级。中国共产党人立足中国国情，汲取人类文明演进的优秀成果，促进生态环境保护和修复事业与国家发展战略的深入融合，推动生态环境保护工作取得重要进展。建设人与自然和谐共生的现代化的提出，凝结了中国共产党人在生态环境保护领域的智慧和心血，体现了历史与现实的共同选择。从空间维度把握建设人与自然和谐共生的现代化，至少要从以下几方面着手。

一　坚持党的集中统一领导：防止和克服地方和部门保护主义、本位主义

党的十八大以来，国土空间生态保护修复工作之所以取得显著成效，根

---

① 参见《十九大以来重要文献选编》上，北京：中央文献出版社，2019，第 691~700 页。
② 《习近平著作选读》第 1 卷，北京：人民出版社，2023，第 26 页。

本原因就在于我们坚持党的领导不动摇，坚持党中央权威和集中统一领导不动摇。中国共产党的领导地位不是自封的、随机的或强加的，而是历史和人民的选择。党的二十大报告明确提出："全面建设社会主义现代化国家、全面推进中华民族伟大复兴，关键在党。"① 历史证明，能否坚持党的领导直接影响国土空间生态保护修复工作的执行效果，生态环境保护制度的每一次进步，国土空间生态保护修复工作的每一次改善，都伴随着党的领导方式和责任体系的完善。20 世纪 70 年代，党和国家将环境保护纳入议事日程，将合理布局列为环境保护的基本方针；改革开放后，党和国家将保护环境确立为基本国策，并逐步将国土资源保护和开发、生态环境保护等作为实施可持续发展战略的重要组成部分加以部署；进入 21 世纪以后，党中央提出从重经济增长轻环境保护转向保护环境与经济增长并重，进一步强化耕地保护和土地节约集约利用；进入新时代以后，党的十八大将优化国土空间开发格局列为"大力推进生态文明建设"的重要内容之一，明确提出建立"多规合一"的国土空间规划体系。随着时代进步，党中央对生态环境保护与国土空间规划和管理之间的关系的认识不断深化，并赋予国土空间开发利用保护理论以新的时代内涵和重大意义，推动生态文明建设取得历史性、转折性、全局性变化。

当然，我们必须看到，国土空间综合整治与生态文明建设作为经济社会发展的基础性工程，内含复杂的利益关系冲突，具有长期性、复杂性、艰巨性。尤其是国土空间综合整治工作起步较晚，国土空间开发失序、失衡及其所引发的生态负效应在不同程度上存在着。在计划经济体制下，中央与地方之间体现为较单纯的"上传下达"关系，地区、部门、行业之间存在一定程度的条块分割问题，彼此之间的横向联系较为单一。随着市场经济体制的确立，地方政府和部门的经济职能活动明显增加，由此地方之间、部门之间的经济联系也不断增多。在自主性、自利性的驱动下，地方政府间、部门之间存在一定的竞争关系。有些地方或部门在处理问题时，只考虑局部利益，不

---

① 《习近平著作选读》第 1 卷，北京：人民出版社，2023，第 52 页。

想承担责任，互相推诿、扯皮。国土空间作为经济社会活动的综合载体，关涉地方或部门的核心利益。"土地财政"因为投资少、收益高、见效快备受推崇，地方政府通过支配增量土地而快速获取收益的方法趋向普遍化，引发城市扩张效应，导致国土开发强度过高，造成空间结构失衡，给生态环境带来不良影响。当前，高速城镇化和大规模空间扩张的时代已经基本结束，国土空间整治工作面临着新形势、新要求和新挑战。在"多规合一"的背景下，国土空间整治工作要统筹协调好中央与地方、部门之间以及地区之间的权责关系，迫切需要解决好城乡区域发展不平衡问题。另外，国际形势错综复杂，世界之变、时代之变、历史之变正以前所未有的方式展开，中美贸易摩擦、能源危机、乌克兰危机以及巴以冲突等使得全球局势更加动荡不安，给国土空间综合整治与生态环境保护带来巨大压力，使建设美丽中国的目标任务更加艰巨。

中国共产党是中国特色社会主义事业的总舵手，具有总揽全局、协调各方的领导核心作用。"只要坚定不移坚持党的全面领导、维护党中央权威和集中统一领导，我们就一定能够确保全党全国拥有团结奋斗的强大政治凝聚力、发展自信心，集聚起守正创新、共克时艰的强大力量，形成风雨来袭时全体人民最可靠的主心骨。"① 只有坚定不移坚持党的全面领导、维护党中央权威和集中统一领导，才能冲破思想观念的障碍，突破利益固化的藩篱，破除地方保护、克服部门利益掣肘，做到全国一盘棋，集中力量办大事。中国共产党具有严密的组织性、纪律性，以民主集中制为根本组织原则和领导制度，能够保证全党意志统一和行动一致。坚持党中央集中统一领导，有助于最大限度地协调、整合行政资源和社会资源，统筹不同层次的空间利益，尽力避免地理边界和行政区域的碎片化切割，以形成集体行动的协同机制。中国共产党具有高瞻远瞩的战略眼光、敏锐的洞察力，能够"从中国实际出发，洞察时代大势，把握历史主动"②。坚持中国共产党的集中统一领导，能够立足中国国情和时代特征，适时作出优化国土空间发展格局的科学部署，

---

① 《习近平谈治国理政》第 4 卷，北京：外文出版社，2022，第 34 页。
② 《习近平著作选读》第 2 卷，北京：人民出版社，2023，第 483 页。

推动生态文明建设向纵深发展。我们党提出国土空间综合整治与生态修复，着眼于全面建设社会主义现代化强国的宏伟目标，要求从全局、全地域出发把握生态系统的运行状况，充分统筹本区域的土地利用状况，随时应对各种新情况新问题新挑战。以习近平同志为核心的党中央明确将生态文明建设写入宪法、党章，坚持从经济社会发展全局的高度部署生态文明建设，将国土空间生态修复工作置于国家生态文明建设大局和自然资源改革发展大势中定位和谋划。① 立足新发展阶段、贯彻新发展理念，必须坚持完善全面从严治党制度，着力提高地方领导干部的执行意识和执行能力，使党中央关于国土空间综合整治与生态文明建设的路线方针政策能够得到不折不扣的贯彻落实。坚持党对生态文明建设的全面领导，要大力开展环境保护督察工作，不断完善领导干部责任追究制度，确保各级领导干部能够切实担负起相应的责任，使最严格的制度、最严密的法治能够得到全面贯彻。

二 构建高水平社会主义市场经济体制：突破国土空间有限性与空间扩张无限性的矛盾

基于对国土空间开发格局的历史考察，建设生态文明必须解决空间场域和空间资源等方面的供需矛盾，将国土空间整治与生态系统修复统筹考量。20 世纪 50 年代，我国确立了社会主义制度，确立了公平正义的价值取向，为推进工业化建设准备了条件。从总体上看，资源环境的公共属性与社会主义制度的公正性是相匹配的，人口资源环境的矛盾并不突出。尤其是在高度集中的计划经济体制条件下，我国将公平性摆在突出的位置，在国土空间的开发和利用方面，坚决贯彻均衡性的要求。不过，受一定社会历史条件的制约，国土空间无序开发、低效开发的问题也比较严重，由此造成生态环境问题的一定累积。改革开放后，为了充分发挥社会主义制度的优越性，满足广大人民群众日益增长的物质文化需要，我国逐步确立了社会主义市场经济体制，强调市场在资源配置中起基础性作用。资本奉行唯效率至上，致力于推

---

① 参见《全国国土空间生态修复工作视频会议召开》，《中国自然资源报》2021 年 11 月 15 日。

动资源、要素朝更有利的方向流动，因此往往会造成区域、城乡以及个体之间的差距不断扩大，引发人口资源环境问题的激化。彼时由于社会主义制度与市场经济的结合还处于探索之中，宏观政策和管理体制的发展状况还不能完全适应生产力发展的客观要求，关于"如何生产"和"在哪生产"的问题尚不能完全解决，不同地域、群体乃至个体之间的利益关系还不能得到充分权衡，国土空间开发失衡失序问题尚不能完全避免。党的十八大以后，以习近平同志为主要代表的中国共产党人作出全面深化改革的重大决策，不断完善社会主义基本经济制度和社会主义市场经济体制，推进国家治理体系和治理能力现代化，在国土空间整治和生态环境修复方面作出一系列根本性、开创性、长远性、全局性的部署，并取得显著成效。党的二十届三中全会提出"构建高水平社会主义市场经济体制"，"创造更加公平、更有活力的市场环境，实现资源配置效率最优化和效益最大化"①，为提高国土资源配置质效、优化国土空间发展格局指明了前进方向。

构建高水平社会主义市场经济体制，着力促进生产力与生产关系协调发展，将为解决国土空间有限性与空间扩张无限性的矛盾创造更有利的体制机制条件。社会主义市场经济体制与社会主义基本制度是结合在一起的，要求将资本逐利的本性锁闭在制度的"笼子"里，限制资本空间化的范围和方式，为空间扩张划定边界。在社会主义市场经济体制下，一方面可以充分发挥社会主义制度的优越性，以实现共同富裕为根本目标，建构全民共建共享的生产关系，统筹兼顾不同层次的空间正义，推行更加公平、更可持续的发展举措，构建起高质量的国土空间格局；另一方面坚持发挥市场在资源配置中的决定性作用，强调贯彻高效规范、公平竞争的发展原则，以充分释放各类市场主体的潜能，激活土地、劳动、资本、技术、管理、数据等生产要素的动能，形成要素畅通流动、统一开放、竞争有序的生产力布局，推动主体功能区的发展优势升级，使空间资源得到高效利用。中国共产党人所开创的社会主义市场经济体制，有利于发挥社会主义基本制度和

---

① 《中共中央关于进一步全面深化改革 推进中国式现代化的决定》，北京：人民出版社，2024，第6页。

市场经济两方面优势，做到效率与公平相统一，为重塑人与自然之间的空间秩序开辟新路径，为构建人与自然和谐共生现代化空间格局创造可能。

构建高水平社会主义市场经济体制，建立健全生态产品价值实现机制，推动自然资源转变成自然资产、自然资本，是破解土地利用过程中个人利益与公共利益之间矛盾冲突的关键路径。习近平总书记强调："绿水青山既是自然财富、生态财富，又是社会财富、经济财富。"① 促进生态财富转化为经济财富、生态优势转化为经济优势，也就是经济学意义上的生态产品的价值实现。按照生态产品的属性，可以将其划分为公共性生态产品、准公共性生态产品和经营性生态产品三类，其中公共性生态产品具有非排他性，难以界定产权；准公共性生态产品是介于公共性和经营性生态产品之间的产品，是通过创造条件可以进行市场交易的生态产品；经营性生态产品是指产权清晰，能够进入市场交易的私人性质的生态产品。自然资源产权界定模糊、管理规则不健全，容易导致资源过度利用，甚至引发公地悲剧。习近平总书记指出："要加快建立生态产品价值实现机制，让保护修复生态环境获得合理回报，让破坏生态环境付出相应代价。"② 2021 年 4 月，中共中央办公厅、国务院办公厅印发《关于建立健全生态产品价值实现机制的意见》，核心要义是促进生态产品价值实现，为推动绿水青山转化为金山银山作出制度安排。要解决国土资源环境领域的外部性问题，不仅要发挥政府的宏观调控作用，而且要适当引入市场机制，促进国土资源环境保值增值。具体而言，一是必须明确自然资源权利主体，摸清自然资源家底，健全自然资源资产产权体系、完善自然资源有偿使用制度，规范产权保护和损害赔偿责任工作；二是建立科学的生态产品价值核算体系，为生态产品的经营开发、生态保护补偿和政府考核提供科学依据；三是健全自然资源市场交易制度体系，建立统一的生态产品交易信息平台和服务体系，拓展生态产品产业链和价值链，拓宽生态产品价值转化渠道，调动生态产品供应者的积

---

① 《十九大以来重要文献选编》上，北京：中央文献出版社，2019，第 506 页。

② 习近平：《论把握新发展阶段、贯彻新发展理念、构建新发展格局》，北京：中央文献出版社，2021，第 441 页。

极性、创造性，让生态文明建设给人民群众带来更多看得见的实惠和体会得到的幸福。

三　推进国土空间治理体系和治理能力的现代化：走出空间碎片化治理的困境

生态文明建设本身是一项复杂庞大的系统工程，涉及生产方式、生活方式，价值理念、思维方式的深刻变革。国土空间布局关乎生态系统结构和功能的完整性，优化国土空间发展格局聚焦人地关系调整，内含"全域、全周期、全要素"的治理内容，需要科学研判、整体考量、精准发力、协调联动、综合构建，以确保生态系统结构和功能的协调平衡。根据生态文明建设和自然资源统一管理的总体要求，有关国土资源的政策部署不仅要考虑经济社会发展要求，而且要充分权衡对资源环境的开发利用保护，强调遵循生态系统演替规律和内在运行机理，科学把握资源环境要素与国土空间利用的耦合性关系，合理约束生产活动、生活活动的规模和范围，以确保生态系统物质、能量、信息流通顺畅。

优化国土空间格局要持续推动历史遗留问题的解决，强力推进突出生态环境问题的整改。由于历史与现实等多种因素的影响，新的统一的管控体系正在逐步形成，权责体系分散的问题并未彻底解决，部分地区在生态保护红线、永久基本农田、城镇开发边界的划定落实和管控工作方面存在交叉冲突，国土空间规划与发展规划之间的衔接机制尚未确立。究其症结，传统的生态治理模式是以问题为导向、以粗放为显著特征。从治理思路上看更倾向于被动治理，即通过围追堵截的方式来处理各种具体问题；从治理主体看更多地依赖政府行政命令或国家强制力，没有充分激发广大民众、民间组织和社会团体等参与的积极性；从治理过程看更倾向于重点治理，很多时候是在国土过度开发、环境污染、资源枯竭等问题已经发生的情况下进行治理，侧重事后管控；从治理对象看更倾向于要素化治理，对生态系统各要素之间以及自然生态系统与社会生态系统之间诸多关联缺乏充分统筹，对国土空间的结构功能缺乏全局性考量；从治理格局看更倾向于对个别点位和局部区域的治理，缺乏全域性质的统筹部署乃至制度支持，面对跨区域、跨流域的生态环境问题尚显无力，以至于新的"多规合一"的国土空间规划体系落地困难重重。

优化国土空间发展格局是事关生态文明建设以及经济社会发展全局的一项非常重要的基础性工作，涉及不同空间层次和空间尺度的复杂性利益关系和发展要求，核心是解决行政权的空间边界与生态系统结构和功能的适应性问题，迫切需要一种长效化、常态化的治理举措。党的十八大以来，中国共产党人围绕国土空间规划、管理体制改革进行积极探索，推动国土空间治理体系的加速形成。2015 年 9 月，中共中央、国务院印发《生态文明体制改革总体方案》，明确将完善主体功能区制度、健全国土空间用途管制制度、建立国家公园体制、完善自然资源监管体制等作为建立国土空间开发保护制度的目标任务。10 月，党的十八届五中全会通过的"十三五"规划建议提出："有度有序利用自然，调整优化空间结构，划定农业空间和生态空间保护红线，构建科学合理的城市化格局、农业发展格局、生态安全格局、自然岸线格局。"① 2017 年 10 月，党的十九大提出："我们要建设的现代化是人与自然和谐共生的现代化，既要创造更多物质财富和精神财富以满足人民日益增长的美好生活需要，也要提供更多优质生态产品以满足人民日益增长的优美生态环境需要。"② 2021 年 4 月，习近平总书记在十九届中央政治局第二十九次集体学习时指出，"要健全党委领导、政府主导、企业主体、社会组织和公众共同参与的现代环境治理体系"③。党中央提出优化国土空间发展格局的重大命题，着眼于建设美丽中国的宏伟目标，力图破解传统空间治理模式中的"软弱涣散"顽症，超越国土空间利用碎片化、低效化、无序化等困境，靶向治理根源性难题、结构性难题，进而推动生态环境质量的根本好转。优化国土空间发展格局就是根据资源环境承载能力、现有开发密度和发展潜力，统筹协调生产力布局、人口布局、城镇化布局、区域格

① 《十八大以来重要文献选编》中，北京：中央文献出版社，2016，第 804 页。
② 《十九大以来重要文献选编》上，北京：中央文献出版社，2019，第 35 页。
③ 习近平：《论把握新发展阶段、贯彻新发展理念、构建新发展格局》，北京：中央文献出版社，2021，第 542 页。

局，着重建立健全多部门、多层次、跨区域、跨流域协同推进机制，以适应经济社会与人口资源环境的空间匹配需要，努力实现人与自然和谐共生的现代化目标。在中国特色社会主义新时代，推进国土空间治理体系和治理能力的现代化，包含了建设美丽中国的善治愿景以及系统性的治理模式和治理架构。"到二〇三五年，全面提升国土空间治理体系和治理能力现代化水平，基本形成生产空间集约高效、生活空间宜居适度、生态空间山清水秀，安全和谐、富有竞争力和可持续发展的国土空间格局。"① 从治理方式方法看，大力推进国土空间治理体系和治理能力的现代化，强调以构建高质量国土空间格局为引领，统筹考虑自然生态各要素，坚持山水林田湖草沙一体化保护和系统治理；要从对陆地空间、海洋空间以及大气层空间的协同管理着手，实施全方位立体化管控和保护，构建从山顶到海洋的保护治理大格局；要对城乡、区域、国家和全球等不同空间尺度的资源环境承载力进行评估和权衡，形成全空间治理体系。大力推进国土空间治理体系和治理能力现代化，促进各类开发保护建设活动有序进行，是推进生态文明建设的重要路径。从治理主体上看，加强国土空间治理要求政府、企业、个人等全过程参与，强调各主体分工协作，以实现共同的目标。从权力角度看，推进国土空间治理要求多元主体共担责任、共享发展权力，坚持自上而下与自下而上相结合原则，进而调动和发挥好各方面的积极性。总之，构建国土空间治理体系强调治理的协同化、现代化，要求重构人与人、人与自然以及自然与社会之间的"合作"关系，着重推进空间组织、空间动力和空间格局的整体革新，进而促进经济、社会与自然的协调发展。

四　坚持人与自然和谐共生的价值观导向：超越生态中心主义与狭隘的人类中心主义的分歧和对立

党的十八大以来，以习近平同志为核心的党中央将人与自然和谐共生纳

---

① 《十九大以来重要文献选编》中，北京：中央文献出版社，2021，第71页。

入建设中国特色社会主义的基本方略和全面建设社会主义现代化强国的目标要求，丰富和发展了马克思主义的生态价值观，体现了对生态中心主义和人类中心主义的反思与超越。生态文明建设领域的价值观，主要指向正确处理人与自然关系的意义及其衡量标准，要求更全面更准确地回答"为了谁""依靠谁"等基本问题，关涉的焦点问题是自然界是否具有内在的价值和权利。狭隘的人类中心主义认为，人类是宇宙万物的唯一主体和主宰，人的利益凌驾于自然万物之上，自然界不具有主体性，因此不具备内在价值，只有工具价值。在人类中心主义价值观的影响下，人们疯狂掠夺自然资源，肆意侵占动植物的栖息地，造成严重的生态后果。生态中心主义认为，人类不可能成为自然界是否具有价值的仲裁者，自然界是因自身的特性而具有内在价值，而不是出于与其他实体的关系。[①] 例如，彼得·辛格认为，"人类与其他动物显然存在重大的差别，这些差别导致二者拥有的权利不同。可是，承认这种显而易见的事实，并不妨碍我们把平等的基本原则扩大到非人类动物"[②]。奥尔多·利奥波德认为，"土地伦理是要把人类在共同体中以征服者的面目出现的角色，变成这个共同体中的平等的一员和公民。它暗含着对每个成员的尊敬，也包括对这个共同体本身的尊敬"[③]。根据生态中心主义的观点，工业革命以后之所以出现人类对土地的无序无限掠夺问题，主要是因为人类只承认自然界的工具价值，习惯于按照物的尺度对待自然空间和自然环境，放任各种破坏生态环境的行为。从本质上看，价值是一种关系范畴，指向主体与客体的互动关系。狭隘的人类中心主义内含"主客体"二分的认知图式，片面张扬人的主体性、理性，信奉"技术决定论"，漠视或否认自然空间与资源环境的边界，肆意掠夺自然资源、侵占自然空间，进而导致生态系统超载、失衡。生态中心主义过度强调生态系统的整体价值，割裂人与自然的互动关系，无视人的主体性及其所具备的责任意识和责任

① 参见〔英〕戴维·佩珀《现代环境主义导论》，宋玉波、朱丹琼译，上海：格致出版社、上海人民出版社，2020，第49页。
② 〔美〕彼得·辛格：《动物解放》，祖述宪译，青岛：青岛出版社，2004，第2~3页。
③ 〔美〕奥尔多·利奥波德：《沙乡年鉴》，侯文蕙译，北京：商务印书馆，2016，第231页。

能力，只认可人作为自然存在物的身份，将人类降低到自然界普通物种的层面，最终是将人类与自然对立起来。从价值和事实出发，生态中心主义和狭隘的人类中心主义都存在各自的局限，按照形而上学的思维把握人与自然以及自然空间与社会空间的关系，所提供的解决方案并不能阻止生态环境恶化的脚步。

中国共产党人提出建设生态文明、优化国土空间格局，并不是为了维护特定个体或者群体的利益，而是立足于广大人民群众的根本利益，顺应人类社会的发展趋向。在促进人与自然和谐共生的价值取向中所提到的"人"属于类主体，辐射新时代的广大人民群众乃至整个人类。① 坚持人与自然和谐共生的价值取向，尊重人民群众的主体地位，蕴含建设生态文明"为了人民"和"依靠人民"的双重规定性，拒斥生态中心主义消解人的主体性以及狭隘的人类中心主义过度张扬人的主体性等片面倾向。所谓为了人民，是指坚持人与自然和谐共生的原则，秉承以人民为中心的价值观导向，倡导以人民群众的整体利益、长远利益为根本价值尺度，拒斥各种形式的个体主义、群体主义。坚持以人民为中心的价值取向，既追求代内空间正义，又追求代际空间正义，强调城乡之间、区域之间以及发达国家和发展中国家在占有和使用自然空间和能源资源方面具有平等的权利和义务。"良好生态环境是最公平的公共产品，是最普惠的民生福祉。"② 进入新时代以来，中国共产党人强调以优化国土空间格局为抓手推进生态文明建设，以满足人民群众对美好生活的向往为根本出发点，坚持生态为民、生态利民、生态惠民的理念，聚焦解决人民群众反映突出的国土空间开发失序、无序问题，着力提升人民群众对生态环境的获得感、幸福感、安全感。所谓依靠人民，是指全面加强新时代生态文明教育，着力提升人民群众的生态文明素养，强化生态文明建设的使命担当，促进生产方式、生活方式，思维方式、价值理念的系统转变。人民群众有着无尽的智慧和力量，必须贯彻好新时代党的群众路线，

① 参见汪信砚《生态文明建设的价值论审思》，《武汉大学学报》（哲学社会科学版）2020年第3期。

② 《十八大以来重要文献选编》中，北京：中央文献出版社，2016，第493页。

充分调动广大人民群众的积极性、主动性、创造性，以汇聚起推动生态文明建设的磅礴合力。优化国土空间格局是一项复杂而艰巨的历史任务，与每个人的命运息息相关，只能依靠全体人民的共同努力。坚持人与自然和谐共生的价值取向，秉承"共生共荣"的核心理念，引领人类走向更加美好的未来。共生并不是简单的共同存在，最重要的是彼此之间相互依赖、相互得益，如果相互依存的关系被打破，那么至少有一方无法存续。努力建设人与自然和谐共生的现代化，统筹生产空间、生活空间、生态空间的关系，以人与自然的有机统一为出发点，既不是要走生态中心主义所倡导的回归原始自然的道路，也不是走向狭隘的人类中心主义所主张的无限扩张道路，而是秉承可持续发展理念以及人与自然休戚与共的情怀，追求经济效益、社会效益以及生态效益的统一。

五 坚持共商共建共享的原则：画好国际社会生态文明建设的同心圆

习近平总书记指出："纵观人类文明发展史，生态兴则文明兴，生态衰则文明衰。"[①] 生态环境是人类生存和发展的根基，自然史与人类史是不可分割的。很多人类文明的陨落，与生态环境破坏脱不了干系。尤其是工业革命推动了生产和资本的高度集中，推动资本主义世界体系的形成，对全球生态环境产生更加直接、更加广泛的影响。资本逻辑的本性是逐利，依靠对时空的掠夺和占有，以促进剩余价值的生产和实现。一方面，资本家千方百计地延长剩余劳动时间，榨取剩余价值，获取丰富利润；另一方面，资本家通过对地理空间的探索和对空间权的操控，力图维持不平等、不合理的国际分工和交换体系，以持续性获取广阔的市场、廉价的资源和劳动力。"这里的麻烦却是，资本的意图是在一个有限的生命网络之内进行无限的扩展……剥夺了工人的生命，犹如它耗尽了资本主义农场主的土壤一样。"[②] 在资本主义原始积累阶段，英国通过圈地运动为工业生产提供充足的原材料和劳动力资

---

① 《十九大以来重要文献选编》中，北京：中央文献出版社，2021，第 24 页。
② 〔美〕拉杰·帕特尔、〔美〕詹森·W. 摩尔：《廉价的代价：资本主义、自然与星球的未来》，吴文忠等译，北京：中信出版集团，2018，第 26 页。

源，同时也给小农阶级带来苦难；葡萄牙和西班牙殖民者为了寻找和夺取黄金和白银，在非洲和美洲大肆烧杀抢掠；美国殖民者踩着印第安人的尸骨开疆拓土，枪炮、病菌与钢铁都是他们用来征服的武器。"生物旅行箱及其占统治地位的成员即欧洲人的成功，是长期以来在进化冲突和合作的不同生物作为一个团队共同努力的结果。"[①] 时至今日，被压迫民族的反抗意识和斗争能力都大幅度增强，赤裸裸的殖民掠夺走向终结，发达国家的资本收割手段更加隐蔽。发达国家凭借其在政治、经济上的优势地位和强大的科技实力，操纵国际市场，攫取世界资源，收割全球化发展红利，并向外转嫁环境危机。发展中国家则被锁定在国际分工链条的低端位置，只能依靠劳动力和资源优势参与国际分工，通过过度开发利用自然资源、破坏生态环境来维系生存和发展。"国家的政策远离地域关系，几乎总是倾向于社会的'垂直化'。"[②] 在不平等国际政治经济秩序的钳制之下，生态环境形势越发复杂多变，全球气候变暖、海洋环境污染、生物多样性锐减、土地荒漠化等问题不容小觑。

生态环境状况关乎人类社会的普遍利益，关乎人类文明的兴衰演替，生态环境问题需要世界人民携手应对。国际社会理应共克时艰，"共建地球生命共同体"。[③] 要坚持遵循共商共建共享原则，积极应对生态文明建设的严峻形势，以有效解决人类社会普遍关注的生态环境问题。中国共产党人提出坚持共商共建共享原则，立足于人类的共同利益、共同命运，核心要义是主张各国权利与责任相统一。到底选择什么样的国际秩序和生态环境治理体系应当由世界各国协商，保护地球生态系统的责任应由世界各国共同承担，国际生态环境治理成果应当更多更公平地惠及所有参与者，人与自然的共生关系应由世界各国共同维护。中国积极推动全球治理体系改革，致力于突破国际政治经济旧秩序的桎梏，着力推动变革不公正不合理的安排，切实践行共商

---

① 〔美〕阿尔弗雷德·克罗斯比：《生态帝国主义：欧洲的生物扩张，900—1900》，张谡过译，北京：商务印书馆，2017，第271页。

② 〔法〕皮埃尔·卡蓝默：《破碎的民主：试论治理的革命》，高凌瀚译，北京：生活·读书·新知三联书店，2005，第20页。

③ 《习近平谈治国理政》第4卷，北京：外文出版社，2022，第435页。

共建共享的全球治理观。一是站在对人类文明负责的高度，树立尊重自然、顺应自然、保护自然的理念，力求寻找价值实现的共通点，着力凝聚各国人民的价值共识。中国倡导构建人与自然生命共同体，强调坚持正确义利观，力求超越西方世界恃强凌弱的价值逻辑，积极顺应人类社会的发展趋向，共同开创世界的美好未来。二是坚持共同但有区别的责任原则，推动建立公平有效的全球生态治理机制。全球生态环境恶化的真相已经不言自明，即使不论及帝国主义式的高污染、高消耗生活方式，就是发生在发展中国家的生态环境破坏事实，也可溯源至发达国家的生态足迹输出。"在对地球物种的各种威胁当中，有大约 30% 由国际贸易所致。"① 中国倡导坚持共同但有区别的责任原则，强调尊重各国历史、文化、制度、发展水平的差异，着眼于全人类的共同福祉，努力扩大利益汇合点，加快构建发达国家和发展中国家之间的利益共享机制，不断深化双边和多边的、不同层次和不同领域的合作关系，以激发更广泛的合作、更有力的行动。三是积极推动生态环境治理领域国际合作模式的探索和实践，不断拓展国际合作的广度和深度，全力打造全球环境治理新格局。就现有国际生态环境状况来看，总体形势并不乐观。例如，很多共建"一带一路"的国家和地区的生态环境十分脆弱、基础条件比较薄弱，除了土地沙漠化、水土流失等问题之外，生物多样性水平明显低于世界平均水平。② 也就是说，在全球空间的变革过程中，必须处理好工业化、城镇化与自然生态系统的关系。要结合地缘环境，加快建设"一带一路"等新型国际区域合作平台，构建多层次绿色发展伙伴关系，推进国际跨境流域和山地生态系统治理项目，拓宽环境保护的领域和渠道。要维护以联合国为核心的国际体系，提高联合国环境规划署的地位，充分发挥非政府间国际组织在环境保护中的作用，构建全球环保合作新机制，为推动全球环境保护提供有效支撑。要深入推动《联合国气候变化框架公约》《联合国防治荒漠化

---

① 〔德〕魏伯乐、〔瑞典〕安德斯·维杰克曼编著《翻转极限：生态文明的觉醒之路》，程一恒译，上海：同济大学出版社，2018，第54页。

② 参见党小虎等《全球空间与"一带一路"研究 生态卷》，西安：陕西师范大学出版社，2022，第283~286页。

公约》等国际环境公约及相关国际贸易协定的洽谈或履约，强化国际环境法的效力和执行，推动构建合作共赢的全球环境治理体系。

第三节　构建人与自然和谐共生现代化空间格局的时代课题

国土是生态文明建设的空间载体，实现人与自然和谐共生的现代化必须以优化国土空间格局为引领，合理确定生产与生活的边界。党的十八大以来，在以习近平同志为核心的党中央的正确领导下，国土开发利用方式逐步转变，"多规合一"的国土空间规划体系基本形成，国土空间开发保护格局初步搭建。2021 年 3 月，"十四五"规划和 2035 年远景目标纲要从社会主义现代化建设全局的高度，对国土空间布局提出明确要求。2022 年 10 月，党的二十大报告提出站在人与自然和谐共生的高度谋划发展，进一步突出美丽中国建设的目标引领，在"加快实施重要生态系统保护和修复重大工程""推进以国家公园为主体的自然保护地体系建设""科学开展大规模国土绿化行动"① 等方面作出部署，深刻阐明推进生态文明建设的空间要求及使命任务，为构建国土空间开发保护新格局提供行动指南。

一　推进生产方式的绿色化、低碳化转型：为打造高品质空间格局夯实物质基础

党的二十大报告提出"推动经济社会发展绿色化、低碳化是实现高质量发展的关键环节"②，这是在深入探索经济社会发展规律、深刻总结生态文明建设经验基础上作出的科学判断，是在深刻认识新时代中国特色社会主义基本国情基础上提出的重要方针，是在全面把握新时代新征程新任务基础上作出的战略选择。生产方式是社会发展的决定力量，以什么样的方式进行生产直接影响着人与人、人与自然以及自然与社会之间关系的发展样态，并直接影响着国土空间的开发利用方式和具体运行状况。经济发展方式与空间格局

---

① 《习近平著作选读》第 1 卷，北京：人民出版社，2023，第 42 页。
② 《习近平著作选读》第 1 卷，北京：人民出版社，2023，第 41 页。

是辩证统一的，经济发展方式是影响单位 GDP 建设用地面积的重要因素，经济技术条件、增长速度、产业结构、土地利用等情况直接关乎土地资源利用效率，同样国土空间利用效率也在很大程度上影响着国民经济发展的速度和效果。促进经济发展模式由"粗放型"向"集约型"转变内含空间组织关系的深刻变革，要求生产要素和经济活动在国土空间层面自由流动、高效集聚和科学配置，而且经济发展方式的转变也必然通过生产要素和经济活动在地域或空间上的移动展现出来。传统的经济发展方式，以高投入、高能耗、高污染为特征，过度依赖空间增量扩张，导致建设用地无序开发、低效蔓延以及城镇空间和区域空间结构趋同、布局失衡等问题比较突出。"2008年全国城镇工矿建设用地达 12310 万亩，人均高于世界平均水平，大大高于其他东亚国家和地区的水平。""农村居民点用地达 24798 万亩"，即使算上流动人口，"人均农村居民点用地也达到 214 平方米，远超 150 平方米的国标上限"。① 土地资源的粗放式使用导致建设用地缺口越来越大，单位 GDP地耗过高成为经济社会可持续发展的瓶颈。党的十八大以来，我国积极优化国土空间结构，严格控制建设用地总量和强度，逐步提升土地资源利用效率，取得积极成效。"2012—2021 年，全国单位 GDP 建设用地使用面积下降40.85%，国土经济密度明显提高。"② 当然，囿于粗放型增长方式、原有行政区域布局的惯性影响，要降低单位 GDP 地耗、推进土地节约集约利用、打造高质量空间格局，还有很长的路要走。

生态环境问题归根结底是发展方式问题，国土空间整治和生态修复也必须依靠生产方式和生活方式的根本变革。促进生产方式的绿色化、低碳化发展，是形成高质量空间格局、构建现代化经济体系的必然要求，是解决环境问题的根本和长远之策。党的二十大提出，"加快发展方式绿色转型"，积极探索高质量发展新路，这进一步明确了发展方式转变的新方向，体现生态文明建设的更高要求。③ 所谓绿色化，主要强调坚持以绿色发展理念为引领，

---

① 徐绍史：《落实节约优先战略 加强资源节约和管理》，《中国国土资源报》2010 年 12 月 7 日。
② 常钦：《绘就人与自然和谐共生的中国画卷》，《人民日报》2022 年 9 月 20 日。
③ 参见《习近平著作选读》第 1 卷，北京：人民出版社，2023，第 41 页。

使绿色发展理念融入生产、流通、消费等各领域，贯穿设计、制造、物流、销售、使用、回收等产品的全生命周期，以形成环境友好型的生产方式、生活方式，进而最大限度地减少或避免对生态系统的负面影响。所谓低碳化，主要是指立足中国能源资源禀赋，锚定碳达峰碳中和目标，倡导低能耗、低污染、低排放的经济模式，加快构建低碳能源体系、技术体系、产业体系和消费体系，着眼点是清洁低碳、安全高效，核心是减少温室气体和污染物的排放。进入新时代新征程，我国经济已由高速增长转向高质量发展，经济发展方式转型进入攻坚期，更多面对的是深层次的体制机制问题。实施区域协调发展战略、区域重大战略、主体功能区战略、新型城镇化战略面临着一系列挑战，迫切要求经济发展方式的绿色化、低碳化转型，迫切需要实现生产规模和生产力布局与资源、环境的更高层次匹配。具体而言，必须要把减污降碳协同增效作为总抓手，推动空间结构优化和空间质量提升。其一，坚持节约优先、保护优先、自然恢复为主的方针。这里之所以强调坚持节约优先、保护优先、自然恢复为主，是由土地要素的特殊战略地位决定的。土地是自然资源的重要组成，同时也是其他自然资源的承载者。必须将土地节约集约利用摆在更加突出的位置，加强土地资源管理和规划利用，坚持最严格的耕地保护制度和节约用地制度，以最大限度地减少国土开发利用过程中的低效、浪费问题。其二，协同推动产业结构、能源结构、运输结构、用地结构调整。调整和优化经济结构是转变经济发展方式的核心内容，是提高经济质量和效益的根本途径，是优化国土空间格局的关键性举措。要"推动战略性新兴产业、高技术产业、现代服务业加快发展，推动能源清洁低碳安全高效利用，持续降低碳排放强度"[1]。要推动能源生产和消费革命，提高能源清洁高效利用水平，推进新旧能源有序替代，建立多元安全的能源供应保障体系。要推进现代化综合交通运输体系建设，调整运输结构，提升综合运输效率和供应链韧性，千方百计降低社会物流成本。要全面统筹土地利用的目标和任务，合理调整土地规划和布局，不断优化土地资源配置，以有效解决经济发展与耕地保

---

① 习近平：《论坚持人与自然和谐共生》，北京：中央文献出版社，2022，第283页。

护、生态空间优化之间的矛盾冲突。其三,加快推动绿色低碳科技创新。要加强战略性、前沿性、原创性、颠覆性技术的顶层设计和前瞻布局,持续推进重点领域关键核心技术攻关,大力推进绿色低碳技术研发和推广应用,从而为经济社会发展的全面绿色转型提供技术支撑。

二 守牢美丽中国建设安全底线:为高质量发展"明底线""划边框"

党的十八大以来,习近平总书记多次就筑牢国家生态安全屏障作出重要论述,进一步丰富和发展了马克思恩格斯的生态观,为建设人与自然和谐共生的现代化提供方向指引。2020 年,党的十九届五中全会审议通过"十四五"规划和 2035 年远景目标建议,提出统筹发展和安全,建设更高水平的平安中国的发展目标,并提出确保生态安全的战略要求。生态安全是国家安全的重要组成部分,主要指向生态系统结构和功能的完整性、持续性。它不仅关乎民生福祉,而且关乎经济社会的持续发展、关乎国家长治久安。万事万物都有其生长周期和运动轨迹,都需要一定的地理环境条件。构建国家生态安全体系,守住自然生态安全边界,具有明显的空间性要求。自然生态空间可以为多种生物提供生存空间与生长环境,在维护生态系统多样性、稳定性、持续性方面发挥着不可替代的作用。同时,这些自然生态空间也是人类赖以生存发展的自然资源系统,能够为人类生产、生活提供生态产品和生态服务。2017 年,国土资源部关于印发《自然生态空间用途管制办法(试行)》的通知,明确将自然生态空间(生态空间)定义为"具有自然属性、以提供生态产品或生态服务为主导功能的国土空间,涵盖需要保护和合理利用的森林、草原、湿地、河流、湖泊、滩涂、岸线、海洋、荒地、荒漠、戈壁、冰川、高山冻原、无居民海岛等"[1]。改革开放以后,我国经济长期保持高速增长态势,工业化、城镇化加速推进,但是对生态环境问题的潜伏性和长期性认识不足,对生态环境风险防控不到位,对自然生态系统保护力度不够,挤占基本农田、林地、水域岸线、滨海湿地、野生动物栖息地的问题比较突出。党的十

---

[1] 《中华人民共和国自然资源法律法规全书(含土地、矿产、海洋资源)》,北京:中国法制出版社,2023,第 89 页。

八大以来，以习近平同志为核心的党中央积极推进生态文明建设，大力实施优化国土空间发展格局的重要举措，着力推动划定生态保护红线、环境质量底线、资源利用上线的战略部署，持续开展大规模国土绿化行动，促使生态环境质量持续向好。然而，以优化国土空间格局为统领推动生态环境修复是一项长期的重大战略任务，不可能一蹴而就。第三次全国国土调查数据显示，林地、草地、湿地、河流水面、湖泊水面等生态功能较强的空间面积有了较大程度的增加，直接反映了生态文明建设的积极成果。不过，"全国有2.29亿亩耕地流向林地、草地、湿地、河流水面、湖泊水面等生态功能较强的地类，而又有2.17亿亩上述地类流向耕地"①。这些数据表明，自然生态空间被挤压的风险仍然存在，必须采用最严格的生态环境保护制度来制止各种违法违规行为。立足新时代新征程，建设高质量的自然生态空间是有效应对当前各种突出环境问题的重要举措，是实现美丽中国建设目标的重要途径，是维护国家生态安全的重要依托，是促进生态环境质量根本好转的必然选择。筑牢国家生态安全屏障涉及局部与全局、短期目标与长远目标等重大关系问题，是巩固和发展中华民族共同体的内在要求，是统筹中华民族伟大复兴战略全局的重要保障。

构建国家生态安全体系，以推进美丽中国建设为目标引领，以持续提升生态系统的承载力和适应性为必要条件，强调按照美的规律和尺度来塑造空间格局。具体来说，要从以下几方面着手。一是要强化国土空间规划和用途管制，以空间结构优化和空间治理完善为核心，推动自然资源统一管理进程，依法查处违反国土空间规划和用途管制要求的建设行为，减少各类开发利用活动对自然生态空间的占用或扰动。二是要划定并严守生态保护红线、环境质量底线、资源利用上线三条红线，确保自然生态系统结构和功能的完整性，维护生态系统物质循环过程的连贯性，增强生态产品供给能力，提升生态系统服务功能水平，保障和维护国家生态安全的底线和生命线。三是要严格落实主体功能区的功能定位和管控要求，对重点开发地区、生态脆弱地

---

① 《第三次全国国土调查主要数据成果发布》，《人民日报》2021年8月27日。

区、能源资源富集地区等制定差异化政策，分类精准施策，推动形成科学适度有序、主体功能明显、优势互补、高质量发展的国土空间开发保护新格局。① 四是要推进生态保护和修复重大工程，推进青藏高原生态屏障区、黄河重点生态区、长江重点生态区和东北森林带等生态屏障建设，完善生态廊道和生物多样性保护网络，构建科学合理的生态安全格局。五是要构建从山顶到海洋的保护治理大格局。要摸清林草资源本底和生态状况，全面考虑生态系统完整性、自然地理单元连续性和经济社会发展可持续性，统筹协调生产力布局、人口布局、城镇化布局、区域格局，建立健全跨区域跨流域的协同行动机制，不断增强保护和治理的系统性、整体性、协同性。

三 健全生态文化体系：为塑造独特空间标识提供思想保证

马克思主义认为，精神生产是为满足精神文化生活需要所进行的生产活动，是社会生产的重要组成部分，在促进人的全面发展和社会的全面进步方面不可或缺。从根本上说，"宗教、家庭、国家、法、道德、科学、艺术等等，都不过是生产的一些特殊的方式，并且受生产的普遍规律的支配"②。精神生产体现为人类特有的自由自觉的活动，能够激发人的内在潜能。动物的生产是片面的，其只是在直接的肉体需要的支配下生产。人的生产是全面的，能够按照美的尺度、美的规律来构造。精神生产总是在一定地理条件下进行的，呈现出纵向的传承和横向的传播两条线路，具有民族性和地域性等特征。在漫长的历史演进中，世界各民族相互交融、相互碰撞，形成多种多样的文化记忆、文化符号、文化理念和文化价值。党的十八大以来，以习近平同志为核心的党中央坚持把马克思主义生态观同中华优秀传统生态文化相结合，提出一系列极具中国特色、时代意义的新理念新思想新战略，让马克思主义生态观和精神生产理论焕发出更强大的真理力量。

健全生态文化体系使空间标识更具独特性和辨识度。生态文化源于人类

---

① 参见《中华人民共和国国民经济和社会发展第十四个五年规划和 2035 年远景目标纲要》，北京：人民出版社，2021，第 87~88 页。

② 《马克思恩格斯文集》第 1 卷，北京：人民出版社，2009，第 186 页。

利用自然、改造自然的实践活动，体现为人类与动植物或自然环境的亲密关系，具有一定地域特征。党中央高度重视中华文明的传承与发展，注重通过培育生态文化来优化国土空间格局、推进生态文明建设，积累了宝贵的经验。习近平总书记指出，"加快解决历史交汇期的生态环境问题，必须加快建立健全以生态价值观念为准则的生态文化体系"①。中华文明源远流长，积淀着丰富的生态智慧，蕴含着强大的精神力量。培育生态文化体系，打造标识性的地域符号，挖掘空间的多元价值，不仅可以促进自然资源资产保值增值，而且便于生态产品价值实现。2015 年，中共中央、国务院印发《关于加快推进生态文明建设的意见》，提出"尊重自然格局，依托现有山水脉络、气象条件等，合理布局城镇各类空间，尽量减少对自然的干扰和损害。保护自然景观，传承历史文化，提倡城镇形态多样性，保持特色风貌，防止'千城一面'"②。实践证明，同质化的空间格局会影响城市竞争力，影响城市的可持续发展。文化中流淌着地域基因，潜藏着价值塑造的密钥，对于激活生态资源、增加辨识度和吸引力，提升地域空间的符号价值具有至关重要的意义。一方面，地域空间是地域文化的载体，蕴含着精神和视觉等多重审美表达，是具有功能性的"形象窗口"。另一方面，地域空间本身也是地域文化的独特标识，承载着文化映射的空间记忆、空间标记。坚持以生态优先、绿色发展为导向，深入挖掘生态文化基因，厚植生态文化符号内涵，强化生态文化影响力，努力提升城乡空间的生态品质，符合人类文明的发展趋向。建设人与自然和谐共生的现代化，必须以健全生态文化体系为抓手，加快构建现代生态产业体系，协同推动历史文化保护、生态保护修复、城市更新、人居环境整治，积极塑造具有地域特色和标识度的空间格局。

积极培育生态文化，塑造特色空间标识，要从以下几方面着手。一是要坚持以习近平生态文明思想为指导，树立和践行"人与自然是生命共同体"的生态哲学观、"绿水青山就是金山银山"的生态经济观、"生态兴则文明兴，生态衰则文明衰"的生态历史观、"坚持生态惠民、生态利民、生态为

---

① 《十九大以来重要文献选编》上，北京：中央文献出版社，2019，第 454 页。
② 《十八大以来重要文献选编》中，北京：中央文献出版社，2016，第 489 页。

民"的生态社会观、"共谋全球生态文明建设之路"的生态国际观,促进生产方式、生活方式,思维方式、价值观念的革命性变革,打造高品质生态文化高地,加快形成全民生态自觉。二是有效推动中华优秀传统生态文化的创造性转化和创新性发展。要始终保持对中华优秀传统生态文化的敬畏之心,高度重视从中华优秀传统生态文化中汲取智慧经验,大力弘扬"天人合一"的整体观、民胞物与的生态伦理观以及"取之有度,用之有节"的可持续发展观等核心理念,丰富中华优秀传统文化的表达形式,让中华优秀传统文化焕发出新的生机与活力。三是充分挖掘和利用地方文化资源优势。要深度挖掘红色文化、农耕文化、草原文化、丝路文化以及海洋文化中的生态思想,激活共同体的生态文化记忆,守护并传承地方文化根脉,塑造具有地域特色的文化形态。四是全面推进生态文化载体建设。要以国家生态文明建设示范区、"绿水青山就是金山银山"实践创新基地以及国家级文化生态保护区等为平台和抓手,促进地域文化与生态环境保护的有机结合,打造地域文化资源聚集地,着力塑造区域特色形象,营造地域生态文化景观。

四 构建国土空间开发保护新格局:为促进人与自然和谐共生强化载体支撑

国土是生态文明建设的空间载体,统筹协调生产空间、生活空间、生态空间是推进生态文明建设的内在要求。全面推进美丽中国建设要以现有的自然地理格局为前提和基础,以实现山川秀美为必要条件。建设人与自然和谐共生的现代化,必须遵循自然规律、经济规律,塑造更加匹配的空间结构和空间形态,以支撑更高质量的发展、更高品质的生活。从党的十八大报告将优化国土开发空间格局摆在比较突出的位置,党的十九大报告提出构建国土空间开发保护制度,到党的二十届三中全会提出"建立健全覆盖全域全类型、统一衔接的国土空间用途管制和规划许可制度"[①],中国共产党人关于构建国土空间新格局的战略定位、顶层设计越来越清晰,战略任务越来越明

---

① 《中共中央关于进一步全面深化改革 推进中国式现代化的决定》,北京:人民出版社,2024,第 39 页。

确，推动国土空间开发格局持续优化。时至今日，主体功能区制度、国土空间用途管制制度、国家公园体制、自然资源监管体制等基础制度已经初步确立，"多规合一"的国土空间规划体系基本形成，以"两横三纵"为主体的城镇化格局、以"七区二十三带"为主体的农业生产格局、以"两屏三带"为主体的生态安全格局逐步形成，在规范国土空间开发秩序、管制国土空间开发强度、引导生态文明建设方面发挥着重要作用。

当然，国土空间格局优化尽管成效明显，但是所面对的总体形势依然严峻复杂，还有很多结构性、根源性的问题亟待破解。具体而言，体现在以下方面。一是资源环境约束性趋强。就资源储量而言，中国的资源丰富却并不富裕，人均资源拥有量低于世界平均水平，其中煤炭、水力、石油、天然气、耕地资源的人均拥有量分别相当于世界平均水平的1/2、1/2、1/15、1/15、3/10左右。[①] 同时，中国作为世界上最大的发展中国家，正处于工业化中后期和城镇化快速发展阶段，经济发展方式转型障碍重重，多年形成"大量生产、大量消耗、大量排放"的生产模式和消费模式，能源结构偏煤、产业结构偏重、综合利用效率偏低的矛盾仍然突出，对资源的需求仍将刚性增长。而且，当前国际环境不稳定、不确定、不安全的因素增多，乌克兰危机使全球资源市场遭受冲击，巴以冲突让地区形势再度紧张，中国利用国外能源资源的风险有所增加。二是优化国土空间开发保护格局的任务繁重艰巨。一方面，人口、经济和资源环境的空间失衡问题仍然突出。中国的能源资源分布广泛，但是能源资源赋存分布不平衡，尤其是能源资源赋存地和消费地差异比较大，北煤南运、北油南运、西气东输、西电东送等资源跨区域调配比较常见。大规模、长距离运输不仅增加了运输成本和运输损耗，而且影响能源利用效率。例如，京津冀、长江三角洲、珠江三角洲等地区吸纳了大量人口资源，其国土开发强度接近或超出资源环境承载能力，给区域生态环境造成巨大压力。另一方面，城镇发展与农业生产、生态保护的结构性矛盾仍然突出。土地的总量本来就是有限的，而城镇化重速度轻质量的问题比较严

---

① 参见《中国的能源状况与政策》，《人民日报》2007年12月27日。

重，城镇数量的增加和规模的扩大必然增大对土地的需求，进而导致耕地保护、生态环境修复的压力增大。产业低质同构现象比较普遍，"部分城市承载能力减弱，水土资源和能源不足，环境污染等问题凸显"①。无论城镇还是农村，都存在土地低效利用的问题，对地方经济的可持续发展产生负面影响。

在全面建设社会主义现代化国家开局起步的关键时期，我国生态文明建设已步入生态环境质量改善由量变到质变的关键时期，构建国土空间开发保护新格局也具有了新的时代意义和使命任务。"十四五"规划和 2035 年远景目标纲要明确提出，"逐步形成城市化地区、农产品主产区、生态功能区三大空间格局"②。2022 年 10 月，党的二十大提出："深入实施区域协调发展战略、区域重大战略、主体功能区战略、新型城镇化战略，优化重大生产力布局，构建优势互补、高质量发展的区域经济布局和国土空间体系。"③ 建设高质量国土空间体系，强调尊重自然地理的整体性、差异性、连通性，坚持生态效益、经济效益、社会效益相统一的重要原则，统筹考量资源环境承载能力、开发强度和开发潜力，促进各类要素合理流动和高效集聚，为自然生态系统留下更多休养生息的时间和空间，从而实现集约高效、宜居适度与山川秀美的综合目标。

要构建国土空间开发保护新格局，至少要从以下几方面着手。其一，必须深化"多规合一"改革，发挥国土空间规划体系的战略引领作用。从内容上看，所谓"多规合一"就是要突出国土空间规划的基础性、综合性和战略性，推动城市规划、土地利用规划、主体功能区规划等走向融合统一。要从长远利益、全局战略出发统筹谋划国土开发保护格局，明确各专项规划的事权范围，"逐步建立'多规合一'的规划编制审批体系、实施监督体系、法规政策体系和技术标准体系"④，建立全国统一的国土空间规划基础信息平

---

① 《全国国土规划纲要（2016—2030 年）》，《中华人民共和国国务院公报》2017 年第 6 期。
② 《中华人民共和国国民经济和社会发展第十四个五年规划和 2035 年远景目标纲要》，北京：人民出版社，2021，第 88 页。
③ 《二十大以来重要文献选编》上，北京：中央文献出版社，2024，第 22 页。
④ 《十九大以来重要文献选编》中，北京：中央文献出版社，2021，第 71 页。

台。从周期上看，必须坚持一张蓝图绘到底。国土空间规划施行周期为 10 年到 20 年，而国民经济社会发展规划周期一般为 5 年，要发挥国土空间规划的引领和刚性管控作用，必须增强空间规划本身的前瞻性、引领性。必须锚定全面建设社会主义现代化强国的宏伟目标以及实现中华民族伟大复兴的使命任务，作出长远战略安排。从全局层面看，深化空间规划改革，要贯彻"自上而下、上下联动"的原则性要求，处理好各层级空间规划的关系。制定省级、市县级国土空间总体规划，既要坚决服从、服务于国土空间保护、开发、利用、修复的全局性安排，落实好全国国土空间规划的战略要求，又要权衡好地方资源禀赋的差异性，协调好不同利益群体在空间层面的发展诉求，进而为区域高质量发展提供空间保障。其二，深入实施区域协调发展战略、区域重大战略。深入实施区域协调发展战略是对以往区域发展战略的继承和创新，强调立足"四大板块"的发展基础，加快建设高效规范、公平竞争、充分开放的全国统一大市场，促进各要素跨境自由有序安全便捷流动。要进一步优化区域分工和产业链布局，注重区域发展平衡性、协调性，着力推动区域协调发展取得新突破。要坚持以实施京津冀协同发展、长江经济带发展、粤港澳大湾区建设、长三角一体化发展、黄河流域生态保护和高质量发展等重大战略为引领，不断增强中心城市和城市群的综合承载、资源优化配置能力，加快培育经济增长的动力源和经济发展增长极，逐步形成全方位、多层次、多形式的区域联动格局。其三，深入实施主体功能区战略。要不断完善主体功能区战略和制度，加大国土空间用途管制力度，严守生态保护红线以及永久基本农田、城镇开发等空间管控边界，全面优化城市化地区、农产品主产区、生态功能区三大空间格局。要严格控制城镇建设用地总量，科学调控城镇建设规模、开发强度和空间布局，切实形成绿色、低碳、集约型的城市空间结构。要进一步加强耕地保护和质量建设，培育壮大特色农产品优势区，大力提高农产品供给能力。要突破行政区域的局限，逐步细化主体功能区空间单元，强化生态环境分区管控，推动重点生态功能区的生态保护和修复。其四，深入实施新型城镇化战略。要切实提高城镇建设用地的集约化程度，不断优化城镇化布局和形态，持续改善城市人居环境，奋力打造更健康、更安全、更宜居的城市。要充分运用大数据、云计算、物联网等技术手段，深化城市管理体制改革，不断提升城市管理水平，系统提升城镇在集聚人口和产业发展方面的综合能力，让城市与自然共生共荣。

五 锚定"双碳"目标：为共建清洁美丽世界作出贡献

党的二十大明确提出"积极稳妥推进碳达峰碳中和"，[①] 将节能降碳低碳纳入经济社会发展全局，体现中国作为大国的责任与担当，同时折射出推进全球气候治理的紧迫性和必要性。

大气是人类赖以生存的最基本的环境要素之一，是涉及范围最广的公共资源。2021 年 8 月，联合国政府间气候变化专门委员会（IPCC）发布第六次评估报告第一工作组报告《气候变化 2021：自然科学基础》，进一步强调全球气候变化与人类活动密切相关。大气层的空间是有限的，其环境容量和平衡生态的能力都存在阈值。相对于其他环境要素而言，大气资源的产权更难以界定，因为它具有典型的流动性、弥散性、边界模糊等物理属性，且具有明显的非排他性和非竞争性等经济属性。自工业革命以来，人类大量使用石油、煤炭等化石燃料，产生大量二氧化碳和甲烷等温室气体。"2011 年至 2020 年，地球表面的平均温度比 19 世纪末（工业革命之前）的平均温度高 1.1℃……二氧化碳浓度处于 200 万年来的最高水平，甲烷和一氧化二氮的浓度达到 80 万年来最高水平。"[②] 随着全球气温不断上升，水、热资源的空间分布格局发生变迁，进而引发冰川和冻土消融、海平面上升、极端天气发生频率增加、生态系统紊乱等一系列问题。全球气候变暖的危害是极其严重和普遍的，位列全球环境问题之首，引发越来越广泛的关注。2016 年 4 月，全世界 178 个缔约方共同签署气候变化协定，目标是将全球平均气温上升幅度较前工业化时期控制在 2 摄氏度以内，并努力将温度上升幅度限制在 1.5 摄氏度以内。显而易见，气候变暖已经对人类文明构成严重威胁，除非采取及时而有效的举措，否则难以控制其对整个生态环境的不利影响。

---

① 《习近平著作选读》第 1 卷，北京：人民出版社，2023，第 42 页。
② 《IPCC 最新发布〈气候变化 2021：公众摘要〉》，《中国气象报》2022 年 11 月 11 日。

气候问题不同于其他环境问题，涉及超大时空尺度，所带来的挑战是跨地域、跨国界的。"只有在全球层次上应对生态裂痕，并破解帝国主义主导下的不平等关系结构，才能为解决这些矛盾提供真正的希望。"[①] 2020 年 9 月 22 日，习近平主席在第七十五届联合国大会一般性辩论上郑重宣布，"二氧化碳排放力争于二〇三〇年前达到峰值，努力争取二〇六〇年前实现碳中和"[②]。中国共产党人提出碳达峰碳中和的目标，谋求子孙后代的福祉，胸怀整个人类的前途命运。当然，夙愿越宏大、梦想越美好，实现的路程往往越艰辛。党的二十大报告指出："实现碳达峰碳中和是一场广泛而深刻的经济社会系统性变革。"[③] 纵览全球发展历程，西方发达国家是在工业化完成之后提出碳达峰目标，并经过几十年的过渡才实现。目前，全球有 50 余个国家实现了碳达峰，仅有很少几个国家实现了碳中和，尚未出现体量相当的经济体可供参考。就实现"双碳"目标的时间表看，中国实现碳达峰碳中和的斜率更大，所面临的时间更紧迫。中国作为世界上最大的发展中国家，仍然处于工业化的中后期，在全球价值链分工中处于中低端位置，发展不平衡不充分问题仍然突出，推进高质量发展还有许多卡点，在关键核心技术领域还存在瓶颈亟待破解，产业结构偏重、能源结构偏煤等棘手难题亟待解决，所面对的任务更繁重。中国保持应对气候变化和推进碳达峰碳中和的战略定力，积极探索多目标协同创新路径，加快推进绿色低碳高质量发展，为共建清洁美丽世界作出贡献。

实现"双碳"目标的前提是立足中国国情，强调遵循市场规律和科学规律，充分考虑能源资源禀赋条件，合理控制节奏、速度和规模，坚持科学有序、循序推进。深入推进"双碳"工作必须坚持以人民为中心的价值原则，进一步树牢底线思维、强化风险意识，科学处理能源安全和减污降碳的关系，坚决保障人民群众生产生活用能安全。中国将"双碳"目标纳入美丽中

① John Bellamy Foster, Brett Clark, Richard York, *The Ecological Rift: Capitalism's War on the Earth*, New York: Monthly Review Press, 2010, p. 372.
② 《十九大以来重要文献选编》中，北京：中央文献出版社，2021，第 712 页。
③ 《习近平著作选读》第 1 卷，北京：人民出版社，2023，第 42 页。

国的总体框架，纳入生态文明建设的总体布局，将绿色低碳发展定为我国经济高质量发展的主基调和关键环节，积极为全球气候治理提供中国智慧和中国方案。从长远看，实现"双碳"目标和经济发展不冲突，环境污染物排放和碳排放具有高度同根同源的特征，减污降碳也有利于破解经济发展的资源环境瓶颈。锚定"双碳"目标是推进生态文明建设的重要举措，是实现可持续发展、推动高质量发展的内在要求。基于实现"双碳"的目标任务考量，必须采取更坚决的态度、更有力的决策。深入推进"双碳"工作，要求经济结构、能源结构、产业结构转型升级，尤其是需要能源领域的根本变革。实现"双碳"目标的着力点包括两个方面：一方面是要减少二氧化碳的排放，另一方面是要促进二氧化碳的吸收。"完善能源消耗总量和强度调控，重点控制化石能源消费，逐步转向碳排放总量和强度'双控'制度。"[①] 减少二氧化碳排放，重点是加快构建清洁低碳、安全高效的能源体系，加强对传统化石能源的清洁化改造，逐步提升新能源在能源供应和消费中的占比，推动能源生产和消费方式的绿色低碳变革，推进低碳能源对高碳能源的逐步替代，不断提高能源供给的质量和效益。促进二氧化碳吸收，关键是加快建立完善全国碳市场制度体系、持续完善碳配额分配制度，引导企业自主节能减排、主动推动绿色低碳发展，依靠科技创新和经营管理改善等手段推动森林、湿地、草原等生态系统碳汇能力的提升。

---

① 《习近平著作选读》第 1 卷，北京：人民出版社，2023，第 42 页。

参考文献

一　重要文献

《马克思恩格斯全集》第 1 卷，北京：人民出版社，1956。

《马克思恩格斯全集》第 1 卷，北京：人民出版社，1995。

《马克思恩格斯全集》第 2 卷，北京：人民出版社，1957。

《马克思恩格斯全集》第 3 卷，北京：人民出版社，1960。

《马克思恩格斯全集》第 18 卷，北京：人民出版社，1964。

《马克思恩格斯全集》第 19 卷，北京：人民出版社，1963。

《马克思恩格斯全集》第 19 卷，北京：人民出版社：2006。

《马克思恩格斯全集》第 20 卷，北京：人民出版社，1971。

《马克思恩格斯全集》第 30 卷，北京：人民出版社，1975。

《马克思恩格斯全集》第 30 卷，北京：人民出版社，1995。

《马克思恩格斯全集》第 31 卷，北京：人民出版社，1998。

《马克思恩格斯全集》第 32 卷，北京：人民出版社，1974。

《马克思恩格斯全集》第 32 卷，北京：人民出版社，1998。

《马克思恩格斯全集》第 34 卷，北京：人民出版社，1972。

《马克思恩格斯全集》第 34 卷，北京：人民出版社，2008。

《马克思恩格斯全集》第 37 卷，北京：人民出版社，2019。

《马克思恩格斯全集》第 45 卷，北京：人民出版社，1985。

《马克思恩格斯文集》第 1~9 卷，北京：人民出版社，2009。

《列宁全集》第 3 卷，北京：人民出版社，2013。

《列宁专题文集 论辩证唯物主义和历史唯物主义》，北京：人民出版社,2009。

中共中央文献研究室：《习近平关于社会主义生态文明建设论述摘编》，北京：
　　中央文献出版社，2017。

习近平：《论把握新发展阶段、贯彻新发展理念、构建新发展格局》，北京：
　　中央文献出版社，2021。

习近平：《论坚持人与自然和谐共生》，北京：中央文献出版社，2022。

《习近平著作选读》第1卷、第2卷，北京：人民出版社，2023。

《十六大以来重要文献选编》上、中、下，北京：中央文献出版社，2005、2006、
　　2008。

《十七大以来重要文献选编》上、中、下，北京：中央文献出版社，2009、2011、
　　2013。

《十八大以来重要文献选编》上、中、下，北京：中央文献出版社，2014、2016、
　　2018。

《十九大以来重要文献选编》上、中、下，北京：中央文献出版社，2019、2021、
　　2023。

《二十大以来重要文献选编》上，北京：中央文献出版社，2024。

二　学术著作

〔联邦德国〕A. 施密特：《马克思的自然概念》，欧力同、吴仲昉译，北京：
　　商务印书馆，1988。

〔法〕安德列·高兹：《资本主义，社会主义，生态：迷失与方向》，彭姝祎译，
　　北京：商务印书馆，2018。

〔英〕安东尼·肯尼：《牛津西方哲学简史》，陈晓曦译，北京：中国轻工业
　　出版社，2019。

〔美〕阿尔弗雷德·克罗斯比：《生态帝国主义：欧洲的生物扩张，900—1900》，
　　张谡过译，北京：商务印书馆，2017。

〔美〕艾尔弗雷德·W. 克罗斯比：《哥伦布大交换：1492年以后的生物影响
　　和文化冲击》，郑明萱译，北京：中信出版集团，2018。

〔加〕埃伦·米克辛斯·伍德：《资本主义的起源：学术史视域下的长篇综

述》，夏璐译，北京：中国人民大学出版社，2016。

〔美〕爱德华·W. 苏贾：《后现代地理学——重申批判社会理论中的空间》，王文斌译，北京：商务印书馆，2004。

〔美〕爱德华·W. 苏贾：《寻求空间正义》，高春花、强乃社等译，北京：社会科学文献出版社，2016。

〔美〕爱德华·W. 萨义德：《文化与帝国主义》，李琨译，北京：生活·读书·新知三联书店，2016。

〔美〕爱德蒙德·罗素：《进化的历程：从历史和生态视角理解地球上的生命》，李永学译，北京：商务印书馆，2021。

〔加〕本·阿格尔：《西方马克思主义概论》，慎之等译，北京：中国人民大学出版社，1991。

〔英〕彼得·沃森：《思想史：从火到弗洛伊德》上，胡翠娥译，南京：译林出版社，2018。

〔英〕比尔·希利尔、〔英〕朱利安妮·汉森：《空间的社会逻辑》，杨滔等译，北京：中国建筑工业出版社，2019。

包利民编选《西方哲学基础文献选读》，杭州：浙江大学出版社，2007。

包亚明主编《现代性与空间的生产》，上海：上海教育出版社，2003。

包亚明主编《后现代性与地理学的政治》，上海：上海教育出版社，2001。

〔希腊〕德谟克里特：《哲学道德集》，梭罗文辑、杨伯恺重译，上海：辛垦书店，1934。

〔美〕大卫·哈维：《希望的空间》，胡大平译，南京：南京大学出版社，2006。

〔美〕戴维·哈维：《后现代的状况：对文化变迁之缘起的探究》，阎嘉译，北京：商务印书馆，2003。

〔美〕大卫·哈维：《新自由主义化的空间：迈向不均地理发展理论》，王志弘译，台北：群学出版有限公司，2008。

〔美〕大卫·哈维：《资本的空间：批判地理学刍论》，王志弘、王玥民译，台北：群学出版有限公司，2010。

〔英〕大卫·哈维：《资本的限度》，张寅译，北京：中信出版集团，2017。

〔美〕戴维·哈维：《正义、自然和差异地理学》，胡大平译，上海：上海人
　　民出版社，2015。

〔美〕大卫·哈维：《世界的逻辑：如何让我们生活的世界更理性、更可控》，
　　周大昕译，北京：中信出版集团，2017。

〔美〕戴维·哈维：《叛逆的城市：从城市权利到城市革命》，叶齐茂、倪晓
　　辉译，北京：商务印书馆，2014。

〔英〕大卫·哈维：《资本的城市化：资本主义城市化的历史与理论研究》，董
　　慧译，苏州：苏州大学出版社，2017。

〔英〕戴维·佩珀：《生态社会主义：从深生态学到社会正义》，刘颖译，济
　　南：山东大学出版社，2005。

〔英〕戴维·佩珀：《现代环境主义导论》，宋玉波、朱丹琼译，上海：格致
　　出版社、上海人民出版社，2020。

〔美〕戴维·R.蒙哥马利：《泥土：文明的侵蚀》，陆小璇译，南京：译林出
　　版社，2017。

〔英〕多琳·马西：《空间、地方与性别》，毛彩凤、袁久红、丁乙译，北京：
　　首都师范大学出版社，2018。

〔英〕多琳·马西：《保卫空间》，王爱松译，南京：江苏教育出版社，2013。

〔英〕德雷克·格利高里、约翰·厄里编《社会关系与空间结构》，谢礼圣、
　　吕增奎等译，北京：北京师范大学出版社，2011。

〔法〕笛卡尔：《笛卡尔的人类哲学》，唐译编译，长春：吉林出版集团有限
　　责任公司，2013。

〔法〕笛卡尔：《谈谈方法》，王太庆译，北京：商务印书馆，2000。

〔法〕米歇尔·福柯：《权力的眼睛：福柯访谈录》，严锋译，上海：上海人
　　民出版社，2021。

〔美〕段义孚：《空间与地方：经验的视角》，王志标译，北京：中国人民大学
　　出版社，2017。

〔美〕弗罗姆：《占有还是生存——一个新社会的精神基础》，关山译，北
　　京：生活·读书·新知三联书店，1988。

〔美〕弗洛姆:《希望的革命》,环宇出版社编译组译,台北:环宇出版社,1971。

〔德〕费希特:《费希特著作选集》卷1、卷2,北京:商务印书馆,1990、1994。

〔英〕格雷厄姆·霍顿、〔英〕戴维·康塞尔:《区域、空间战略与可持续性发展》,朱献珑、谢宝霞译,南京:江苏凤凰教育出版社,2015。

〔美〕赫伯特·马尔库塞:《单向度的人:发达工业社会意识形态研究》,刘继译,上海:上海译文出版社,2014。

〔美〕赫尔曼·E.戴利:《超越增长:可持续发展的经济学》,诸大建等译,上海:上海译文出版社,2006。

〔德〕黑格尔:《自然哲学》,梁志学等译,北京:商务印书馆,2011。

〔德〕黑格尔:《哲学史讲演录》第1卷,贺麟、王太庆等译,上海:上海人民出版社,2013。

〔德〕黑格尔:《历史哲学》,王造时译,上海:上海书店出版社,2006。

〔德〕黑格尔:《逻辑学》上,杨一之译,北京:商务印书馆,2017。

〔德〕黑格尔:《精神现象学》上,贺麟、王玖兴译,北京:商务印书馆,2017。

〔德〕海德格尔:《诗·语言·思》,彭富春译,北京:文化艺术出版社,1991。

〔美〕H.S.塞耶编《牛顿自然哲学著作选》,上海外国自然科学哲学著作编译组译,上海:上海人民出版社,1974。

〔法〕亨利·列斐伏尔:《日常生活批判:全3册》,叶齐茂、倪晓晖译,北京:社会科学文献出版社,2018。

〔法〕亨利·列斐伏尔:《空间的生产》,刘怀玉等译,北京:商务印书馆,2022。

〔法〕亨利·列斐伏尔:《空间与政治》,李春译,上海:上海人民出版社,2015。

〔美〕贾雷德·戴蒙德:《枪炮、病菌与钢铁:人类社会的命运》,谢延光译,上海:上海译文出版社,2016。

〔美〕贾雷德·戴蒙德:《崩溃——社会如何选择成败兴亡》,江滢、叶臻译,上海:上海译文出版社,2011。

〔英〕杰拉尔德·G.马尔腾：《人类生态学：可持续发展的基本概念》，顾朝林等译校，北京：商务印书馆，2021。

〔美〕杰森·摩尔：《地球的转型：在现代世界形成和解体中自然的作用》，赵秀荣译，北京：商务印书馆，2015。

〔德〕康德：《判断力批判》下卷，韦卓民译，北京：商务印书馆，1993。

〔德〕康德：《彼岸星空：康德书信选》，李秋零译，北京：经济日报出版社，2001。

〔德〕伊曼努尔·康德：《纯粹理性批判》，蓝公武译，天津：天津人民出版社，2023。

〔英〕克里斯·麦克马纳斯：《右手，左手：大脑、身体、原子和文化中不对称性的起源》，胡新和译，北京：北京理工大学出版社，2007。

〔法〕皮埃尔·卡蓝默：《破碎的民主：试论治理的革命》，高凌瀚译，北京：生活·读书·新知三联书店，2005。

〔加〕罗伯·希尔兹：《空间问题：文化拓扑学和社会空间化》，谢文娟、张顺生译，南京：江苏凤凰教育出版社，2017。

〔美〕罗伯特·塔利：《空间性》，方英译，北京：北京大学出版社，2021。

〔美〕罗伊·莫里森：《生态民主》，刘仁胜、张甲秀、李艳君译，北京：中国环境出版社，2016。

〔英〕理查德·利基：《人类的起源》，吴汝康、吴新智、林圣龙译，上海：上海科学技术出版社，2007。

〔匈〕卢卡奇：《历史与阶级意识》，杜章智、任立、燕宏远译，北京：商务印书馆，1992。

〔德〕拉德卡：《自然与权力：世界环境史》，王国豫、付天海译，保定：河北大学出版社，2004。

〔美〕拉杰·帕特尔、〔美〕詹森·W.摩尔：《廉价的代价：资本主义、自然与星球的未来》，吴文忠等译，北京：中信出版集团，2018。

〔美〕路易斯·亨利·摩尔根：《古代社会》，杨东莼、马雍、马巨译，北京：中央编译出版社，2007。

〔美〕刘易斯·芒福德:《城市发展史:起源、演变与前景》,宋俊岭、宋一然译,上海:上海三联书店,2018。

〔美〕雷金纳德·戈列奇、〔澳〕罗伯特·斯廷森:《空间行为的地理学》,柴彦威、曹小曙、龙韬等译,北京:商务印书馆,2013。

〔德〕莱布尼茨、〔英〕克拉克:《莱布尼茨与克拉克论战书信集》,陈修斋译,北京:商务印书馆,2017。

〔德〕尤·李比希:《化学在农业和生理学上的应用》,刘更另译,北京:农业出版社,1983。

〔美〕默里·布克金:《自由生态学:等级制的出现与消解》,郇庆治译,济南:山东大学出版社,2008。

〔德〕恩斯特·卡西尔:《符号形式的哲学》,赵海萍译,长春:吉林出版集团股份有限公司,2018。

〔美〕尼尔·史密斯:《不平衡发展:自然、资本与空间的生产》,刘怀玉、付清松译,北京:商务印书馆,2023。

〔美〕尼尔·博任纳:《新国家空间:城市治理与国家形态的尺度重构》,王晓阳译,南京:江苏凤凰教育出版社,2020。

〔英〕诺埃尔·卡斯特利、〔英〕尼尔·M. 科、〔英〕凯文·沃德、〔英〕迈克尔·萨默斯:《工作空间:全球资本主义与劳动力地理学》,刘淑红译,南京:江苏凤凰教育出版社,2015。

〔美〕乔尔·科威尔:《自然的敌人:资本主义的终结还是世界的毁灭?》,杨燕飞、冯春涌译,北京:中国人民大学出版社,2015。

〔英〕乔纳森·休斯:《生态与历史唯物主义》,张晓琼、侯晓滨译,南京:江苏人民出版社,2011。

〔英〕齐格蒙特·鲍曼:《流动的现代性》,欧阳景根译,北京:中国人民大学出版社,2018。

〔法〕让·鲍德里亚:《消费社会》,刘成富、全志钢译,南京:南京大学出版社,2014。

〔法〕尚·布希亚:《物体系》,林志明译,上海:上海人民出版社,2001。

〔印〕萨拉·萨卡：《生态社会主义还是生态资本主义》，张淑兰译，济南：山东大学出版社，2012。

〔英〕斯蒂芬·迈尔斯：《消费空间》，孙民乐译，南京：江苏教育出版社，2013。

〔美〕斯蒂文·贝斯特、〔美〕道格拉斯·凯尔纳：《后现代理论：批判性的质疑》，张志斌译，北京：中央编译出版社，2011。

〔荷兰〕斯宾诺莎：《笛卡尔哲学原理 依几何学方式证明》，王荫庭、洪汉鼎译，北京：商务印书馆，2007。

〔荷兰〕斯宾诺莎：《伦理学》，贺麟译，北京：商务印书馆，2017。

上海师范大学等编选《欧洲哲学史原著选编》，福州：福建人民出版社，1985。

世界环境与发展委员会：《我们共同的未来》，王之佳等译，长春：吉林人民出版社，1997。

〔英〕特德·本顿主编《生态马克思主义》，曹荣湘、李继龙译，北京：社会科学文献出版社，2013。

〔德〕乌尔里希·布兰德、〔德〕马尔库斯·威森：《资本主义自然的限度：帝国式生活方式的理论阐释及其超越》，郇庆治等编译，北京：中国环境出版集团，2019。

〔加〕威廉·莱斯：《自然的控制》，岳长龄、李建华译，重庆：重庆出版社，1993。

〔美〕西蒙·A.莱文：《脆弱的领地：复杂性与公有域》，吴彤、田小飞、王娜等译，上海：上海科技教育出版社，2006。

〔英〕休谟：《人性论》，关文运译，北京：商务印书馆，2017。

徐焕主编《当代资本主义生态理论与绿色发展战略》，北京：中央编译出版社，2015。

〔美〕约翰·贝拉米·福斯特：《马克思的生态学——唯物主义与自然》，刘仁胜、肖峰译，北京：高等教育出版社，2006。

〔美〕约翰·贝拉米·福斯特：《生态危机与资本主义》，耿建新、宋兴无译，上海：上海译文出版，2006。

〔美〕约·贝·福斯特：《生态革命——与地球和平相处》，刘仁胜、李晶、董慧译，北京：人民出版社，2015。

〔英〕约翰·厄里：《全球复杂性》，李冠福译，北京：北京师范大学出版社，2009。

〔美〕约翰·R. 洛根、〔美〕哈维·L. 莫洛奇：《都市财富：空间的政治经济学》，陈那波等译，上海：格致出版社、上海人民出版社，2016。

〔美〕约翰·劳维、艾尔德·彼得逊：《社会行为地理——综合人文地理学》，赫维人译，成都：四川科学技术出版社，1989。

〔英〕约翰·亚历山大·汉默顿编《西方文化经典》哲学卷，李治鹏、王晓燕译，武汉：华中科技大学出版社，2016。

〔美〕尤金·P. 奥德姆：《生态学——科学与社会之间的桥梁》，何文珊译，北京：高等教育出版社，2017。

〔德〕尤尔根·哈贝马斯：《重建历史唯物主义（修订版）》，郭官义译，北京：社会科学文献出版社，2013。

〔古希腊〕亚里士多德：《形而上学》，李真译，上海：上海人民出版社，2005。

〔古希腊〕亚里士多德：《物理学》，张竹明译，北京：商务印书馆，1997。

杨通进、高予远编《现代文明的生态转向》，重庆：重庆出版社，2007。

〔日〕岩佐茂：《环境的思想与伦理》，冯雷、李欣荣、尤维芬译，北京：中央编译出版社，2011。

〔美〕詹姆斯·奥康纳：《自然的理由——生态学马克思主义研究》，唐正东、臧佩洪译，南京：南京大学出版社，2003。

〔日〕斋藤幸平：《马克思生态社会主义——资本主义、自然与未完成的政治经济学批判》，谭晓军、包秀琴、张杨译，北京：中央编译出版社，2024。

半月谈杂志社《时事资料手册》编辑部编《简明中共党史辞典 1921-2012》，北京：新华出版社，2012。

《当代中国的城市建设》编辑委员会编《当代中国的城市建设》，北京：当代中国出版社、香港祖国出版社，2009。

党小虎等：《全球空间与"一带一路"研究 生态卷》，西安：陕西师范大学出版总社，2022。

董兆祥、彭小华主编《中国改革开放 20 年纪事》，上海：上海人民出版社，1998。

冯景源：《人类境遇与历史时空马克思：〈人类学笔记〉、〈历史学笔记〉研究》，北京：中国人民大学出版社，2004。

冯景源：《马克思异化理论研究》，北京：中国人民大学出版社，1987。

冯雷：《理解空间：20 世纪空间观念的激变》，北京：中央编译出版社，2017。

国家计委国土地区司编《国土工作大事记：1981～1994》，北京：改革出版社，1995。

国家发展计划委员会地区经济发展司地区经济分析与评价课题组编《中国地区经济发展年度报告 2001》，北京：中国物价出版社，2001。

韩安贵：《马克思历史观的价值内涵》，广州：广东人民出版社，2001。

胡焕庸等：《中国东部、中部、西部三带的人口、经济和生态环境》，上海：华东师范大学出版社，1989。

郇庆治：《绿色乌托邦——生态主义的社会哲学》，济南：泰山出版社，1998。

景天魁：《打开社会奥秘的钥匙——历史唯物主义逻辑结构初探》，太原：山西人民出版社，1981。

武力主编《中华人民共和国经济史》，北京：中国经济出版社，1999。

徐崇温：《西方马克思主义》，天津：天津人民出版社，1982。

夏铸九：《空间再现：断裂与修复》，上海：同济大学出版社，2020。

尤金：《空间与历史唯物主义》，北京：人民出版社，2019。

张云飞：《唯物史观视野中的生态文明》，北京：中国人民大学出版社，2014。

张云飞：《自然的复活：马克思主义人与自然关系思想及其当代意义》，北京：人民出版社，2022。

张传开、辛景亮、邹林、杨善解主编《西方哲学通论》上，合肥：安徽大学出版社，2003。

《中华人民共和国土地管理法》，北京：中国民主法制出版社，2004。

中国城市科学研究会主编《中国低碳生态城市发展战略》，北京：中国城市出版社，2010。

《中国大百科全书·环境科学》编委会：《中国大百科全书·环境科学》，北京：中国大百科全书出版社，2002。

《中华人民共和国自然资源法律法规全书（含土地、矿产、海洋资源）》，北京：中国法制出版社，2019。

三　报刊文章

〔美〕Arif Dirlik：《弹性生产时代的马克思主义》，黄涛译，《开放时代》1999年第 1 期。

〔苏〕奥莱格·亚尼茨基：《走向生态城：知识与实践相结合的问题》，夏凌译，《国际社会科学》1984 年第 4 期。

〔美〕安德鲁·W．琼斯：《资本主义生态问题的解决：资本主义和社会主义条件下的可能性》，蔡万焕译，《管理学刊》2011 年第 6 期。

〔美〕F. J. 阿亚拉、T. 普劳特：《纪念杜布赞斯基》，《科学与哲学》1979 年第 3 期。

〔德〕劳赫·胡恩：《海德格尔与谢林的哲学对话》，庞昕译，《社会科学家》2017 年第 12 期。

〔英〕乔纳森·默多克：《后结构主义和关联的空间》，李祎译，《国际城市规划》2010 年第 5 期。

〔美〕拉杰·帕特尔、〔美〕詹森·W. 摩尔：《从廉价的代价引发的思考》，吴文忠等译，《国际融资》2018 年第 4 期。

〔苏〕约·瓦伊谢别加：《苏联环境保护政策的新倾向》，那声润、孙平译，《黑河学刊》1990 年第 4 期。

〔日〕斋藤幸平：《马克思的生态学》，刘仁胜、杨晓芳编译，《国外理论动态》2020 年第 2 期。

〔日〕斋藤幸平：《全球生态危机背景下的马克思物质变换理论》，张健、郭梦诗译，《南京工业大学学报》（社会科学版）2020 年第 6 期。

曹孟勤、窦佳卉：《人与人关系对人与自然关系的殖民化》，《南京林业大学学报》（人文社会科学版）2008 年第 3 期。

樊杰、蒋子龙、陈东：《空间布局协同规划的科学基础与实践策略》，《城市规划》2014 年第 1 期。

樊杰：《主体功能区战略与优化国土空间开发格局》，《中国科学院院刊》2013 年第 3 期。

方世南：《区域生态合作治理是生态文明建设的重要途径》，《学习论坛》2009 年第 4 期。

范冬萍：《社会生态系统的存在、演化与可持续发展》，《科学技术与辩证法》1996 年第 5 期。

胡潇：《空间的社会逻辑——关于马克思恩格斯空间理论的思考》，《中国社会科学》2013 年第 1 期。

焦冉：《马克思主义社会有机体理论的多维透析》，《理论与改革》2017 年第 6 期。

陆大道、樊杰：《区域可持续发展研究的兴起与作用》，《中国科学院院刊》2012 年第 3 期。

罗骞：《人的解放与自然的全面复活——兼论历史唯物主义作为生态哲学之基础的可能性》，《马克思主义研究》2006 年第 9 期。

卢嘉瑞：《空间资源的开发与利用》，《中国社会科学》1992 年第 5 期。

刘奔：《时间是人类发展的空间——社会时空特性初探》，《哲学研究》1991 年第 10 期。

刘洋：《优化国土空间开发格局思路研究》，《宏观经济管理》2011 年第 3 期。

刘珉、胡鞍钢：《中国绿色生态空间研究》，《中国人口·资源与环境》2012 年第 7 期。

刘建伟：《马克思的"自然生产力"思想及其当代价值》，《当代经济研究》2007 年第 12 期。

李根蟠：《自然生产力与农史研究（上篇）——如何认识自然生产力》，《中国农史》2014 年第 2 期。

池舟人：《价值论中的社会历史尺度》，《浙江学刊》1987 年第 4 期。

李彩华、姜大云：《我国大三线建设的历史经验和教训》，《东北师范大学学报》（哲学社会科学版）2005 年第 4 期。

马世俊、王如松：《社会−经济−自然复合生态系统》，《生态学报》1984 年第
　　1 期。

马爱平：《大数据重现新中国成立以来城市扩展过程》，《科技日报》2019 年
　　10 月 9 日。

常钦：《绘就人与自然和谐共生的中国画卷》，《人民日报》2022 年 9 月 20 日。

任平：《论历史唯物主义的当代形态》，《学术月刊》2012 年第 11 期。

孙承叔、王东：《论马克思社会有机体学说的理论地位》，《学术月刊》1986
　　年第 8 期。

田春华：《着眼未来的事业——我国土地利用规划工作 30 年历程回顾》，《中
　　国国土资源报》2009 年 1 月 12 日。

文军、黄锐：《“空间”的思想谱系与理想图景：一种开放性实践空间的建
　　构》，《社会学研究》2012 年第 2 期。

王如松、欧阳志云：《社会−经济−自然复合生态系统与可持续发展》，《中国
　　科学院院刊》2012 年第 3 期。

王晓磊：《“社会空间”的概念界说与本质特征》，《理论与现代化》2010 年
　　第 1 期。

王南湜：《全球化时代生存逻辑与资本逻辑的博弈》，《哲学研究》2009 年第
　　9 期。

王南湜：《思想对客观性的三种态度：康德、黑格尔与马克思——关于哲学
　　如何切中现实的一个考察》，《哲学研究》2017 年第 7 期。

王南湜：《恩格斯“劳动创造了人本身”新解——一个基于马克思主义哲学
　　人类学的阐释》，《马克思主义与现实》2020 年第 5 期。

王雨辰：《从经典西方马克思主义研究到国外马克思主义研究：问题与反思》，
　　《学术研究》2010 年第 3 期。

王雨辰：《国外马克思主义研究方法论的自觉与方法论转换——从国外马克思
　　主义流派评价到国外马克思主义理论问题研究》，《贵州大学学报》（社会
　　科学版）2021 年第 1 期。

王峰明：《生产力范畴的历史唯物主义提升——马克思生产力理论历史嬗演
　　的"经济学—哲学"考察之二》，《教学与研究》2009 年第 6 期。

汪信砚：《生态文明建设的价值论审思》，《武汉大学学报》（哲学社会科学版）
　　2020 年第 3 期。

王鸽：《生态学马克思主义的新近论域》，《中国社会科学报》2020 年 7 月 30 日。

徐绍史：《落实节约优先战略 加强资源节约和管理》，《中国国土资源报》2010
　　年 12 月 7 日。

仰海峰：《资本逻辑与空间规划——以〈资本论〉第一卷为核心的分析》，
　　《苏州大学学报》2011 年第 4 期。

俞吾金：《马克思时空观新论》，《哲学研究》1996 年第 3 期。

俞吾金：《马克思的社会主体论探要》，《复旦学报》（社会科学版）2005 年
　　第 5 期。

张智光：《人类文明与生态安全：共生空间的演化理论》，《中国人口·资源
　　与环境》2013 年第 7 期。

张康之：《基于人的活动的三重空间——马克思人学理论中的自然空间、社
　　会空间和历史空间》，《中国人民大学学报》2009 年第 4 期。

张凤超：《新马克思主义批判视阈下的空间命运》，《马克思主义研究》2012 年
　　第 1 期。

张红岭：《解析马克思哲学新原则的关键词——对象性活动、感性活动和实践》，
　　《马克思主义研究》2011 年第 8 期。

张亮、赵立：《国外马克思主义研究的历史、现状与展望——南京大学哲学系
　　博士生导师张亮教授访谈》，《社会科学家》2019 年第 12 期。

庄友刚：《西方空间生产理论研究的逻辑、问题与趋势》，《马克思主义与现实》
　　2011 年第 6 期。

庄友刚、仇善章：《资本空间化与空间资本化：关于空间生产的现代性和后现
　　代性话语》，《山东社会科学》2013 年第 2 期。

章仁彪：《"人化自然"：和谐社会建构中的三大空间论——从"全球化"语境
　　下的当代时空观谈起》，《同济大学学报》（社会科学版）2004 年第 4 期。

周志山：《马克思社会有机体理论的和谐社会意蕴》，《理论探讨》2007 年第5 期。

赵凌云、常静：《中国生态恶化的空间原因与生态文明建设的空间对策》，《江汉论坛》2012 年第5 期。

赵家祥：《资本主义社会内部能够孕育和形成社会主义因素——澄清对马克思恩格斯思想的一种误解》，《北京大学学报》（哲学社会科学版）2008 年第5 期。

本报调研组：《耕地问题调查》，《经济日报》2022 年2 月14 日。

四　政策文件

《中华人民共和国城市规划法》，《城市规划》1990 年第2 期。

《国务院办公厅关于印发〈全国土地利用总体规划纲要（草案）〉的通知》，《中华人民共和国国务院公报》1993 年第8 期。

《中共中央、国务院关于进一步加强土地管理切实保护耕地的通知》，《中华人民共和国国务院公报》1997 年第16 期。

《中华人民共和国土地管理法》，《中华人民共和国全国人民代表大会常务委员会公报》1998 年第4 期。

《中华人民共和国国民经济和社会发展第十一个五年规划纲要》，《中华人民共和国全国人民代表大会常务委员会公报》2006 年第3 期。

《中国的能源状况与政策》，《人民日报》2007 年12 月27 日。

《全国土地利用总体规划纲要（2006—2020 年）》，《人民日报》2008 年10 月24 日。

《中华人民共和国国民经济和社会发展第十二个五年规划纲要》，《人民日报》2011 年3 月17 日。

《推动全党学习和掌握历史唯物主义 更好认识规律更加能动地推进工作》，《人民日报》2013 年12 月5 日。

《国家新型城镇化规划（2014-2020 年）》，《人民日报》2014 年3 月17 日。

《生态文明体制改革总体方案》，北京：人民出版社，2015。

《中共中央 国务院关于加快推进生态文明建设的意见》，北京：人民出版社，2015。

《全国主体功能区规划》，北京：人民出版社，2015。

《中华人民共和国国民经济和社会发展第十三个五年规划纲要》，北京：人民出版社，2016。

《深刻认识马克思主义时代意义和现实意义 继续推进马克思主义中国化时代化大众化》，《人民日报》2017 年 9 月 30 日。

《国务院关于印发全国国土规划纲要（2016—2030 年）的通知》，《中华人民共和国国务院公报》2017 年第 6 期。

《中共中央 国务院关于全面加强生态环境保护坚决打好污染防治攻坚战的意见》，北京：人民出版社，2018。

《中共中央 国务院关于建立国土空间规划体系并监督实施的若干意见》，北京：人民出版社，2019。

《第三次全国国土调查主要数据成果发布》，《人民日报》2021 年 8 月 27 日。

《全国国土空间生态修复工作视频会议召开》，《中国自然资源报》2021 年 11 月 15 日。

《习近平在博鳌亚洲论坛 2021 年年会开幕式上发表主旨演讲》，《人民日报》2021 年 4 月 21 日。

《中华人民共和国国民经济和社会发展第十四个五年规划和 2035 年远景目标纲要》，北京：人民出版社，2021。

《国家发展改革委等部门关于推进共建“一带一路”绿色发展的意见》，《财会学习》2022 年第 14 期。

《中共中央关于进一步全面深化改革 推进中国式现代化的决定》，《人民日报》2024 年 7 月 22 日。

五 外文文献

Howard L. Parsons, *Marx and Engels on Ecology*, Westport：Greenwood Press, 1977.

Henri Lefebvre, *The Production of Space*, Translated by Donald Nicholson-Smith, Oxford: Basil Blackwell, 1991.

Hans Jonas, *The Phenomenon of Life: Toward a Philosophical Biology*, Evanston: Northwestern University Press, 2001.

Henri Lefebvre, *Rhythmanalysis: Space, Time and Everyday Life*, translated by Stuart Elden and Gerald Moore, New York: Continuum, 2004.

Henri Lefebvre, *Marxist Thought and the City*, Minneapolis: University of Minnesota, 2016.

John Bellamy Foster, Brett Clark, Richard York, *The Ecological Rift: Capitalism's War on the Earth*, New York: Monthly Review Press, 2010.

Reiner Grundmann, *Marxism and Ecology*, London and New York: Oxford University Press, 1991.

W. Peter Archibald, *Marx and the Missing Link: "Human Nature"*, London: Palgrave Macmillan, 1989.

Brett Clark and Stefano B. Longo, "Land-Sea Ecological Rifts: A Metabolic Analysis of Nutrient Loading", *Monthly Review*, Vol. 70, No. 3, 2018.

JaroslavVanek, "The Factor Proportions Theory: The N-factor Case", *Kyklos*, Vol. 21, No. 4, 1968.

Paul Burkett, "Marx's Vision of Sustainable Human Development", *Monthly Review*, Vol. 57, No. 5, 2005.

John Bellamy Foster, "James Hansen and the Climate-Change Exit Strategy", *Monthly Review*, Vol. 64, No. 9, 2013.

John Bellamy Foster and Brett Clark, "Marx and Alienated Speciesism", *Monthly Review*, Vol. 70, No. 7, 2018.

Michael Friedman, "GMOs: Capitalism's Distortion of Biological Processes", *Monthly Review*, Vol. 66, No. 10, 2015.

图书在版编目（CIP）数据

马克思恩格斯的生态观：基于空间向度的考察与思
考 / 刘燕著 . -- 北京：社会科学文献出版社，2025.
3. -- ISBN 978-7-5228-5189-1

Ⅰ. A811. 693

中国国家版本馆 CIP 数据核字第 2025SX7571 号

马克思恩格斯的生态观
——基于空间向度的考察与思考

著　　者 / 刘　燕

出 版 人 / 冀祥德
责任编辑 / 王小艳
责任印制 / 岳　阳

出　　版 / 社会科学文献出版社·马克思主义分社（010）59367126
　　　　　　地址：北京市北三环中路甲 29 号院华龙大厦　邮编：100029
　　　　　　网址：www. ssap. com. cn
发　　行 / 社会科学文献出版社（010）59367028
印　　装 / 三河市尚艺印装有限公司

规　　格 / 开本：787mm×1092mm　1/16
　　　　　　印张：16　字数：246 千字
版　　次 / 2025 年 3 月第 1 版　2025 年 3 月第 1 次印刷
书　　号 / ISBN 978-7-5228-5189-1
定　　价 / 98. 00 元

读者服务电话：4008918866